桐庐文史资料第二十一辑

桐庐轶闻录

| TONGLU | YIWENLU |

王樟松——编著

经济日报 出版社

《桐庐轶闻录》编委会

序

王金才

从万年前先民在分水延村洞繁衍生息、4000年前在方家洲打制玉、石器，到黄武四年（225）设县，到"泰山压顶不弯腰"南堡精神的建立，桐庐在这悠久的历史长河中，几度风云际会，文明教化，形成了包括史前文明、药祖文化、隐逸文化、乡贤文化、诗画文化、民俗文化、古建文化、畲族文化，红色记忆和当代的"四大特色品牌（越剧、剪纸、故事、书法）"等本土文化和非物质文化遗产。

一千多年来，桐庐民风淳厚，人文蔚起，贬客逐臣，多少诗人墨客，政商名流，纷至沓来，或过境，或任官……他们在富春山下、富春江畔传播文化、熏陶庶民，留下了许许多多遗闻轶事。桐君老人几千年前就在富春大地结庐采药，治病救人，因总结和首创处方格律，被后人汇编成《桐君采药录》，成为我国有文字记载以来最早的药物著作之一，后人尊桐君为"中药鼻祖"，桐君山被誉为"药祖圣地"。范蠡携西施隐于分水，留下范畈、蠡湖、西施墓等遗迹及一系列传说故事；东汉高士严子陵视富贵如浮云，不事王侯、隐居桐庐，被范仲淹誉为"先生之风，山高水长"，成为古代文人的精神偶像；晚唐处士方干，官无一寸禄，名扬千万里；北宋词人、道学家黄裳曾于阆苑读书，辞官后又归隐阆苑，诗题阆苑十景；元代大画家黄公望隐居富春山，创作《富春山居图》……自山水诗鼻祖谢灵运始，历朝历代文人墨客歌咏桐庐的诗词名篇层出不穷，留下了数以万计赞美桐庐的著名诗词华章。

桐庐不仅历史悠久、山青水秀，而且钟灵毓秀、人文荟萃，军事纷争、诗人游历、丹青留韵，群英荟萃，车载斗量，不可尽数，是华夏中医药文化的发源地、东亚隐逸文化的起源地、中国山水诗的发祥地之一。

回溯桐庐历史长河，众多历史事件、人物、文物，如同散落的珍珠，散发着智慧、诙谐的光华，留下了感慨、淡泊的情怀。"欲知大道，必先为史。"习近平总书记曾经指出，历史是一面镜子，历史研究是一切社会科学的基础，承担着"究天人之际，通古今之变，成一家之言"的使命。编纂出版《桐庐轶闻录》，发掘、抢救、整理这一历史文化遗珠，文史工作者肩负着新时代赋予的培根铸魂的初心使命和神圣职责，起到补正史之遗、匡史书之误、辅史学之证的作用。

《桐庐轶闻录》的出版，能让更多的读者尤其是年轻一代了解桐庐、知晓本土、热爱家乡，更好地传播历史文化、丰厚城市文明，从而"知往鉴今，以启未来"，进一步发挥其"存史、资政、团结、育人"的社会功能。

是为序。

目录

唐

目录

宋

元

明

清

民国至今

先秦

潇洒桐庐郡十咏

潇洒桐庐郡　乌龙山霭中
使君无一事　心共白云空

桐君"结庐桐下"

黄帝时代。草长莺飞的时节。

一位老人受黄帝之命，到江南采药问道。当行至富春江和分水江交汇的东山时，被这里的青山绿水吸引住了。江边这座小山不高，没有嶙峋的怪石，却巍然矗立，杂树葱茏。山顶一棵梧桐蓬蓬如盖，荫蔽数亩，远望如庐舍，尤其引人注目。登上东山，站在树下俯瞰江心，极目无垠，原野如绣。脚下就是那滔滔汩汩的大江；隔岸相望，两江交汇处是桐庐的一个小渔村，另一面又是隔岸的青山。于是，老人便在桐树上挂出药壶，结庐而居，为周边百姓采药治病。

他每每采药之后，就在茅草庐内煎药炼丹，研究药理，记录药性，又常常坐在桐树旁，为百姓诊病开药，分文不取。

一天，病人好奇地问他："你贵姓？"

老人笑而不语，只是指指身后的桐树，算作回答。人们便不深究，尊称这位老者为桐君。

为了纪念这位济世救民的桐君老人，后人就把他采药问道的这方土地命名为桐庐，江为桐江，溪为桐溪，岭为桐岭，洲为桐洲，采药问道山为桐君山，并在桐君山上建"中药鼻祖"桐君祠祭祀。

（事见《方舆胜览》《万历·严州府志》）

《严州府志》桐庐县名考

洞里住着"桐庐人"

2000年5月9日,分水镇延村的几个村民闲聊:瑶琳人因为有了瑶琳仙境开发旅游,经济活了,百姓富了。延村后山也有一个溶洞,据老辈人讲,这个洞很大也很深。一次,有一条黄狗被人追赶躲进洞里,第二天发现黄狗从邻县村里的一个洞口跑出来。如果把这个洞开发出来,不是也可以像瑶琳仙境一样搞旅游了!几个人说干就干。

延村洞发现的头盖骨化石

洞口被淤泥封住多年,挖掘中,他们不时发现奇形怪状的骨头和牙齿。他们不知道是人的还是动物的。按照当地农村的习俗,对于先人的遗骨是不可以怠慢的,村民们便把这些骨头分捡出来堆放在一旁;再挖几米,出现了一个船形水潭,一块突兀的钟乳石挡住了去路。开路的村民挥起锄头奋力一击,钟乳石应声断裂,一些既像骨又像石的碎片散落一地⋯⋯

第二天,在另一个山洞中,村民们又挖出一个长近20厘米特大牙齿的化石。他们感到新奇,村民牵来一头牛,扒开嘴巴一比,比牛牙长出许多,于是,马上打电话给县文管会。县文管会的专家来到山洞,当看到一块嵌在钟乳石中的头骨时,眼睛顿觉一亮。专家意识到这种化石可能是人类头盖骨,而包裹在头骨之上的钟乳石足有四五厘米厚,根据钟乳石沉积所需的时间推算,这头盖骨的年代一定很久远⋯⋯

桐庐县文管会把延村村民在两个钟乳岩石洞穴中挖出的部分化石送到浙江省自然博物馆。经专家鉴定,确认为古人类化石。专家赶到延村进行抢救性发掘,采获尚保留在洞穴中的头盖骨印模化石,并且从村中取回动物化石近百件。经考证,主要有水牛、黑熊、猪、鹿、麂、象及中国犀等。考古中,还在溶洞里发现有木炭层。穴居、工具狩猎、运用火生活,种种迹象表明,分水江边住着从"建德人"

到"河姆渡人"之间的"桐庐人"。当年7月4日，化石送到中国科学院古脊椎与古人类研究所。经吴新智院士和张森水研究员研究，再次证实头盖骨为古人类化石，且个体年龄较轻。7月底，经南京师范大学做年代测试，年代距今1万年至2万年，按文化年代划分，这一时期属于旧石器晚期。

这次桐庐古人类化石的出土，是浙江的第二次发现，有头盖骨化石的则属首次，它填补了浙江人类历史从5万年前的"建德人"到7000年前的"河姆渡人"之间的历史空白。

（事见《桐庐县文物保护单位》）

方家洲：桐庐最早的"工厂"

2009年，桐庐县第三次不可移动文物普查发现，桐庐县瑶琳镇潘联行政村方家自然村西北、分水江南岸的方家洲，通过地表采集的标本，判断为新石器时代的石器加工场遗址。

桐庐地处浙西中低山丘陵区，县境四周的群山与过境的分水江、富春江形成一个呈斜T字形的地形概貌，狭小的河谷平原和山前冲刷的低矮岗间或其中，自然条

方家洲遗址

方家洲遗址出土的陶豆

件明显有别于浙北平原区。自西北向东南贯穿于桐庐县境大部的分水江，流经潘联村地带时呈U形的大拐弯，形成一块弧形台地。浙江省文物考古研究所联合桐庐县文管办于2010年10月至2012年1月进行正式田野考古发掘。清理出红烧土、灰坑、石片堆等遗迹多处，出土了大量与玉石器制造有关的遗物，清晰地反映了当时玉石器制作工艺的流程。遗址年代约当于马家浜文化晚期至崧泽文化早中期，距今约5900年至5300年，是长江流域发现的第一处新石器时代大型的、专业性的玉石器制造场遗址。它的发掘，推动了钱塘江中上游地区的新石器时代考古学的研究，尤其是为玉、石分野之际的玉石器制造所蕴涵的生产技术体系以及社会体系研究提供了极好的视野，成为新的学术里程碑。

　　方家洲，2011年公布为桐庐县第四批县级文物保护单位。2017年1月公布为浙江省第七批省级文物保护单位。

（事见《东方博物》《桐庐新石器时代文化初探》）

麻姑治瘟疫

　　桐庐县合村乡，很多地名都带个"麻"字，比如小麻坞、麻源、小麻畈、麻溪、外麻溪、麻境头、麻岭等等。为什么那里的人对"麻"字特别有感情呢？

　　相传，很久以前这里发过一次瘟疫。这瘟疫来势很凶，人死得就像放木排一样，一批一批的，弄得到处是拍胸顿脚、哭天喊地的哭声，一片凄凉景象。

　　就在这人心惶惶的时候，来了个名叫麻姑的年轻姑娘。她在小家畈搭了个草棚住了下来，架

1984年版《桐庐县地名志》

起个大锅，日夜烧火煎药，为病人治病。说来也怪，病人喝了她的药水，果然药到病除，而且一个个身体比生病以前还要强壮。大家都说这不是药，是救命汤，是仙水。麻姑就用这种"仙水"赶走了瘟疫。人们都非常感激她，说她是天上下来的神仙，就称她为"麻姑娘娘"。

麻姑在这一带住了很久很久，东奔西跑，治病救人，使大家安居乐业，人丁兴旺，五业发达。

后来，麻姑娘娘得道成仙。这一日，她要上天去了。乡亲们舍不得她走，村子里、道路上到处跪着人，一个个边流泪边磕头，为她送行。

为了纪念这位为民造福的麻姑娘娘，当地人在她住过的地方造了庙，叫麻姑庙，庙里供着麻姑娘娘的神像。接着带"麻"字的村名、路名都出来了，许多名称一直沿用到现在。

（事见《桐庐地名志》）

万国山天书

在桐庐县凤川街道翙岗村的万国山山脊的横峉岩石上，有一批神秘的摩崖石刻，似图非图，似字非字，图符参半，无人能识，当地百姓称呼其为"神仙刻字"，也称它为"天书"，还有人说它是"藏宝图"。

万国山岩画拓片

根据当代美术史论界专家王伯敏教授的研究判断，万国山"天书"基本定位为"岩画"，年代初步判断为两汉至元代。

岩画是描绘在崖石上的史书。中国历代的书籍，往往只记载各代帝王的生活情况，很少反映当时百姓的日常生活。然而，在岩画中却可以看到：反映社会生产的，有狩猎、放牧、农业等；反映宗教信仰的，有祖先崇拜、祭祀仪式等；反映日常生活的，有村落、舞蹈等。由此，岩画中描写日常生活的作品就具有特别重要的意义。从内容来看，中国的岩画可分为南方、北方两大系统。北方地区的岩画多表现动物、人物、狩猎及各种符号，以内蒙古阴山岩画为代表，与贺兰山岩画、西伯利亚等地的岩画有相似之处。南方地区的岩画除描绘动物、狩猎外，还表现采集、房屋、村落、宗教仪式等。

万国山岩画在长江以南地区比较少见，因此具有较高的文史研究价值。

（事见《桐庐石刻碑志精粹》）

伍员栗本是桐庐种

板栗名品"九家种"，相传源自江苏的"伍员栗"。殊不知，伍员栗本是桐庐种。

伍员，字子胥，春秋时期楚国人。其父伍奢官居楚国大夫，因向楚平王直谏，连同伍子胥的哥哥伍尚，一起被楚平王杀害了。伍子胥出逃，楚平王下令画像悬赏捉拿。伍子胥路过昭关，一夜愁白了头发。幸遇名医扁鹊弟子东皋公，把他接到自己家里。东皋公有个朋友模样像伍子胥。东皋公让他冒充伍子胥过关。守关的逮住了这个假伍子胥，而真的伍子胥因头发全白，守关的认不出来，就被他混了过去。

公元前522年冬，伍子胥过了昭关，从安徽翻山越岭，逃到了吴楚边境的分水。分水地处山区，人烟稀少，又值天寒地冻。伍子胥又冷又饿，精疲力竭，到塘源村口，看见几个牧童在大樟树下的路亭里烧火煨栗子，便下马凑上前去烤火。当闻着火煨栗子的诱人香味，便向他们讨了一些充饥。牧童告诉他这种栗子叫油光栗，生的熟的都好吃，并且好存放不会坏。这时，天飘起了纷纷扬扬的大雪，远处人声嘈杂，伍子胥担心有追兵赶来，不敢久留，便谢了牧童，上马匆匆而去。

伍子胥不知不觉进入一山坞，只见崇山峻岭、林木茂密，路越走越小越难走，又加上风雪交加，山陡路滑，马失前蹄，又听到后面杀喊声。他仰天长叹一声："此乃天绝我也！"万般无奈之下，只得猛抽一鞭。想不到，苍天有眼，神灵相助，那匹马竟一下飞了起来，腾云驾雾，翻山越岭。

来到一山坪，伍子胥碰到了老朋友查华，便让他选留栗种一石，嘱托他组织乡民广种油光栗。查华不解。伍子胥告诉他："以后起事，可以充作军粮。"

后来，油光栗果真被伍子胥引种入吴，当作士兵破楚国时的干粮。油光栗因此改称"伍员栗"了。

（事见《万历·严州府志》）

子胥"歌舞"

20世纪60年代，杭州"知青"上山下乡到桐庐。地方政府安排两个地方作为分配方案让城里人挑选：九岭和歌舞。一看地名，知识青年们不假思索地选择了歌舞。到了那里才发现，歌舞山高路远，交通十分不便。

那么，"山高皇帝远"的地方为什么会有一个令人产生无限遐思的名字呢？

春秋末年一个大雪纷飞的日子，伍子胥为逃避追兵，过分水塘源，翻山越岭，后来又骑马前行，到了一处平坦泥坨（今名马啸塔），他的马迎风长啸。伍子胥回首望处，群山峦岗银装素裹，路上马蹄印已

马啸塔伍子胥雕像

被大雪完全覆盖，追兵再也无法辨认他逃亡的路线。他高兴极了，不禁仰天大笑，抽出七星剑，手舞足蹈，击节高歌：

剑光灿灿兮生清风，仰天长歌兮震长空。

员兮员兮脱樊笼，欢庆更生兮乐无穷。

风干粟兮好干粮，挥师南楚兮嚼平王。

员兮员兮仇将答，誓除昏暴兮扫冤枉。

此后，伍子胥歌舞之处被人们称为"歌舞岭"，该村就叫"歌舞村"。为了纪念伍子胥庆死里逃生，人们在歌舞岭建造"英烈庙"供民间四时祭祀，春节期间官衙供奉致祭，请戏班子演戏，香火盛旺。

（事见《万历·严州府志》《浙江地名简志》《光绪·分水县志》）

范蠡、西施隐居蠡湖

民国《分水县志》

春秋末期的著名政治家、军事家和经济学家范蠡，传说他帮助越王勾践兴越国，灭吴国，一雪会稽之耻。功成名就后急流勇退，西出姑苏泛一叶扁舟于五湖之上，游于"七十二峰"之间。自号陶朱公，期间三次经商富甲一方，三次散尽家财，传为佳话。

然而，这个被后人供作"财神"的范蠡，究竟隐居哪里，终老何处？

一天，分水西部来了一帮不速之客。他们行李简朴，一色布衣。为首的鹤发童颜，仙风道骨，他与同行的说："这里濒临前溪，有山有水，可渔可樵；有地有湖，可耕可栖。遨游于"七十二峰"，我们居有定所了。"紧随其后的女子目如秋水，顾盼生姿，皱眉一笑道："风光秀丽，环境优雅，好地方！"

他们就是范蠡和西施，一对后人羡慕的鸳鸯。

这地方看起来是山区，其实是山与山之间的一片小平原，但全是荒滩，百姓生活很苦。为了变荒滩为良田，范蠡同村里人商量，认为要改田得有水；要有水，就必须先开一条河。他们经过反复实地踏勘，确定了河道线路，就动起手来了。可是这条河道必须从另一个村子当中通过。当河挖通到一半时，村里的族长太公认为村子中央挖条河，肯定会破坏风水，就一张状子告到官府，打起官司来了。

范蠡做过大官，当然不怕打官司，打一场赢一场。族长太公不肯歇，一直告到越王那里。这时的越王勾践已不是卧薪尝胆的越王勾践了，整日迷恋酒色，不管百姓死活。他看了状子，认为村子里开沟挖河是会破坏龙脉的，就下了一道圣旨，要他们停止开河，并立即将开出来的河道填平。

越王开了口，哪个敢违抗？眼看着开河引水的计划要落空，改荒滩造良田的计划要泡汤，急得范蠡白天吃不下饭，夜里睡不好觉。不过范蠡毕竟是范蠡，他想出了个计策，叫人运来很多咸盐，装进草袋里，一包一包填到沟里去，上面再盖上一些土，很快把挖出来的河道填平了。

过了没几天，天公下起雨来了，接连下了三日三夜的大雨，那些盐经雨水一泡，全都烊得精光，河道又出现了。大家一看，都说："看来在这里开河是天意，是玉皇大帝要开河，圣旨也没用。"族长太公不晓得这是范蠡的计策，也只得说："是啊是啊，天意不能违抗，挖吧，挖吧。"于是大家又动起手来，挖通了河道，引来了水。有了水，又动手造田种粮，很快把一大片荒滩都改成了良田。这一来，百姓都很感激范蠡。为了纪念他的功绩，把开垦那畈良田叫做范畈，筑堤围成的湖叫蠡湖，开挖灌溉的渠叫范渠，住过的村子叫作蠡湖村，一直叫到现在。

范蠡隐居地

（事见《浙江通志》《光绪·分水县志》）

秦始皇转道过窄溪

秦始皇平定六国之后，北击匈奴，南征百越，修筑万里长城；沟通水系，修筑灵渠，把中国推向大一统时代。

公元前210年，屠睢战败于南越，秦始皇担心会稽越人及东海外越响应南方战局，便想借越人世代奉祀大禹的习俗，通过祭祀大禹，教化越人，秦始皇决定出巡会稽。

据《史记·秦始皇本纪》中记载："三十七年（前210）十月，始皇出游……过丹阳，至钱塘，临浙江，水波恶……"秦始皇南巡会稽，必然要过钱塘江。但钱塘江江面宽大，水流湍急，以当时的交通条件，只能选择从"窄中渡"。于是，一行辞去谏议大夫，"耕于富春山"，即此。上有严子陵钓台，钓台之西有谢翱台，相传为谢翱哭奠文天祥兵败处。两台各有石亭一座。临江有严子陵祠，建于北宋景祐年间（1034—1038）。内有历代碑记多种。元黄公望有《富春山居图》长卷。呈东北——西南走向。长4.5公里，包括猪头山、化坪山、沙洪山、旗门岗、老鹰岩等山峰。主峰大山尖海拔310.6米。由奥陶系泥岩、砂岩构成。猪头山置电视转播站。

【富春江】一名会江。钱塘江干流之一段。在浙江省中部。上起桐庐县桐庐镇，接桐江，下迄萧山市闻家堰，连钱塘江。因所经富阳县古称富春县，故名。"以新安、衢、婺、桐庐之水至富阳而悉会"，故又称会江（光绪《杭州府志》卷二五）。唐罗隐有《秋日富春江行》、宋陆游有《泛富春江》诗。万历《杭州府志》卷二三：富春江自桐庐经富春入钱塘。昔桑钦《水经》谓浙江之源西自严滩，东通海道。《方舆纪要》卷九十以为秦始皇三十七年（前210）东巡会稽，"临浙江，……从狭中渡，"或在富春江所经的"富阳、分水之间"。长68公里。主要支流有分水江、渌渚江、壶源溪、大源溪、浦阳江等。河宽水缓，多沙洲。沿岸河谷平原为农耕区。沿江风景秀丽，是全国第一批重点名胜区。通客货轮，是浙江省内河航运的重要水道。特产鲥鱼。

【富春县】古县名。西汉置，属会稽郡。《郡县释名·浙江上》"富春江在邑南，……邑以江名。"《清一统志》

《浙江古今地名词典》

人溯江而上，看见一处江面甚窄，秦始皇他们就从这"窄处"渡了江，转道去会稽。后来，便称此地为窄溪。

《史记·项羽本纪》中还记载这样一个故事：秦始皇东巡到会稽，所到之处人山人海、锣鼓喧天，争相观看秦始皇东巡的盛大场面，这其中就有项梁、项羽叔侄二人。正当众人观得起劲的时候，项羽冷不丁蹦出一句话："彼可取而代也。"这句话是说给项梁听的，意思是：三叔，秦始皇这么大的场面，您以后也可以享用啊！言外之意，秦始皇算什么，三叔您也可以当皇帝。这种话在当时是要被杀头的，因此，项羽此话一出，当即引起周围人的注意。项梁则赶紧捂住项羽的嘴，一边向周围人打哈哈，一边对项羽轻声骂道："毋妄言，族矣！"意思是，你个小兔崽子，不想活啦，就算你不想活，咱们项氏一族还有一大家子呢！但项梁却因此而感到项羽很不一般，项羽后来真的成为秦末著名起义军首领之一。

秦始皇南巡会稽后，为了祭奠大禹，宣扬功德，命丞相李斯撰述刻石，记功立碑。李斯所写的这篇铭文即题为《会稽刻石》，后来被司马迁载入《史记》。

（事见《方舆纪要》《浙江古今地名词典》）

两汉（魏晋南北朝）

潇洒桐庐郡　开轩即解颜
劳生一何幸　日日面青山

谢灵运用诗为桐庐山水报幕

谢灵运像

永初三年（422）秋，谢灵运离开建康（今南京），沿钱塘江、富春江溯流而上，经桐庐、兰溪，转由婺江到永嘉赴任。

谢灵运世袭康乐公，享受两千户的税收待遇，家境殷实。这次外放永嘉，被贬谪出京城，他便决心放浪形骸，让书僮租条好船，一路且行且停，游山玩水，任情遨游。在登山中，他发明了"谢公屐"，鞋底安有两个木齿，上山去其前齿，下山去其后齿，行走山路十分方便。

深秋的富春江上，江风吹过，穿着细葛布衣服的谢灵运感到寒凉阵阵袭来。他想让书僮更换寒衣，但觉得季节还未到。一路上，谢灵运的心情总是抑郁不欢。论聪慧，他博览经史；论诗才，朝堂上下他说第二，没人敢说第一。18岁就继承了祖父的爵位，但朝廷只把他当作有些才华的文人，而不是有学识才干的政治家。宋少帝继位，权力掌握在大臣的手上，他不被赏识，得不到重用，没有机会参与国家大政，还被排挤外放永嘉太守，心中愤愤不平。

诗人站在船头，但见富春山水清丽无比，怀想起隐居的尚子、简素不仕的许询，如果不乘船远行，哪里能体会古人远游之心意。一时间，所有郁闷在富春山水风物中得到抚慰和解脱。

到了桐庐，山水宽阔，云彩与夕阳互相映衬，景色娇媚迷人。风也和，水也涨，正好行船。夕阳斜照，面对如此清丽景物，诗人心情舒畅，写下《初往新安至桐庐口》一诗。"江山共开旷，云日相照媚。景夕群物清，对玩咸可喜。"谢灵运把富春江的自然美景引进诗中，不仅把诗歌从"淡乎寡味"的玄理中解放出来，而且加强了诗歌的艺术技巧和表现力，使山水成为独立的审美对象。后人把这类诗称为山水诗，称谢灵运为山水诗鼻祖。

吴均的"一封信"

吴均是南朝梁时期的文学家。好学的俊才，其诗文深受沈约的称赞。隆昌元年（494）夏，沈约调任东阳太守，履新之路邀小老乡吴均前往。

小船溯钱塘江而上，至富春江，风停了，烟雾散尽，天空和远山呈现出相同清澄的颜色。他们乘船随水流漂浮荡漾，只见两岸青山，山为水铸情，满目葱翠；一江春水，水因山溢美，澄碧如天。追逐名利的人，看到这些雄奇的山峰，心就会平静下来；那些办理政务的人，看到幽美的山谷，也会流连忘返。文学、史学泰斗沈约诗兴大发，写下《严陵濑》一诗。

"千仞写乔木，百丈见游鳞。"作为后学，吴均对此诗连说三个"好"。

"你也吟一首？"沈约对吴均提出要求。

"学生不敢。从富阳到桐庐这百余里，奇异的山水，是天下绝无仅有的。"吴均没有在老师面前做诗，而是请示："朱元思同学本来要随你来的，只是临行前家里突发变故，未能成行。还是写封信给他，告诉我们的所见所闻吧。"

于是，有了这篇骈体散文《与朱元思书》，全文如下：

诗画富春江

风烟俱净，天山共色。从流飘荡，任意东西。自富阳至桐庐一百许里，奇山异水，天下独绝。

水皆缥碧，千丈见底。游鱼细石，直视无碍。急湍甚箭，猛浪若奔。

夹岸高山，皆生寒树，负势

竞上，互相轩邈，争高直指，千百成峰。泉水激石，泠泠作响；好鸟相鸣，嘤嘤成韵。蝉则千转不穷，猿则百叫无绝。鸢飞戾天者，望峰息心；经纶世务者，窥谷忘反。横柯上蔽，在昼犹昏；疏条交映，有时见日。

（事见《中国古代散文选》）

朱买臣"负薪苦读"

西汉的朱买臣是建德朱池人，家里很贫穷，但非常爱好读书。年轻时，被招到桐庐天子岗脚下的朱家村做上门女婿。他不治产业，40岁仍然是个落魄儒生，只能在老山上砍柴卖柴度日。老山就是乌石山，现在叫天子岗。

他夫妻俩从老山砍了柴，然后背柴经月亮桥等渡船过渡后，再到集市或沿江一带的村子上去卖。朱买臣一边挑柴一边背诵诗文，有人在背后笑他是个书痴。这话传来传去，惹得妻子难堪，所以劝他挑柴时不要嘴里念个不停，让周围人当笑柄。可朱买臣不听妻子的劝告，反而越念越响，甚至如唱山歌一般，弄得周围人都围过来看热闹。

朱买臣"负薪苦读"

他的妻子感到羞愧，请求与朱买臣离婚。朱买臣笑着对她说："你别看我是个穷鬼，我50岁要大富大贵，你跟我吃苦已有20多年，现在我已经是四十多岁的人，再等我几年，等到我富贵的时候好好报答你的功劳。"妻子忿恨地说："像你这样的人，最后只能饿死在沟壑中，又怎么能够富贵呢？"朱买臣再三劝说，妻子便索性大哭大闹，朱买臣没有办法，只好同意离婚。

离婚后的朱买臣仍以砍柴卖柴为生。有时他从山上砍柴下山迟了，月亮起山了，或者月亮落山了，他还在埠头里等渡船。当地百姓见他可怜，也待他很好，常招待他饭食，并给他留宿。朱买臣有时走板桥村里那条路，板桥村口有一座桥，因为他常走的缘故，时至今日，此桥还被叫做"朱桥"。

朱买臣后经同乡严助推荐，拜为中大夫。东越多次反叛，朱买臣向汉武帝献平定东越的计策，获得信任，出任会稽太守。约一年后，因平定东越叛乱的军功升官为主爵都尉，列于九卿。这是后话。

（事见《桐庐地名志》）

刘秀白水湖访贤

白水湖在今桐庐县横村镇。《方舆纪要》和《乾隆·桐庐县志》上说，白水湖有上湖、下湖、鸦湖、高塘湖四湖，面积达百30余亩。

四湖为什么合称白水湖呢？这与光武帝刘秀有关。

东汉末年，王莽篡权，改国号为新。作为汉高祖刘邦的九世孙，刘秀结交豪杰，招兵买马，在南阳春陵乡筹备起兵反莽。刘秀到江南会稽余姚寻找严光，请他来帮助恢复汉室。

当时严光不在余姚，在富春白水湖（今桐庐县）与高获一起隐居垂钓。刘秀辗转来到桐庐，向严光说明来意，严光以未完成学业为由加以推辞。

刘秀访桐时，正值当地大旱。高获熟悉天文地理，通晓奇门遁甲。为解旱情，高获登上东台，挥剑叱道："此湫蛟龙，当起行雨！"霎时雷雨交加，旱情得到缓解，秋作大熟。刘秀知遇到高人，忙请其出山。高获以桐庐第二年恐有水灾，还须留下做法为由也推辞了。

刘秀无可奈何，无功而返。当时光武帝号白水真人，后人因以其号为四湖总名。桐庐诗人姚建和有诗写道："底事名为白水湖，世传文叔困穷途。冕旒未入黄金殿，图谶先占赤伏符。高获素能推六甲，严光终欲老三吴。飞龙已向河阳去，千载令人仰圣谟。"

（事见《桐江百咏史话》）

严子陵不事王侯

严子陵，名光，又名遵，字子陵。原姓庄，因避汉明帝刘庄讳改姓严。生于公元前37年，卒于公元43年。东汉名士，浙江会稽余姚（今宁波慈溪市）人。他少年时就很有才气，与刘秀（后来的汉光武帝）是同窗好友。公元8年，王莽称帝，曾广招天下才士。严子陵当时也多次接到王莽的邀聘，但他均不为所动，最后索性隐姓埋名隐居了。

传说刘秀曾多次探访严子陵，现横村镇白水湖、晦岩、龙伏等地名就都与刘秀探访严子陵有关。建武元年（25），刘秀在洛阳登基称帝后，严光即改名换姓，隐匿不见。光武帝想念着他的贤能，便凭着记忆，画出了严光的形貌，下诏郡县寻找。后来齐国（今山东）守臣上书报告说有一男子，身披羊裘垂钓泽中。光武帝怀疑这人就是严光，于是就准备了聘请贤士的礼品，用迎送德高望重的高官用的安车，派遣使臣前往邀聘。可严先生推辞，经使臣往返多次后，才到了京城洛阳。

严子陵雕像

这时，严子陵的同学侯霸已经当上了司徒。原来他在王莽失势时，便及时转舵，向起义军靠拢，以后凭着有一定能力，一步步爬了上来。他深知刘秀十分器重严子陵，所以一听严子陵来了，不敢怠慢，马上派人带书信问候。严子陵却对侯霸那种追名逐利、一味投机的行为十分鄙视。看了侯霸的信后，也不愿回信，只让来人带了两句话去，说是"怀仁辅义天下悦，阿谀顺旨要领绝"。严子陵每天只在驿馆里睡大觉，等待回家。甚至光武帝刘秀亲自去看望他，他也闭着眼睛，不理不睬。刘秀知道这位老友的性情，便拍着他的肚子说："子陵呀子陵，你到底为什么不肯出来辅助我治理国家呢？"刘秀见一时说服不了他，只得叹息着登车回宫去了。

过了几天，刘秀又将严子陵请到宫中，与他谈论旧事，谈得十分投机。晚上，还与严子陵同榻而卧。严子陵在睡梦中把脚搁到他的肚皮上，他也毫不介意。第二天就有太史官上奏，说是昨夜有客星犯帝座。刘秀听了哈哈大笑，说："这是我和子陵同睡啊，没事！"后光武帝又亲授其为谏议大夫，然而严子陵对授予他的官职还是坚持不受，并不辞而别。可他既没有返回齐国，也不去故乡余姚，而是选择到富春山隐居。后来光武帝还特地写了《与严子陵书》："古之大有为之君，必有不召之臣，朕何敢臣子陵哉！惟此鸿业，若涉春冰，辟之疮痍，须杖而行。若绮里不少高皇，奈何子陵少朕也。箕山颍水之风，非朕所敢望。"诚恳地向故友阐明了当时的想法。

建武十七年（41），光武帝刘秀再一次征召严子陵，严子陵再一次拒绝了。一直到80岁那年，因为病重才回老家陈山，不久就在老家去世了。

严先生祠堂在唐代时就有，当时为严氏家祠。北宋范仲淹任睦州知州时，在桐庐富春江严陵濑旁重建了严先生祠堂，并写下了《严先生祠堂记》，赞扬他"云山苍苍，江水泱泱；先生之风，山高水长"。严子陵终以不事王侯的"高风亮节"闻于天下。严子陵也成为隐士文化的先祖之一而受人推崇，并深深影响着桐庐山水的人文内涵。而附近"严陵"的地名，甚至"严州"府名，都与后人仰慕严子陵的高风有关。

张大顺魂归凤凰山

光绪《分水县志》

在分水百岁坊村的凤凰山麓，曾经有一座古墓。这座古墓的主人是赫赫有名的中国道教的创立者张陵（道教称张道陵，字辅汉）的父亲张大顺。这位张大顺，姓张名翳，字大顺，也好神仙之术，曾在天目山居住并修行，号桐柏真人，也被尊为天师。张道陵就是在汉光武帝建武十年（34）生于天目山的。

张大顺仙逝后，据《张氏族谱》记载：汉桐柏真人张大顺墓在浙江杭州府凤凰山。而凤凰山在分水县诸睦村（今属桐庐县分水镇百岁坊村）。当时墓地上建有桐柏真人的墓碑，随着岁月更替，张大顺的坟墓也逐渐荒芜。明崇祯年间，为了这块坟地所属，居住在此的张氏后裔曾与旁边的那家各不相让。无奈，张姓子孙找了当时掌管天下道教事务的第五十一代天师——正一真人张显庸。张显庸亲自来到此地，决断这一历史疑案，也是公案。他拿出张姓家谱，与对方理论。旁边那家见张家有凭有据，便不好意思再争了。

两家之争平息后，张家后人对张大顺的坟加以重新修理，使之更加威严、显赫。清康熙二十一年（1682）嗣真人张继宗、乾隆五十六年（1791）嗣真人张遇隆先后来到凤凰山祭扫并修整祖坟。张大顺墓道由鹅卵石铺设，两旁松柏掩映。墓地很大，坟茔用青石板砌成。正中心有一根2米多高的六角形石柱，周围留下碑刻18座。其中最大的一块碑，高3米左右、厚50厘米左右，为乾隆御笔。遗憾的是，这些遗存都消逝在历史的长河中了。

（事见《光绪·分水县志》《古邑分水》）

葛洪炼丹豪山

葛洪是中国东晋时期有名的医生，字稚川，自号抱朴子，丹阳句容（今属镇江人），是预防医学的介导者。

当时，贵族官僚为了永远享受骄奢淫逸的生活，妄想长生不老。有些人就想炼制出"仙丹"，以满足他们的奢欲，于是形成了一种炼丹术。葛洪自幼喜好神仙导养之法，跟葛玄的弟子郑隐学炼丹术。司马睿任丞相时，葛洪为属官，后任咨议、将军等职。后又因镇压石冰领导的农民起义，赐爵关内侯。南海太守鲍方很看重他，把女儿嫁给他，还把自己的学问也传授给他。后来他辞官不做，遍游名山，想通过炼丹得到长寿。

炼丹的人把一些矿物放在密封的鼎里，用火来烧炼。矿物在高温高压下会发生化学变化，产生出新的物质。长生不老的仙丹

民国《分水县志》

是剥削阶级的幻想，当然是炼不出来的。但是在炼丹的过程中，人们发现了一些物质变化的规律，这就成了现代化学的先声。据《东至县志》记载："晋朝丹阳人葛洪，尝炼丹于留山（今安徽省东至县）。"因此留山上昔有葛仙庙、观音阁、清和庵、炼丹池、鹿迹石。葛洪在留山停留了一时间，又要到别处寻山炼丹。

据《光绪·分水县志》载，葛洪的叔叔葛元曾在分水龙王洞修炼仙去，因此他便来到分水豪山（今分水镇合村乡界上，海拔586米）专注炼丹。山上还留下"还丹石"遗迹。

（事见《光绪·分水县志》）

天子岗上孕孙权

东汉末年，富阳场口瓜桥埠有户姓孙的大户人家，有良田数千亩，旱地数百亩，屯兵买马，号称东吴第一家族。主人公姓孙名钟，孙钟儿子孙坚，孙坚儿子孙策，加老祖宗四世同堂，以种西瓜为业，所以那里就叫瓜桥埠。

当年孙钟的老母亲年老病危，孙钟请来各方有名的风水先生进府商讨老娘安葬之地，多数意见安放在翔岗华林寺（万代诸侯之地），可部分人意见是白鹤峰（一朝天子之地）。正商讨之时，老母归天，选黄道吉日，由孙坚代主任行殡总指挥。从富阳场口瓜桥埠行至翔岗。孙坚坐在轿子里想了一天，突然命令行丧队伍改道白鹤峰。从珠山一路走来，到了一山坞口，孙坚在轿里张望：这到了哪里？后来

天子岗下彰坞村

这里就叫"彰坞"。再行到一只陡岗上，因山高路难行，加上狂风大雨不能行走，孙坚一边命令"堂牢"（坚持住），一边命令暂时停止就地造饭，等雨停后再上。这地方以后就叫"堂梓上"。在这点休息期间，孙坚不知不觉睡着了，还做了一个梦：梦见两个老人（白鹤老人），商量安放灵柩的地方如何如何。等孙坚醒来，士兵来报：将军大事不好，老祖宗的棺木不见了。孙坚大吃一惊，火冒三丈，在无奈的情况下，命令大家寻找。找遍附近所有地方都没有找到，大家都感到非常奇怪。这时，孙坚才想起梦里的事情，派得力将士到顶峰探看虚实。结果，孙母的棺木已放置金井当中了。这时孙坚想，肯定是老天在暗中帮衬。这座山峰也就叫"白鹤峰"了。

当坟墓建造好以后，孙策搭一间简易房，守孝百日。下山后数月，夫人生了一个儿子。满月时，孙府里热闹非凡，家中挤满了客人。当客人都到齐了，孙策还没出来。孙夫人急了，走到堂内说："老爷，客人都来了，你还不出去做啥？""夫人，我现在还不能出去。因为一走出去，人家第一句话都答复不了，小宝宝的名字还没有起呢。"夫人想想也有道理。夫妻两人在堂内走来走去，几趟之后，夫人对老爷说，你有一次在梦中大叫"权"，在酒宴中多次说到"权到孙家"了，何不取一个"权"字。老爷听了满口叫好，称赞道：还是夫人聪明。

后来孙权建立了东吴，登基当上了皇帝，正应了风水先生的建议，"白鹤峰"也就自然而然地改叫"天子岗"了。

（事见《万历·严州府志》）

陈浑"有仙术"

洛村老爷陈浑，是三国时期桐庐县江南洛村庙附近的人。他父亲叫陈硕，做过富阳侯，陈浑自己做过余杭县令、黄门侍郎、征虏将军等官，封余杭侯。

陈浑在做余杭县令的时候，县内苕溪因为上游天目山系的水势非常猛，长期泛滥成灾，甚至有时候一年好几次，淹没农田房屋，老百姓经常受灾。陈浑当县官以后，了解了这个情况，亲自勘察地形，发动10万老百姓在县西南造起塘坝围起一个湖，把苕溪的水分流稳牢。湖分上下，沿溪为上南湖，塘高一丈五尺，周围32里；依山为下南湖，塘高一丈四尺，环山14里，整个湖面积6000多亩，统称南湖。在湖西北凿石门涵，把溪流水引到湖里；湖东南建泄水坝，使水慢慢放出。沿溪造陡门水闸堰坝好几十座，发大水时蓄洪，旱灾时放水灌溉，养了好几千亩良田。直到今

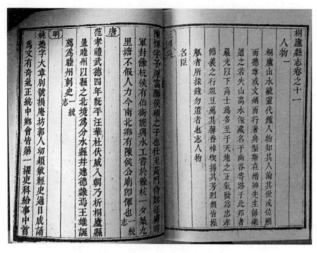

民国《桐庐县志》

天，杭嘉湖一带照样受到他的好处。陈恽还将余杭县城从溪南迁至溪北，又在余杭城南建兴隆桥，横跨苕溪，方便大家，使余杭逐步成为商贸发达的地方。当时的老百姓为了感激这位好县令，就在南湖旁建造祠堂祭祀。到明朝，余杭人又将陈恽与另二位余杭好县令归珧和杨时一起，建造"三贤祠"祭祀。

后来越传越神，特别是对陈恽发动余杭百姓治水造福这件事，清朝乾隆《桐庐县志》就有这样一种说法："陈恽有仙术，能兴水工，尝于余杭一夕筑九里塘不假人力。"但有一点是肯定的，那就是桐庐、余杭二县南北乡都立有陈恽庙（洛村庙）。

（事见《严州名人故事》《乾隆·桐庐县志》）

郭文与"虎奴"

郭文，字文举，晋朝时河内郡轵县（今河南省济源市南）人。他从小就爱游山玩水。因为"父母在，不远游"的祖训，只能在家乡附近游玩。遇到风光好的山水，郭文就控制不住了，有时"依林栖息，或借石窟而居"，乐而忘返。但过个三五天必定赶回家侍奉双亲。

几年后，父母过世，郭文不守家产，不娶妻子，扁舟逐水，四方游历。一天，来到桐庐龙蟠山（今桐庐县横村、钟山、瑶琳界上，海拔654米），流连再三便不愿走了。他在山中找到一幽处，结茅庐隐居下来。头戴葛巾，身穿鹿裘，修养心性。某日探胜，拾得一幼虎，将之饲养起来，取名"虎奴"，既做仆役，也为伴侣，至今龙蟠山上仍留有虎嬉台。郭文在山中偶采箬叶，便挂幼虎身上，带着它到市场上销售。

吴根才《郭文驯虎图》

开始，路人见到老虎都很惊恐。但看见此虎伏于郭文身旁，驯如黄犬，于是买卖如常。郭文卖得钱除稍购盐等物外，其余均赠予贫穷的人。由于这个原因，郭文也远近知名。

丞相王尊听说富春山中有此奇人，请入府中，问他用什么方术驯服了老虎。郭文回答："我只是顺应着自然的规律而已。人没有害兽之心，兽也就不会有伤人之意，何必用什么方术呢？老虎和老百姓是一样的，你抚爱我，我就追随你；你虐待我，我就和你为仇。治理百姓和驯服猛虎有什么不同呢？"

王尊认为郭文的话说得很有道理，便想让他在朝里做官，但郭文推辞不干，请求还归桐庐山中。郭文回后，人们再也不见其踪迹。有人说，郭文已辟谷仙去。人们遂在紫霄观中为之塑像供奉，尊为灵耀郭真君。

（事见《太平广记》《万历·严州府志》）

王羲之桐庐访戴颙

戴颙是东晋名士戴逵之子，世居会稽剡县。16岁时，父亲戴逵去世，戴颙因守孝艰辛几乎毁坏了身体，因此也没有做官。过几年，戴颙听说桐庐有很多名山，就和兄长戴勃两人一起来游玩。因见富春山水秀美，便在一个叫九田湾的地方留居下来。

清乾隆《桐庐县志·古迹》有这样一条记载："竹楼，在县西北三十里安乐乡，晋戴颙父子寓桐江，王羲之往访之，因游于此，作竹楼。"

王羲之因何访戴颙？首先，他们都是绍兴老乡。戴颙世居会稽剡县，王羲之晚年迁居会稽剡县。其次，他们有着共同的艺术追求。王羲之是当时著名书法家，有"书圣"之称。戴颙的父亲戴逵文工书画善琴。戴颙和兄长戴勃都从父亲那里学琴学书，特别在音乐创作上更有建树。父亲死后，所传授的声乐他们不忍心再弹奏，于是各自创作了新曲，戴勃作了五部，戴颙有十五部。戴颙又作了一部长曲，

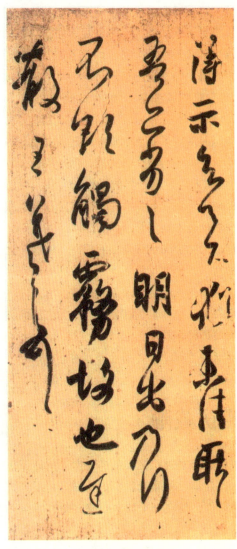

王羲之《得示贴》

这些乐曲都流传于世。

永和九年（353），王羲之因刚刚迁居到绍兴，他准备农历三月三邀请名流高士，在山阴兰亭举行风雅集会，临流赋诗，各抒怀抱。正月一过，王羲之兴匆匆来到桐庐县城桐君山北侧的九田湾。

对于王羲之的到来，戴颙一家竭尽招待。戴颙弹琴，王羲之开怀畅饮。酒足饭饱之时，王羲之向戴颙提出此行的真正目的，请戴处士参加老家绍兴的"修禊"。

戴颙此时已无心欢场，当听说谢安、孙绰等当地达官贵人也要参加时，赶紧转移话题："桐庐山清水秀，风光天下独绝。右军大人可趁机走走。"

王羲之早就听说戴颙恬静守志，中书令王绥曾带宾客去拜访他，戴颙正在吃豆粥。王绥说："我听说你们善于弹琴，想听一听。"戴颙没有作答。王羲之知戴颙不愿为伍，就没有勉强。

一连几天，戴颙带着王羲之登临桐君山，泛舟富春江，不亦乐乎。一日，游至县西北三十里分水江边（今桐庐县横村镇独山脚下），戴颙兴之所至，弹奏出新弄（乐曲）《山高水长》。王羲之听罢感叹不已，以致后来在《兰亭集序》中遗憾地写道："虽无丝竹管弦之盛，一觞一咏，亦足以畅叙幽情。"

而戴颙为了纪念王羲之来访，在新弄《山高水长》诞生的地方筑竹楼以记。

（事见《乾隆·桐庐县志》）

夏孝先"孝感泉涌"

七里泷附近有个村子，叫孝门；孝门村里有口井，叫孝泉。

传说这个村里有个老太太，单身一人，双目失明，孤苦伶仃。有一天，老太太生病了，外孙夏孝先来看她。她对夏孝先说："我是前世不修今世苦，现在心口痛得很厉害，看来活不长了，听说人喝了钓台的泉水，到阴间就不会吃苦头，你能不能去背点来给我喝？"夏孝先说："外婆，我这就去。"

夏孝先背了个毛竹筒，翻山越岭，到了钓台，找到了泉水。那泉水是从石壁上渗出来的，夏孝先就拿竹筒接住，让泉水一滴一滴灌进毛竹筒里。就这样站了半天，终于灌满了一竹筒。背回家里让外婆喝。哪知外婆喝了这泉水，当天晚上心口就不痛了。

从此，夏孝先天天上钓台去接泉水来给外婆喝，不管刮风下雨，也不管落雪冻冰，从不间断。老外婆喝了这钓台的泉水，精神一天天好起来，连那双瞎了几十年的眼睛好像也有点看得见了。夏孝先很高兴，对老太太说："外婆，我天天去背泉水给你喝，让你的眼睛变亮。"

孝门晋柏

春去夏来，秋去冬至，夏孝先整整背了一年的水。这天下着大雪，漫山遍野一片雪白，外婆劝外孙今天不要去了，夏孝先不肯，还是上了山。可是在回来时，一脚滑，跌进山坳里，当场昏了过去。这时，来了个老头，对他说："小伙子，难为你一片孝心，以后你不用上山背水了。你们村口有株柏树，你到柏树旁边挖一丈三尺深，就有一股泉水，是从这里流去的，你舀去给你外婆喝就是。"夏孝先醒过来后，回到村里，拿锄头在柏树边挖呀挖，果然挖出来一股泉水。他又拿些砻糠，跑到钓台，撒在接泉水的地方，再回到村里一看，泉水坑里当真漂来了砻糠。

他确信这是从钓台流来的泉水，就用石头在这里砌了个井。

从那以后，老太太就喝这井里的水。第二年春，她那眼睛真的亮了，身体越来越好，活到九十九岁才过世。所以，大家称这个井为孝泉，这个村子也就叫孝门。

（事见《乾隆·桐庐县志》

任昉与长林堰

南北朝梁天监年间（503～519）。初夏。分水。

几个衙役跟着一个挂着拐杖、不修边幅的"老人"急匆匆行走于山洪过后的前溪。这位"老人"便是南朝著名文学家、地理学家、藏书家、新安太守任昉。

分水一带山高涧深，河水易涨易退。前溪流域雨季洪水泛滥成灾，而雨季一过，大多时候引水灌溉都成困难，两岸庄稼往往三年两无收。任昉刚一到任，就遇到雨季。前溪风雨飘摇过后，老百姓遭遇饥馑。他用自己的俸金兑成粥，让老百姓暂时度过灾荒。

任昉知道赈灾只是权宜之计，要想让老百姓丰衣足食，必须完善前溪的水利设施。他决定，在今桐庐县分水镇天英村建筑长林堰坝，解决引水灌溉农田问题。

他让田主投工投劳，自己拿出俸薪解决参加工程建设的民工薪酬，饥荒和用工问题迎刃而解。

遗憾的是，长林堰尚未建成，任昉便倒在任上。有人查了他的遗产，只有桃花米（糙米）20石。自己没有一件像样的衣服，只能将他身着衣物浣洗后重新穿上入殓。

前溪长林堰遗址

　　一年后，村民用大量松木桩固定堰基，长120多米、宽近10米的长林堰坝建成了，可灌溉农田550亩。

　　1500多年来，长林堰虽然经受多次水毁，但经多次修复，明洪武二年（1369）分水县令金师古重修，二十七年（1394）又修，万历二年（1574）分水知县方梦龙再修，长40丈有余。至今天英村中渡地段，两根原深埋在水底、如今露出水面的松木清晰可见。

（事见《光绪·分水县志》

唐寓之暴动

　　唐寓之是南齐时桐庐江南人，自幼习武，长大后乐于济贫救困，为乡里所爱戴。永明三年（485），唐寓之为了保护桐庐江南百姓的生命财产安全，率领乡民在今江南镇舒湾古城庄筑土城，防御盗寇，捍卫乡里。

　　建元年间，齐高帝开始清查户籍，搜括丁役。武帝即位，又立校籍官，严令整顿户籍，对"却籍"（假冒户籍）的人谪罚远戍，地主和官吏更乘机作弊，以致许多农民破产和逃亡。

　　唐寓之忍无可忍。他邀集一伙人，占据将台山和下港村，拦截商旅，袭击官兵，数天内就汇聚了400余人，于是竖起"抗检籍，反萧齐"大旗，揭竿起兵，夺取官军武器，进攻新城。新城县令陆赤奋弃城而走。义军声威大振，三天扩军千人，接着兵分两路，南下桐庐，北袭富阳。富阳县令何洵急调渔浦、永兴两地驻军协防，但阻不住义军的滚滚铁流。何洵率众溃退钱塘，唐寓之挥师紧追，一举攻下钱塘。四方"却籍户"流民纷纷来投，义军迅速扩展至数万人。

　　义军声势浩大，先后攻克桐庐、钱塘、盐官（今海宁）、余杭、嘉兴、永兴、诸暨等地，钱塘富户柯隆携万贯家财投入义军。第二年初，唐寓之在钱塘称王，国号吴，年号兴平，立太子，置百官，封柯隆为丞相，并于义军策源地新城建立天子宫，将县衙改为太子宫。

　　唐寓之建立吴国后，遣部将高道度攻东阳郡。东阳太守萧崇之、长山（今金华）县令刘国重拒战被杀，一时朝野震动。武帝萧赜急令冠军将军沈文季、陈天福统率禁卫军和江防军进剿。义军奋勇迎敌，血战十余日，终于全线兵溃，唐寓之及其弟唐绍之等均被擒杀，起义运动遂告失败。

　　唐寓之暴动虽以失败告终，但南齐王朝也不得不取消"检籍"制度。

（事见《乾隆·桐庐县志》）

芦茨菩萨陈杲仁

芦茨陈公寺

陈老相公，亦称芦茨菩萨，姓陈名杲仁，晋陵（常州）人，隋朝时官封大司徒。其时，楼世干在东阳造反，陈老相公统兵平乱，降伏乱兵20余万。隋朝灭亡后，陈老相公所率的部下就地遣散后，他与部分下属隐居在芦茨一带砍柴烧炭，开荒屯田。据传，今日芦茨源农民种的老田，有好些是陈大司徒和他的部众开垦的。尤其是利用当地山林资源烧木炭，更是当地山农经济收入的重要来源。

陈大司徒烧炭技术非常高，同样的柴，经他的手质优量多。当时的山农们视他为烧炭的"神仙"，都来向他学习求教。由此，芦茨源的优质木炭产量骤增，销路甚好。山民的收入好于周边乡村，原来偏僻的山村遂日益兴旺发达起来。

过去钱塘江、新安江、兰溪江，上下往返富春江的商船很多，但一驶入芦茨湾和七里泷峡谷处，遇强盗出没，抢劫财物，杀伤行人的事屡有发生。过往客商提心吊胆，平民百姓时遭横祸。自陈杲仁和他的士兵驻芦茨源后，慑于他的威名，强盗在此抢劫过往船只的事大为减少。所以芦茨源的老百姓和经此往返三江的船民商人都衷心感激他，把他视为神。不幸的是，这位深受大众爱戴的陈大司徒，在一次抢修正在燃烧的一只炭窑时，热窑突然倒塌，竟被烧死在窑洞中。乡人目睹惨景，无不为之叹息哭泣。

他得道成神后，乡人修建多处庙宇奉祀祭拜陈老相公。当地人常说，陈老相公成神后，每有祈求，必有灵验。唐乾符三年（876），镇海叛卒王郢，占据富春江镇七里泷一带险要地方，落草为寇。节度使裴璩带兵征讨。他到当地的陈老相公庙祭拜求神保佑后出征，一仗就擒获王郢，收伏了这股强盗。这件事上报朝廷后，皇帝封老相公为"忠烈公"。到宋宣和三年（1121），赐庙额"忠佑"。清嘉庆年间又被加封为"孚佑真君"，也就是古庙碑中所刻称的"孚佑侯"。

乡人又传，时值清朝"长毛"造反，各地组织护乡团防御。一天黄昏，"长毛"浩浩荡荡的船队沿江而上，到达芦茨。护乡团虽然害怕，但仍壮胆乘夜出击。"长毛"船队大乱，自相惊扰而败退。护乡团大获全胜，自此以后，"长毛"再不敢过芦茨。民间流传，当时"长毛"看见一个红脸黑须将军，带了无数神兵神将杀上船来，遂大败而逃。

芦茨村人乃至整个桐庐县都视陈老相公为一方水土的保护神。"文化大革命"期间诸多寺庙遭到毁坏，桐庐一带的地方崇拜包括陈老相公信仰曾一度衰落。在20世纪90年代末，桐庐地方上逐渐兴起恢复地方神灵崇拜与建佛寺之风。芦茨村与相邻的茆坪村各建一供奉"陈老相公"的庙宇，以吸引来自四面八方的信众。

（事见《乾隆·桐庐县志》）

刘元珣"舍宅为寺"

乾隆《桐庐县志》

在桐庐县旧县街道，有个始建于南北朝的寺庙——宁国寺。清乾隆《桐庐县志》载："宁国寺在县西北十五里，梁（南北朝）天监二年（503），中书舍人刘元珣舍宅为寺，旧有碑记，其事历宋至元累遭兵燹碑记无存，而寺亦废。"

南北朝是中国历史上的一段大分裂时期，由公元420年刘裕篡东晋建立南朝宋开始，至公元589年隋灭南朝陈为止。该时期上承东晋、五胡十六国，下接隋朝，朝代更迭多变，即便是历史学家也一时难以说清。

关于官至中书舍人的刘元珣，遗憾的是查找不到其生平。但从《桐庐县志》记载上看，刘元珣是"裕之裔孙，其宅乃所封王府"。说明旧县刘宅应当是刘元珣的王府。刘裕（363~422）是中国历史上杰出的政治家、军事家，

南北朝时期宋朝的建立者，史称宋武帝。在南北朝，中书舍人一般由皇亲担任，不

仅替皇帝起草诏令，又掌管政令，是天子身边的实权职务。南朝的统治者十分信仰佛教，刘元琱把私家宅子拿出来建寺，其虔诚与忠诚均可见也。

宁国寺主要供奉释迦摩尼佛。寺庙建成后，经历宋元，累遭兵灾，几度废兴，至今香火不绝。明洪武六年（1373），僧如畅发愿重建；清乾隆元年（1736），僧照忏、照仙再次募捐重修，至今碑记尚存寺内。新中国成立后不久，旧县小学进驻宁国寺，寺内所有佛教设施全部拆除。改革开放后，学校另迁，原寺址改作他用。

（事见《乾隆·桐庐县志》）

陈后主避难玉瑞寺

玉瑞寺位于分水镇高联村。关于玉瑞寺，清光绪《分水县志》是这样记载的："玉瑞寺，在县北二十里，其建年代无考，寺有石佛，相传为陈代所造，旧名国荣禅院。"但坊间认为，"先有玉瑞寺，后有灵隐寺"，"龙头玉瑞寺，龙尾灵隐寺"，灵隐寺是仿照玉瑞寺而建的。

南朝陈时，后主陈叔宝，整日里花天酒地，不问朝政。这一天，陈后主刚好游玩到分水国荣禅院，得知宫廷发生政变，为了防备追杀，他白天藏身在禅院附近一个山洞中。同时，将随身携带的玉玺留在寺内。

政变平息后，为了感谢国荣禅院，陈后主御赐"南朝古刹"匾额一块。在收回玉玺时，陈后主用玉石雕了一尊佛像，送到国荣禅院，作为镇寺之宝。国荣禅院由此更名为"玉瑞寺"。景定《严州续志》也有记载："去（分水）县四十里，古迹石佛在玉瑞寺，长不盈尺，刻石为之。旧传，陈时所造。"

玉瑞寺大雄宝殿

到五代后周显德元年（954），福严将花应（也作福严将范应）重建玉瑞寺。元末毁于兵。明洪武（1368～1398）初，僧慧俊重建。明正统间（1436～1449），僧妙祥重修。每逢农历二月十九、六月十九、九月十九等大的佛事活动日，杭州、富阳、桐庐、分水等地前往寺内烧香拜佛的香客多达千余人。

（事见《严州续志》《光绪·分水县志》）

袁粲殉难石头城

　　袁粲，字景倩，陈郡阳夏（今河南太康）人。472年，南朝宋明帝刘彧病危，袁粲与褚渊、刘勔受命辅佐太子刘昱，派兵平定了桂阳王刘休范的反叛。然而刘昱生性残暴，继位后更加肆无忌惮，暴戾残忍，杀人如麻，没多久就被身边近臣杨玉夫等人杀害。他的弟弟安成王刘准在萧道成的扶植下继承皇位，袁粲升任中书监、司徒。

桐江侯川袁氏宗谱

　　萧道成手握兵权，把持朝廷，顺帝刘准只是一个傀儡而已。袁粲看在眼里，非常反感。萧道成于是拉拢褚渊，褚渊也心领神会，时常暗示萧道成要提防袁粲等人。

　　袁粲知道如果不及时除掉萧道成，刘宋的江山早晚会灭亡，于是联络了湘州刺史王蕴和宗室大臣刘秉密谋在朝会上假借太后的旨令诛杀萧道成。方案商量定了后，袁粲打算告诉褚渊，众人纷纷劝阻他不要这么做，因为褚渊与萧道成走得很近，会泄密。袁粲却说："褚渊虽然与萧道成相好，只不过是私人感情而已，怎么可能在大是大非上不一致呢！如果不告诉他，就应该立刻除掉他。"众人无法决策，最终还是告诉了褚渊。善于审时度势的褚渊立刻就把这事报告给了萧道成，于是一场宫廷政变还没有开始已经注定了失败的悲剧。

　　萧道成派遣部将戴僧静率领几百人攻击驻守在石头城的袁粲，从晚上9点到次日凌晨2点分兵攻击西门，用火烧毁了西门。袁粲和刘秉都在城东门防守，看到西门火起，知道大势已去，袁粲打算回到帅府主持局面与敌人决一死战。刘秉趁机带着两个儿子偷偷出城逃跑了。袁粲回到府中，下令在自己面前点亮众多蜡烛，对自己儿子袁亭说："我也知道凭一己之力无法挽救朝廷的衰败，独木难支啊，但我身为朝廷重臣，事到如今只能这么做了。"戴僧静乘黑偷偷靠近袁粲，准备突袭，袁亭发现了他，立刻冲上去用身体护住父亲，被戴僧静一刀砍中。袁粲对儿子说："为父虽死，不失为一个忠臣；儿子你虽死，也不失是个孝子啊！"

得知袁粲父子死在戴僧静的刀下，京城的百姓都非常悲伤，流传着歌谣："可怜石头城，宁为袁粲死，不作褚渊生！"

升明三年（479），萧道成受顺帝刘准禅让，即皇帝位，国号齐，史称南齐。

袁粲与长子袁亭殉国，次子袁亨时任睦州刺史，便扶灵柩葬于桐江侯川（今瑶琳镇后浦村），并徙居于此，尊袁粲为桐江袁氏始祖，建庙祭祀。子孙繁衍兴盛，渐成望族。

（事见《南史·袁粲传》《桐江侯川袁氏宗谱》）

唐

潇洒桐庐郡　全家长道情
不同歌舞事　统管石泉庐

三

唐太宗设县旧县埠

分水江"九溪廿八湾"，一路东流而下。江水在庙山前突然拐了个弯，右岸就诞生了一个埠头，叫旧县埠。唐时驿道"自杭州西行，入桐庐经睦州（梅城），过仙霞关，去福建境内"。桐庐的驿道从新登白峰岭入境，过旧县埠，沿旧县溪翻娘岭坞，尔后到达严陵。

娘岭古道

那时的旧县埠尽管处于"交通要道"，但由于地处偏僻，人烟稀少。公元646年，旧县埠一下子热闹起来，唐太宗李世民把桐庐的"县政府"从西山庄迁到了旧县埠的磨凸山麓。磨凸山前是一片开阔的田畈，面积有几百亩，东连省会、西达金衢的官路就在田畈里通过。当地人很聪明，以路取名，把这田畈叫做官路畈。站在磨凸山看四周，高瞻远瞩，视野开阔。风水学上说：景明则心亮，断案做事就不会犯糊涂。另外，磨凸山左边还有一只洑村山，它既是磨凸山的旁靠，又是它的护卫。分水江从北向南来，拐个弯，又朝东去了。所谓"青山横北郭，白水绕东城"，不就说的是旧县么。旧县溪由西向东来，两条活龙，在磨凸山前交汇后朝东去。

大凡建官衙的地方，都会选一座牢靠的靠山。磨凸山坐北朝南，背靠王同山，王同山山势延绵数里，山上树木茂盛，石块奇形怪状，风景很好。磨凸山县衙与后面的王同山之间有片田畈，因为在县衙后面，县衙也叫县堂，所以叫后堂畈。县城的形成，使得旧县埠不但水陆通衢，也以此为中心，商贾、文人等慢慢聚集拢来。

孟浩然夜宿桐庐江

孟浩然像

孟浩然，名浩，字浩然，号孟山人，襄州襄阳（现湖北襄阳）人，世称孟襄阳。因他未曾入仕，又称之为孟山人，是唐代著名的山水田园派诗人。他早早就写出了《春晓》这类脍炙人口的诗句。唐开元十五年（727），孟浩然第一次赶赴长安参加科考名落孙山。之后，他离开长安，辗转于襄阳、洛阳，游历吴越，泛舟太湖，沉浸于江南的名山古刹中，在江浙一带以诗会友。

他经过洞庭湖进入新安江。新安江是富春江的源头，江水清澈。诗人顺江而下，路过"严陵濑"。著名的严子陵钓台就在逶迤百里的重峦叠嶂间，"别流"、"钓矶"、"饮猿"、"树鸟"、"沿洄非一趣"。诗人游七里滩此行不仅观赏了七里滩的奇景，也探访了东汉高士严子陵遗迹。

因为"将暮"，诗人夜宿桐庐。月光如水，诗人独坐孤舟上。眼前山色昏暗，耳畔猿声悲鸣，身边是夜以继日向东奔流的桐江，间或风吹树枝叶声低回，凄迷孤寂的景像，让一路奔波的诗人心存思念。他触景生情，怀念扬州的故交老友，抑不住涕泪两行。写下了另一首千古绝唱《宿桐庐江寄广陵旧游》："山暝闻猿愁，沧江急夜流。风鸣两岸叶，月照一孤舟。建德非吾土，维扬忆旧游。还将两行泪，遥寄海西头。"

（事见《唐诗桐庐》）

施肩吾苦读龙口山

五云书院坊

分水县衙东边有一座山，名叫龙口山。山上有个书院，叫东山书院。

在东山书院，施肩吾是个读书非常刻苦的学生。他为了能够起早读书，找来一段圆木做枕头——头枕在上面，只要稍一翻身，枕头就会滑落，头碰到床板惊醒。于是，起床读书。

因为实在是太困了，有几次头滑下依旧醒不过来。施肩吾发现这一招坚持了一段时间后不灵了。怎么办呢？一天，他突发奇想，让人锯掉自己木板床的一只脚。好端端的床，为什么要锯掉一只脚？原来，施肩吾就是要让自己不睡安稳觉。如果睡沉了，只要稍一翻身，床就会向无脚的方向倾斜过去。惊醒后，他便可以立刻下床读书。

古人读书讲究"抄一遍胜过读十遍"，既加深记忆，又练字。尽管施肩吾博闻强记，但对于"抄书"从不马虎。每天傍晚，施肩吾都要到书院的池塘（后人称"洗砚池"）清洗笔砚。施肩吾洗完笔后喜欢在池边甩干，久而久之，荷叶沾上点点墨迹，形成一种独特的荷——"墨荷"。

（事见《光绪·分水县志》《施肩吾传说》）

施肩吾徐凝对句东林寺

离施肩吾老家不远，有一个叫中堂畈的地方，这里地势开阔群山环抱，中有一溪，穿畈而过。溪边有一古刹，名叫东林寺。相传，施肩吾年少时经常与同乡徐凝到东林寺游历赏玩。施肩吾还曾写过一首题为《同徐凝游东林梦》的诗：

火轮烈烈彩云浮，才到东林便是秋。
有客故人来未暮，松风几沸碧山头。

施肩吾像

一日，施肩吾又与徐凝旅居于东林寺。中午时分，他俩在院中一边喝着酒，一边又开始对句了。引来寺内众僧的旁听。

徐凝指着寺外的池塘出了上联：

"青草塘内青草鱼，鱼戏青草，青草戏鱼。"

施肩吾抬头望了门外的田野，这时正值柳绿花红的春天，满田畈的油菜花开得黄灿灿的一片，一个小囡妮正一边小心地分开两边田里的菜花，一边在田塍上走着。施肩吾看到这种景致，顿时来了灵感，马上对出了下联：

"黄花田中黄花女，女弄黄花，黄花弄女。"

众僧拍手，齐声说道："对得妙，对得妙！"

徐凝呷了口酒，又出一联：

"打开石壁，见巨龙文昌壁。"

这一联把中堂畈周围的地名石壁、巨龙、文村都隐含在里面了，徐凝想借此难住施肩吾。

施肩吾不慌不忙，移过酒壶对着酒盏洒出一线酒来，边洒边吟出下联：

"卷起中堂，现吕公查口堂。"

他这联也把中堂、吕公、查口等地名捎带过去了。徐凝不禁连声叫好，但他眉头一皱，又说道："我这上联还可加字，叫'打开石壁，见巨龙文昌壁，顶天立地'。"

施肩吾笑道："我这下联亦可加字，叫'卷起中堂，现吕公查口堂，穿云破雾'。"

众僧连声赞道："高！高！高！"

两人出得门来，在九曲回廊上观赏雨后春景。施肩吾说："接下来该我出上联，你对下联了。"

徐凝拱着手道："请。"

施肩吾随口吟道："一水贯中堂，烟霭有无，柏山人归苍茫处。"

这一联不仅把徐凝（自称柏山人）隐含在里面，也把文溪贯中堂畈的地形包含在其中了。

徐凝对道：

"千峰朝东林，雨晴浓淡，香炉坪在画图中。"

徐凝也答得十分巧妙，把施肩吾住的香炉坪与东林寺融合在一起，与施肩吾出的上联对得很是贴切。

施肩吾又出一联道：

"老欲依道。"意思是他上了年纪后要皈依道教。

徐凝大笑，认为施肩吾嘴巴讲讲而已，就答道："急则抱佛。"

施肩吾说："我这个上联，只要加个'头'，便成了一句古诗——头老欲依道。"

徐凝说："我这个下联，只要添只'脚'，便成了一句俗谚——急则抱佛脚。"

两人仔细一回味，不禁会心地哈哈大笑起来。

（事见《施肩吾传说》）

龙口山上五云开

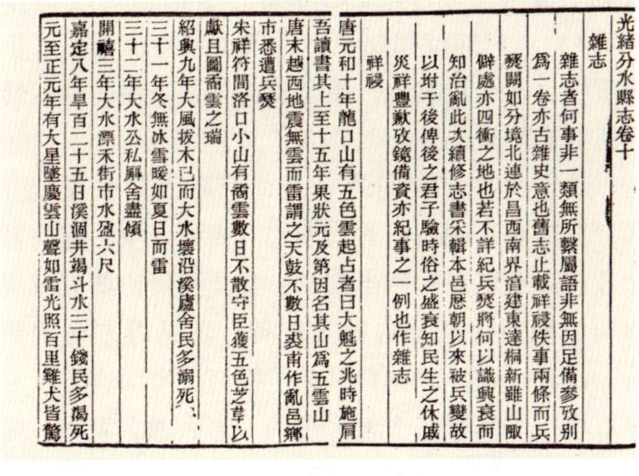

光緒分水縣志卷十

雜志

雜志者何事非一類無所繫屬語非無因足備參攷別爲一卷亦古雜史意也舊志止載祥祲佚事兩條而兵燹闕如分境北連於昌西南界淯建東達桐新雖山陬僻處亦四衝之地也若不詳紀兵燹將何以識興衰而知治亂此次續修志書采輯本邑歷朝以來被兵變故以附于後俾後之君子驗時俗之盛衰知民生之休戚災祥豐歉攷鏡備資亦紀事之一例也作雜志

祥祲

唐元和十年龍口山有五色雲起占者曰大魁之兆時施肩吾讀書其上至十五年果狀元及第因名其山爲五雲山

唐末越西地震無雲而雷謂之天鼓不數日裘甫作亂邑鄉市悉遭兵燹

宋祥符間洛口小山有矞雲數日不散守臣獲五色芝草以獻且圖矞雲之瑞

紹興九年大風拔木已而大水壞沿溪廬舍民多溺死

三十一年冬無冰雪暖如夏日而雷

三十二年大水公私廨舍盡傾

開禧三年大水漂禾街市水盈六尺

嘉定八年旱百二十五日溪涸井竭斗水三十錢民多渴死

元至正元年有大星墜慶雲山聲如雷光照百里雞犬皆驚

光绪《分水县志》

走过甬道，穿过圆洞门，里面发出碧莹莹的光，晃得眼睁不开。大着胆子进去，所到之处，一片白色，巍峨的宫殿忘不见尽头，尽数被一阵轻烟笼罩，飘飘渺渺，看不真切。自己身在何处？施肩吾犹疑不定。突然一阵馨香飘忽而来，沁人心脾。寻香寻去，眼前只见一株桂树，蓬蓬如盖，粗壮苍劲，树桠盘绕交错，千枝万条；树叶密密层层，蓊蓊郁郁。花儿一团团、一簇簇，像金色的小风铃在风中摇曳着、欢舞着、跳跃着。这还不够，那浓郁的香气一阵阵、一缕缕，沉醉迷人，牵魂动魄，让人不知归处。

施肩吾闻着花香，神清气爽，心底里顿生爱慕，忍不住踮起脚尖，攀树折下一支桂花丫枝，细细把玩。忽然，远处跑过一书僮，高声叫喊："快来，快来！大家快来看呀……"施肩吾以为偷折桂花被人发觉，心中一凛，原来是南柯一梦。

这段时间，施肩吾起早摸黑读书，实在太困。今天中午，书看着看着就睡着了。从梦中惊醒时，窗外许多人仍在大喊："快来，快来！大家快来看呀……"施肩吾不知窗外为何吵吵嚷嚷。疑惑间，徐凝推门进来："东斋，东斋，出去看看吧。"

徐凝拉着施肩吾走出书院，只见东山书院所在的龙口山顶正飘过一团云彩，五彩缤纷。

众人皆说："吉兆，吉兆也！"

这是大唐元和十四年（819）夏天的事。第二年，施肩吾进京赶考，果然高中状元。龙口山也因此改名庆云山。

（事见《光绪·分水县志》）

桐庐最早的外贸市场

《杭州茶趣》

盛唐时饮茶相当流行，大凡交通沿线，茶摊、茶铺、茶栈、茶肆随处可见。唐德宗建中四年（783），户部侍郎赵赞敏便向德宗提议榷茶（征收茶税），十税其一，由负责对盐铁征税的盐铁转运使主管茶务。

武宗、宣宗年间的一天，荥阳人郑君来到分水，看望在京城相识的施肩吾。闲谈之中，施肩吾才知道郑君现在桐庐当判官，具体负责协调、裁决和调解桐庐榷茶场内有关税务、贸易等方面的纠纷。说着说着，郑判官讲起了桐庐这个国家茶叶专卖市场，说那里怎么怎么热闹，怎么怎么繁华，周边卖的、吃的、玩的、住的，应有尽有，整个儿就仿佛是一个梦想小镇。施肩吾经不住郑君的游说，便随他来到桐庐县城。

大唐在桐庐设立茶叶专卖市场后，很快成为江南茶叶贸易的一个重要集散地，引得全国各地商贾，甚至连当时走天下的西域胡商也沿着丝绸之路前来贸易，人来人往，熙熙攘攘，生意极为火爆。市场里货品充足，摊位密集，茶叶交易额很大。施肩吾问郑判官每天市场里大概有多少的交易额，郑判官随口说道："总在百万缗上下吧。"一缗就是一串铜钱，光税收一天就是百万串铜钱，这下把施肩吾听呆了。

施肩吾和这些胡商们聊几句天，他们却皱起眉头摆出一脸苦相，说以前大唐茶市从来不收税，也没有专卖制度，现在又是茶税，又是专卖，他们这些万里迢迢来到这里的外国人，如今都做了大唐的专业"纳税人"，费用开销太大了，都没得赚了。

当晚，郑判官引着施肩吾吃住在江边一座富丽堂皇的酒楼，喝得酩酊大醉。次日天亮起来，施肩吾抓起衣裳，却大吃一惊，衣裳都湿透了！还是郑判官够朋友，见状脱下了自己的貂皮披肩，给他披上。施肩吾千恩万谢，作别回家。

施肩吾回到家，想想昨天的所见所闻很兴奋。一激动，诗兴来了，于是，挥笔一气呵成了《过桐庐场郑判官》：

> 荥阳郑君游说余，偶因榷茗来桐庐。
> 幽奇山水引高步，暐煜风光随使车。
> 算缗百万日不虚，吏人业里唯簿书。
> 眼前横制断犀剑，心中暗转灵蛇珠。
> 有时退公兼退食，一尊长在朱轩侧。
> 胡商大鼻左右趋，赵妾细眉前后直。
> 醉来引客上红楼，面前一道桐溪流。
> 登临山色在掌内，指点霞光随杖头。
> 东郭野人慵栉沐，使将破履升华屋。
> 数杯酩酊不得归，楼中便盖江云宿。
> 却被江郎湿我衣，赖君借我貂襜归。

（事见《杭州茶趣》）

施肩吾作诗戏"同年"

1957年版《唐语林》

元和十五年(820)，壬申科会试发榜。发榜之日，人流涌动。这科共举进士29人。施肩吾、徐凝同列皇榜。

当晚，施肩吾与徐凝等几位相识，一起来到一酒馆相互祝贺。饭馆里热闹非凡，有衣衫鲜丽的富家弟子，也有青衣小帽的穷酸书生。

施肩吾等共坐一桌，大家十分高兴，频频祝酒。一位卖唱者手抱琵琶，在一旁弹唱助兴。其排场与不远处的那桌相比，真是天壤之别。那桌都是一些阔少，正在给一个手搂青楼女、狂态张扬的人祝酒。施肩吾认得那人正是几天前曾讥讽过自己的崔碬。那些个阔少酒已经喝多了，口中嚷嚷不息，有的还左拥右抱着青楼女，丑态百出。这时他们也看见不远处有人在向身穿青衣的中第者施肩吾祝酒，一位青楼女发问道："这个人也中第了？"

身着华服的崔碬，醉眼蒙眬地龇龇嘴，一脸不屑地说："哼！这穷酸不知怎地也闯上运气中第了，真是瞎猫碰到了死老鼠！哼！哼！"

这话刚巧被肩吾听到，素来刚直不阿的他，顿时怒火中烧。看着装了一只义眼（假眼）的崔碬，施肩吾乘着酒兴，不假思索吟了起来："去古成段，着虫成蝦。二十九人及第，五十七眼看花。"众人一听哈哈大笑。

施肩吾一时意气，哪知被人加个《讥崔碬》的题目，小诗竟流传至今。

（事见《唐语林》）

施肩吾巧断黄金案

施肩吾高中状元后，通过吏部"铨选"，被分配到江西洪州做通判。

到洪州不久，施肩吾就遇到了一个奇怪的案子。

洪州城有座东源禅寺，是百年古刹。照理佛寺庄严，容不得藏垢纳污，可是偏偏在那里出了一件盗金案。

现任住持和尚向官府告发，说前任住持和尚侵吞寺里的黄金。主告声称，以前数代的住持和尚交接时，均有黄金过手。不但有交接的文书为凭，还有许多人证在场。而被告住持和尚交接时，未见黄金过手，显然是私自盗用了。

被告住持和尚孤身一人，就是满身长嘴，也说不清楚。公堂之上，未等大刑伺候，只是一声吆喝，便吓得浑身发抖，最后糊里糊涂地低头认了罪，官府于是把他锁上刑具，关在监牢中，等候秋后问斩。

施肩吾到任不久，读到这一盗金案的案卷后，感到其中有许多疑点，为了弄清真相，他在监牢中提审了被告。老和尚见是新官询问，看到了一丝希望，便一五一十地将自己的苦水统统倒了出来："过去的住持在交接时，只是在文书上写有黄金多少两，其实并没有黄金交接。现任住持与我合不来，便串通了自己的那些死党，想将我排挤出去，故而诬蔑我盗金。"

施肩吾当然不会只听一面之词，他认真地研究了双方的供词，虽然总觉得老和尚被冤枉的可能要大些，但是苦于拿不出强有力的证据。苦思再三，施肩吾决定让作伪的人自动暴露于光天化日之下。

施肩吾先叫人抬了几座便轿，一字排开，轿与轿之间隔开段距离。随后命令那几个声称看见前任交接时有黄金过手的证人每人进了一轿，放下了轿帘，谁也看不见谁。

然后，施肩吾命令分给每个证人一块黄泥，叫他们将当时看见的所交接的黄金的模样捏出来。

黄金是固体，有固定的形状。如果几个证人能够不约而同地捏出同样的黄金模样，说明过去的确有黄金交接；如果几个和尚捏出的黄金模样大相径庭或者根本捏不出来，那么证明黄金交接是假，是他们设下骗局，共同犯罪。

这几个证人在轿里面，手里拿着一块黏糊糊的黄泥，顿时傻了眼，急得满头大汗，手忙脚乱。此时既来不及串通，又没有现代化的通信设备。由于根本没有黄金交接这回事，冥思苦想，到了最后时间，结果谁也捏不出交接黄金的模样。

施肩吾大怒，一声断喝，吓得这几个证人连忙叩头求饶，老老实实地交代了串通作案的罪行。

老和尚无罪释放，诬告的、伪证的统统受到了应有的惩罚。

（事见《施肩吾传说》）

施肩吾旅次文水

《全唐诗》中收集了施肩吾的诗作188首，其中有一首描写了他旅次文水的场景。诗名为《旅次文水县喜遇李少府》：

> 为君三日废行程，一县官人是酒朋。
> 共忆襄阳同醉处，尚书坐上纳银觥。

文水县位于山西省中部，太原盆地西缘，西倚吕梁山，东临汾河水。这首诗清晰地描述了施肩吾在文水逗留三日，与故人李少府受到文水全县官宦的盛情款待。并与李少府共同回忆在襄阳尚书府上醉饮之乐。

最近发现，施肩吾在文水旅游期间，除了写下《旅次文水县喜遇李少府》一诗外，还留下了一篇游记——《山寺石门路记》。这篇游记是施肩吾游历子夏山光统寺所作。《文水县志》载：子夏山，在县西南三十里，峻岭危峰，雄耸天际。旧时山上有白云顶寺、真武庙、文昌祠。每年三月初三，来此进香的人很多，号曰"西顶"。山上幽深盘曲，松柏丛翠，为文水县一胜境。

唐大中七年（853），由"寿阳张口（此字石刻已模糊不清）"负责，把《山寺石门路记》监刻在崖壁上。这块唐代摩崖造像石刻，现位于山西省文水县马西乡大南峪村西南，子夏山与光统山相交的石堂沟壑中。沟壑狭窄，人工开凿修整，仅容一小平板车通过，深约一里有余；举目仰望，犹如置身于石缝中；一大石块横嵌在石缝顶，极似门框。石刻开凿于沟壑入口处，上端雕塑三尊佛像，神态端详，大有北朝风韵；顶端凿有"人字形"分水槽，防范石刻水蚀。因年代久远，文字迹多漫漶，文段大都

施肩吾石门路记碑拓

可辨读。崖刻文字面高约80厘米，宽约175厘米；石刻全文28列，每列文字数25～35之间，共900字左右；字体为行书，大小错落有致，文笔流畅自如。此摩崖石刻无论是雕塑艺术价值，还是文学创作价值，都不失为精品之作。

（事见《杭州第一状元施肩吾旅次文水县游记考》）

施肩吾学道西山

施肩吾及第时，朝廷朋党之争正盛，宦官擅权更加厉害，及第并不等于授官。施肩吾深感自己出身寒门，在长安城中既无亲朋又无故交，空有才华，无人荐举。在万般无奈之际，他把希望寄托在主考官李建侍郎身上，希望恩师能再助他一臂之力。于是，他给李侍郎写了一封信，这就是《上礼部侍郎陈情》：

> 九重城里无亲识，八百人中独姓施。
> 弱羽飞时攒箭险，骞驴行处薄冰危。
> 晴天欲照盆难反，贫女如花镜不知。
> 却向从来受恩地，再求青律变寒枝。

施肩吾由于欣赏自己的恩师李建次年仙逝，没有背景没人扶持，要想做官是很难的。施肩吾决意不再等待朝廷授予职位，不再留恋仕途，"虽幸忝成名，自知命薄，遂栖身元门，养性林壑"，决定远弃尘俗，高蹈世外。离京时，张籍赋诗《送施肩吾东归》：

> 知君本是烟霞客，被荐因来城阙间。
> 世业偏临七里濑，仙游多在四明山。
> 早闻诗句传人遍，新得科名到处闲。
> 惆怅灞亭相送去，云中琪树不同攀。

当时不少名人如元稹、白居易等都喜欢参禅礼佛，也有人求道修仙。施肩吾在游历江南诸地时，也时常感叹世态炎凉，纵情诗酒，不时流露出隐居学仙之志。仕途无望，东归家乡后不久，遂到洪州西山（今南昌），潜心学道，自号栖真子，世称"华阳真人"。

施肩吾作为一名潜心修炼的道士，他对养生、气功、医理均有相当的研究，颇

施氏宗谱

具心得体会。在西山学道20年的刻苦钻研中，他写出了《钟吕传道集》《养生辨疑诀》《三住铭》等道学原理巨著，提倡顺其自然、返本回原、修本性、得自我的教义理论，注重修德筑道，养身修性。他还提倡"气住则神住、神住则形住"的三住铭理论，为道学界做出重大贡献。

施肩吾自撰的座右铭就充分体现了清静无为、恬淡虚无的道家养生思想。在座右铭里，他明确指出："元气真精，能得万形。其聚则有，其散则零。我气内闭，我心长宁。至人传授，小兆谛听，如病得愈，如醉得醒。心安而不惧，形劳而不倦，心淡而虚，则阳和集；意躁而欲，则阴气入。心悲则阴集，志乐则阳散。不悲不乐，恬淡无为者，谓之元和。清静无为，不以外物累心，则神全而守固。"他曾撰句："世人谁不爱年长，所欲皆非保命方。"

（事见《唐才子传》《光绪·分水县志》）

施肩吾开发澎湖

唐朝中后期，王朝已逐渐衰落。宦官势力膨胀，顺宗、宪宗、穆宗、敬宗、武宗、宣宗均由宦官拥立，而皇帝已变成了傀儡，太监已掌控朝政。假如皇帝不从，就有大祸临身。宪宗、穆宗、敬宗、文宗等就是被太监害死的。各地军阀割据，战乱不息。加上连年自然灾害，百姓苦不堪言。

在这样的大环境下，施肩吾提笔抨击时弊，写下《江南怨》《钱江渡口》等一些诗篇，发泄对时政局势的不满。他在洪州时，已知台湾、澎湖地广人稀、气候温暖、土地肥沃、海产丰富，那时许多大陆人为谋生纷纷移居台澎。

这时的施肩吾，为躲灾，也为谋生，加上侈望寻找琼山仙境，萌发了去台澎的意愿。他将自己的想法告诉给族人，取得了一些族人的支持，大家决定迁徙台澎。

年届63岁的施肩吾率32人离开故乡，渡海到了澎湖。

彼时澎湖还十分荒凉，居民非常少，仅有按季节变换来此从事渔业、农事的人，这些人尚未定居岛上。仅有的极少数土著散居在各岛屿，生活、生产方式十分原始，尚未形成居住点。

施肩吾及族人在岛上开荒种植，驾木排捕鱼捉虾。有时福建人来岛上交换些农渔产品，生活虽苦，大家觉得很自在。后来，他们向土著传授农业种植技术，也向土著学习捕捞技能，彼此和睦相处安居乐业。施肩吾在澎湖也逐渐适应了这种生活环境，他的《题澎湖屿》清楚记录了当时生活和生产的状况。

> 腥臊海边多鬼市，岛夷居处无乡里。
> 黑皮少年学采珠，手把生犀照盐水。

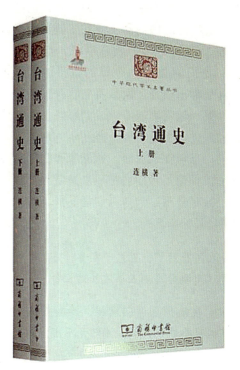

《台湾通史》

施肩吾定居澎湖后，给当地带去了先进的科学、经济、文化知识，传播开发了农业生产，改变了澎湖当时单一的采集经济，使得澎湖列岛经济、农业、道教文化等迅速发展。这首诗描写了他的族人和当地居民一起生活、劳动的情景。他的另一首《感忆》诗中写道："暂将一苇向东溟，来往随波总未宁。忽见浮云归别坞，又看飞雁落前汀。"生动地记述了他们一行东渡澎湖的心情及领略到大海的壮丽风景。另一首《赠友人归武林》说："去去程何远，悠悠思不穷；钱塘江上水，直与海潮通。"道出了诗人与友人的情谊，同时他又借朋友而去，来抒发自己对故乡的思念。他的诗被誉为我国最早的海疆诗。这些诗文为今日研究台、澎历史，提供了最早的历史珍贵资料。

（事见《续修台湾府志》《台湾通史》）

徐凝题诗开元寺

　　徐凝回到家乡，便找僻静处隐居起来。每日观山问水，饮酒赋诗，倒也悠然自在。有时，徐凝也会外出漫游，在风景名胜间打发时光。

　　这一年春天，他游完富春江，又来到了杭州城。听说城中的开元寺院内植有牡丹，徐凝立即前往观赏。进入寺院内，果见一片盛开的牡丹，美艳得令人惊叹。徐凝忍不住当场题诗：

> 此花南地知难种，惭愧僧闲用意栽。
> 海燕解怜频睥睨，胡蜂未识更徘徊。
> 虚生芍药徒劳妒，羞杀玫瑰不敢开。
> 惟有数苞红萼在，含芳只待舍人来。

徐凝故里

　　令徐凝想不到的是，他正题诗时，也是专程前来赏牡丹的白居易已站在了他身边。诗刚题完，白居易马上鼓掌叫好。徐凝转头看，见是旧时相识、今日的杭州刺史白大人，自是喜出望外。两人赏完牡丹，白居易便邀徐凝一起喝酒谈心。说到那些长安往事，又说到白居易几年前被贬江州，两人皆唏嘘不已。当年在长安时，徐凝曾和白居易一起看过牡丹花，当白居易后来被贬为江州司马时，徐凝曾写过一首《白司马》，回忆当年观赏牡丹的情景：

> 三条九陌花时节，万户千车看牡丹。
> 争遣江州白司马，五年风景忆长安。

　　这次能在杭州巧遇白居易，徐凝倍感亲切，心情也是格外好，话说到知无不言，酒喝到一醉方休。

　　（事见《全唐诗话》《唐诗纪事》）

徐凝诗绝鼎湖

鼎湖峰在浙江缙云，它状如春笋，直刺云天，高170.8米，顶部面积为710平方米，底部面积为2787平方米，堪称"天下第一峰"、"天下第一笋"。峰巅苍松翠柏间蓄水成池，四时不竭。据说轩辕黄帝在峰顶用鼎炼丹，鼎重达千斤，把峰压成了凹形，下雨积水成了一片湖，故称鼎湖。轩辕黄帝升天后，这个地方就被人们称为——鼎湖峰。

历代文人对天下第一峰赞不绝口。徐凝至鼎湖写下《题缙云山鼎池》。诗云：

> 黄帝旌旗去不回，空余片石碧崔嵬。
> 有时风卷鼎湖浪，散作晴天雨点来。

徐凝的这首《题缙云山鼎池》诗意广阔，黄帝升天后，只留下"片石"。这石，在巨人眼里自然是小的片石了。朗朗晴日，大风从顶峰吹过，湖中的水浪会散作雨点纷纷飘下。

此诗一出，竟被奉为天下绝唱，后来竟然没人敢题鼎池了。

（事见《郡阁雅谈》《唐诗纪事》）

布衣徐凝"白身归"

和其他的读书人不同，徐凝不想去考什么进士，当什么官，他喜欢的是诗文和风景，而不是金钱权势。但家人希望他能用才学换来名望和地位，以光宗耀祖，亲戚朋友也都盼着在他发达后跟着沾光，都劝他：去京城吧，去京城吧，考个功名回来，你行的。被劝烦了，徐凝去了长安。

在应考期间，他若无其事地在城中东游西逛。有人就对他说：想上榜得先铺路啊，拿你的诗作多拜拜那些官员、名流的门庭，人家替你美言，机会可就大多了。徐凝自语：能写诗，有何值得炫耀的呢？还要去低声下气求人家举荐？我才不去做这样的事呢！到底没有去四处拜门子，徐凝自然也没考出个什么结果来。

又在京城逗留了一段时间，徐凝意外地结识了元稹和白居易。元、白二人对他很是欣赏，又鼓励他继续考进士，他婉言谢绝了。不久，又遇到了韩愈。离开京城前，徐凝以一首诗跟韩愈作别：

一生所遇唯元白，天下无人重布衣。

欲别朱门泪先尽，白头游子白身归。

（事见《唐才子传》）

徐凝为扬州打广告

徐凝从京城回家。这一天，他途经烟柳繁华之地——扬州。

扬州是个好地方，徐凝一到便被迷住了。景美自不必说，物华自不必说，单是如云的美女就让徐凝目不暇接了。徐凝便在扬州多停留了一些时日，然后便遇到了她。

她是一位歌妓，歌美人也美。第一次见到她，徐凝便恍若见到前世情人，然后两人就有了私下里的来往。她觉得徐凝和那些官员、商贾太不一样了，这个懂情调、有才华的男人让她怦然心动。都动了情，接下来的相处就不是逢场作戏了。可再好再真，终还是有一别的。她无法获得自由身，徐凝也无能力将她赎走，带她远走高飞。

临别的那夜，月光照着窗外的一切，那么净，那么明，让室内的一对人儿坠入爱河。月光无言，她亦无言。她靠在徐凝的怀里，默默流泪。徐凝也不知如何去安慰这带雨牡丹一样的人儿，他想：若是不相见，或许就没了这痛苦的分别时刻。第二天，徐凝在那双泪眼的关注下，再次踏上了远行的路。

扬州徐凝门

许多年后，徐凝还会时时想起扬州，想起和她共处的那些日子，想起那些夜晚的撩人月色，想起她的泪、她的好和那醉人的缠绵。又是一个月夜，徐凝又陷入深深的思念中，望着窗外的那轮月，他提笔写下了《忆扬州》：

萧娘脸薄难胜泪，桃叶眉尖易觉愁。

天下三分明月夜，二分无赖是扬州。

在徐凝的心目中，那个远方的她就是俏萧娘，就是桃叶女。时隔多年，他还记得那晚写在她脸上的伤心离愁。往事不愿再想了，可月光却来强迫他去回忆。这月光分明是那晚照亮扬州的月光，天下月光如果有三分，那扬州就应该占去两分了吧，不想陷相思，却被月光惹，直让人无奈啊！

徐凝"无心插柳"，"天下三分明月夜，二分无赖是扬州"，这句诗后人几乎无人不晓，它甚至成了今天扬州的"形象代言词"。

（事见《唐诗中的成语》《唐诗桐庐》）

白居易"荐凝屈祜"

白居易做杭州刺史时，举荐江东举子张祜、徐凝等人赴京会试。

那天，徐凝先到刺史府，随后张祜也乘船从苏州赶来。张祜自负诗名，认为自己应该被举荐为"解首"，徐凝不服。二人均希望得到白居易的首荐。

白居易也难以决断，对张祜、徐凝两位说："你们比比吧，就如廉颇和白起在鼠穴，胜负在于一战。"于是，令两位以《长剑依天外》为题作赋，以《余霞散成

荐凝屈祜图

绮》为题作诗。

两位才华横溢，援笔立就。白居易认真审阅了他们各自写的赋和诗，最后判定：徐凝"解首"，张祜次之。

张祜还是不服："我的诗中有'地势遥尊岳，河流侧让关'和'树影中流见，钟声两岸闻'这样的佳句，比起神童诗中的'日月光天德，山河壮帝居'，綦毋潜的'塔影挂青汉，钟声和白云'来也不逊色。为什么反比不上徐凝？"

徐凝则抢白道："你的诗句好是好，怎比得上'今古长如白练飞，一条界破青山色'！"

白居易最后还是坚持徐凝第一的意见，张祜只得恨恨而归。

（事见《全唐诗话》《古今诗话》《唐摭言》《诗话总龟》）

徐凝也有"恶诗"

古往今来，描写庐山瀑布的诗很多，但能够成为千古绝唱的，当数李白的《望庐山瀑布》了。你看，"日照香炉生紫烟，遥看瀑布挂前川。飞流直下三千尺，疑是银河落九天。"这是何等生动，何等气势，历来无人能出其右。

但是在李白死后大约七八十年，徐凝也写了一首与李白诗异曲同工的《庐山瀑布》诗，居然轰动当时诗坛：

> 虚空落泉千仞直，雷奔入江不暂息。
>
> 今古长如白练飞，一条界破青山色。

据《古今诗话》记载，白居易做杭州太守时，举荐江东举子张祜、徐凝等人赴京会试，张祜自负诗名，争当"解首"，徐凝不服，要当场赛诗以决胜负，于是徐凝写了这首《庐山瀑布》。诗成后，包括白居易在内，都"一座尽倾"，可见徐凝这首诗是公认的上乘之作。

但是到了北宋，由于苏轼的一首戏作，徐凝这首佳作竟蒙受了"恶诗"劣名。一次，苏轼游庐山，读了陈令举《庐山记》。《庐山记》中辑有李白、徐凝的诗作。到开元寺，主僧求诗，苏轼作一绝云：

> 帝遣银河一派垂，古来惟有谪仙辞。
>
> 飞流溅沫知多少，不与徐凝洗恶诗。

苏轼作为一代文豪，对李白诗名仰重至极，固然无可非议，但他把徐凝的《庐山瀑布》贬斥为"恶诗"，却又太欠公允。由于徐凝诗所咏题材与李白相同，而他的声名根本无法和李白相比，再加上"恶诗"的定论又是苏轼下的，所以近千年来，世人出于对李白、苏轼的崇拜和迷信，始终不敢越雷池一步，对徐凝诗做出公正的评价。

其实，徐凝诗非但不是"恶诗"，而且同样堪称歌咏庐山瀑布的"神笔之作"。因为再上乘的诗歌作品，都无法从所有角度穷尽艺术的意境，所以只要是目有所见，耳有所闻，心有所感，即使题材相同，也能够写出各有特色的好诗。特别是徐凝明知李白早有绝唱在前，却敢"题诗在上头"，并且词由己出，不囿陈言，更是难能可贵。再说徐诗末句的"界破青山"，堪称独有的白描神笔。两山之青夹一瀑之白，这种独具风格的画面，又是李白诗里见不到的。

（事见《东坡志林》《宣和诗集》）

白居易分水江畔访徐凝

公元825年，暮春四月。分水豪渚埠。

诗人徐凝家来了两位贵宾，一位是杭州刺史白居易，另一位是睦州刺史李幼清。徐凝的老家在松溪（今桐庐县百江镇松村村），那是一个山区小村，交通十分不便，自辞去金部侍郎后，他便在分水江畔的豪渚埠（今桐庐县分水镇东溪村）建了个草房，面对青清幽悠的江水，过起了以吟诗垂钓为乐的归隐生活，一般情况下很少有贵客造访。今天两位刺史一起登门，诗人自然惊喜万分。

徐凝一家极尽款待，都是自家劳动所得。蔬菜，自家菜园种的；鲜鱼，分水江里钓的；老酒，也是自家酿的，香醇得很。三杯两盏淡酒叙的只是友情诗情。恳谈至深夜，白刺史也不去县里的客栈休息了，就在徐诗人家享受山趣吧。于是，留下了《凭李睦

《白居易诗选》

州访徐凝山人》诗：

> 郡守轻诗客，乡人薄钓翁。
> 解怜徐处士，唯有李郎中。

（事见《分阳诗稿选赏序》）

章成缅"孝感乌鹊"

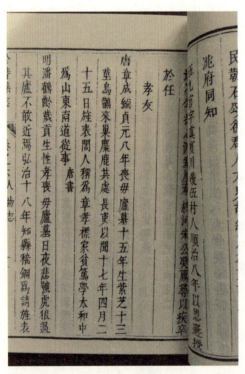

于潜县志（章成缅）

章成缅，唐于潜（今桐庐县分水镇）人。他尽管家境贫寒，却发奋苦读，博贯经史。唐兴元年间中进士。由于早年丧父，取得功名后他并未为官，情愿在家侍奉老母，做一个山野村夫。

贞元八年（792），母亲去世，他悲痛万分，在墓旁搭建小屋，种植松柏，守墓15年之久。孝感天地，墓周围竟长出10多株"紫芝"，有许多乌鸦和喜鹊在墓旁筑巢栖息，麋鹿等祥瑞野生动物也生活在这里。县里把这一情况上报朝廷。唐宪宗大为赞赏，下诏："此孝子之标也！"并任命他为山南东道从事。

章成缅不论是在山南东道节度使手下做幕僚，还是在京城大理寺做评事、秘书省正字，都平易近人，性情豪迈。在任期间兴利革弊，不行苛政，倡导教育，施政惠民，深受老百姓称颂。辞官回家的时候，"同年"好友杨臣源"连舟载酒"把他送到杭州。在杭州，他们得到了杭州的"父母官"白居易的盛情款待。席间，杨臣源赋诗《送章孝标校书归杭州因寄白舍人》，把章成缅比作东汉的徐稚，甘于清贫：

曾过灵隐江边寺，独宿东楼看海门。

潮色银河铺碧落，日光金柱出红盆。

不妨公事资高卧，无限诗情要细论。

若访郡人徐孺子，应须骑马到沙村。

退休后，章成缅在兑口（今桐庐县分水镇三溪村）的杉村建筑宗祠，"岁时致祭于亲，乌鹊随巢，经年不散"。《孝标公传》上还说，章成缅去世后，"郡乌号鸣送葬，自所至兰桥，且相继而殒，人金异之"。

（事见《于潜县志》《潜阳乌窠章氏宗谱》）

章八元"邮亭偶题"

章八元，桐庐县常乐乡章邑里(今横村镇)人。传说，章八元小时候聪颖过人，村中老人见他束发两结，随口道："小鬼头上生牛角。"八元见老人满口肉牙，回道："老头嘴中没象牙。"虽对老人家有些不敬，却对仗工整。长大后，进入报恩寺开蒙，课间寺院高僧指着寺前一座山让学童对课。那山形似木筏，高僧的上联是"驾筏游天际"，同龄人皆一时无句作对。八元见山的对岸的"船形石"，从容答道："乘舟赴日边。"诗才的天份已然显现。

一次，章八元在邮亭（相当于现在的旅馆）墙壁上题诗一首。绍兴诗人严维刚巧到邮亭，见所题诗作高亢清丽，很有气势，问题诗少年："你叫什么名字？"

章八元大大方方地回答："八元是报恩寺的高僧按《左传·文公十八年》'高辛氏有才子八人：伯奋、仲堪、叔献、季仲、伯虎、仲熊、叔豹、季狸，忠肃共懿，宣慈惠和，天下之民谓之八元'取的。"

严维见这少年谈吐不凡，继尔又问："愿意随我学诗吗？"

章八元高兴地答道："愿意。"

严维可能没当回事，谁知道他准备动身回乡出发时，章八元已打点好行囊，辞家在邮亭外面等候。这使严维感到非常惊讶，于是，对章八元刮目相看，收章八元为弟子，并用心指点。在名师严维的传教下，章八元诗赋精绝，数年后，以辞赋参加科举，考取了探花。

（事见《唐才子传》《万历·严州府志》）

章八元"雁塔题名"

大雁塔又称慈恩寺塔，是唐贞观二十二年（648）太子李治为了追念他的母亲文德皇后而建。唐代学子，考中进士后到慈恩塔下题名，谓之"雁塔题名"，后沿袭成习。章八元及第后，去京师长安（今西安市）慈恩寺塔游览，亦在塔壁上题诗云：

> 十层突兀在虚空，四十门开面面风。
> 却怪鸟飞平地上，自惊人语半天中。
> 回梯暗踏如穿洞，绝顶初攀似出笼。
> 落日凤城佳气合，满城春树雨濛濛。

这首诗气势宏伟，喜悦之情均在字里行间。前二联从外观着笔，"十层突兀在虚空，四十门开面面风。却怪鸟飞平地上，自惊人语半天中"，一下子把塔之宏伟壮丽之状呈现眼前。大雁塔身为青砖砌成，各层壁面作柱枋、栏额等仿木结构。每层券砌拱门，内有回梯可登楼。这种楼阁式砖塔，造型简洁，气势雄伟，是我国佛

西安大雁塔

教建筑艺术的杰作。第三联从外转向登楼的感觉，"回梯暗踏如穿洞，绝顶初攀似出笼"，表面看是写登楼，实际是写高中进士的愉悦心情。"出笼"鸟可以展翅高飞，大展宏图，能不高兴嘛？最后一联"落日凤城佳气合，满城春树雨濛濛"，一个"佳"字，一个"春"字，染燃出满城佳气笼罩，一个个考中进士的学子满面春风。

后来元稹、白居易到寺游览，看到他的题作，吟咏很久，赞叹说："想不到严维竟然有这样出色的弟子，名下果然是没有虚士啊！"

（事见《唐才子传》《全唐诗话》）

章孝标"献诗"

章孝标的父亲章八元是通过科考步入仕途的。耳濡目染，孝标也一心读书。元和十三年（818），章孝标第九次参加科举考试落榜。当时落榜的考生大多写诗讽刺主考官，唯独孝标没有这样做，而是写了一首诗给主考官庾承宣侍郎，题为《归燕词辞工部侍郎》：

> 旧垒危巢泥已落，今年故向社前归。
> 连云大厦无栖处，更往谁家门户飞。

尽管长安城里高楼大厦，却没有我立脚之地，老屋已破落，归燕该往哪一家飞去栖息呢？庾承宣得诗反复吟咏，暗暗称奇，认为这榜没有录取章孝标是个遗憾，来年如果有机会再次做主考官的话，一定努力推荐。

第二年秋后，科举再次开考，庾承宣又一次成为主考官，章孝标苦尽甘来，一举中榜。后来，人们议论，认为章孝标一首诗28个字可以中试，只要努力，功业可成。

（事见《唐诗纪事》《太平广记》）

章八元、章孝标、章碣祖孙雕像

李绅"真金不镀金"

唐元和十四年（819）科考揭榜，章孝标高中进士。按当时习俗，上榜的进士要回家省亲祭祖，章进士就兴高采烈地启程，宋之问是"近乡情更怯"，此时的章孝标是"入乡兴更起"，不写诗就无法表白自己的狂喜，大笔一挥，留下了《及第后寄广陵故人》这首诗：

> 及第全胜十政官，金汤镀了出长安。
> 马头渐入扬州郭，为报时人洗眼看。

考上进士好像是镀了一层黄金，金光闪闪，出长安，到扬州，先报告一声，大家把眼睛洗一洗，好好看一看谁回来了！十年一第，孝标踌躇满志，得意忘形了。这首诗还有另外一个题目，叫《寄淮南李相公绅》，也就是写给李绅的。李绅是何等之人？27岁就高中进士，诗名盖世，又长几辈。他的"锄禾日当午，汗滴禾下土，谁知盘中餐，粒粒皆辛苦"脍炙人口，千古传诵。李绅从诗中看到了章孝标小取即满的肚量和傲气十足的小气，觉得有必要让这位昏了头的新科进士清醒清醒，于是作了一首《答章孝标》诗：

> 假金方用真金镀，若是真金不镀金。
> 十载长安得一第，何须空腹用高心。

批评孝标用了10年才考了个进士，何必自视高明，自我夸耀呢。章孝标读了李绅的诗后感到惭愧，很后悔。会昌四年（844），李绅以相位镇守扬州。时新春大雪，李绅宴请宾客，席间邀宾朋以《春雪》赋诗。当轮到章孝标时，他索要笔墨，一挥而就：

> 六出飞花处处飘，粘窗著砌上寒条。
> 朱门到晚难盈尺，尽是三军喜气销。

雪花到处飘舞，粘上窗户，著上台阶，飞上树条。那朱门前的积雪为什么直到晚上也难满尺？那是因为被平叛胜利的三军喜气消融了啊！李绅一看，大为赞赏，评章孝标一诗第一。这首诗把春雪与三军的胜利巧妙联结起来。这时李绅赞赏教导章孝标：好就是好。

（事见《唐才子传》《唐诗纪事》）

章孝标"一诗成谶"

章孝标及第东归。到杭州樟亭驿，题诗一首：

> 樟亭驿上题诗客，一半寻为山下尘。
>
> 世事日随流水去，红花还似白头人。

诗初成时，落句云"红花真笑白头人"，后改为"红花还似白头人"，意思是："我一直平平庸庸，老了后才成名。好像红花的芳艳，能长长久久吗？"

哪曾想，一诗成谶。章孝标回乡不久就去世了。

有人说，父亲章八元，儿子章孝标，一个成名早，一个成名迟，相差太远。但父子俩官位都不显要，这一点是相同的。

（事见《全唐诗话》《唐诗纪事》）

方干杭州访姚合

方干像

命运对于方干是不公平的。他怀才不遇，屡试不第。唐朝宝历年间，方干赴京赶考，虽然成绩优异也未能及第。原因竟在主考官奏议："干虽有才，但科名不可与缺唇之人，不使四夷闻之谓中原鲜人士矣。"造成他屡屡落榜的原因竟然是外貌的缺陷。方干缺唇，有的说是天生的，也有传说是他幼时偶得佳句后兴奋地跳将起来，不料脚下一滑跌入鸬鹚湾里，嘴唇被岩石划破了，从此成了缺唇先生。

姚合，中晚唐著名诗人，历官武功主簿、监察御史、金杭二州刺史，诗风澹泊细密，尤擅五言，与贾岛齐名，时人号称"姚贾"。

听说钱塘（今杭州）太守姚合看重人才，方干便去拜谒。呈上诗稿，想不到姚合见方干容貌丑陋，颇为轻视。接过诗稿，看都不看就丢在了案桌上。方干见自己受到姚合的冷落，便告辞而归。有一天，姚合闲来无事，随手翻阅方干诗稿，大为惊叹："好诗，是个难得的人才。"姚合责怪自己不该以貌取人。

方干终凭诗歌在姚合那里获得了礼遇。姚合"宾客馆之，登临山水必与焉"。方干在《上杭州姚郎中》一诗中表达了两人的关系：

> 昔用雄才登上第，今将重德合明君。
> 苦心多为安民术，援笔皆成出世文。
> 寒角细吹孤峤月，秋涛横卷半江云。
> 掠天逸势应非久，一鹗那栖众鸟群。

"下马皆成宴"，可谓宾主谈笑两相宜。姚合到金州履新，方干写了《送姚合员外赴金州》送别。

（事见《唐诗桐庐》）

官无一寸禄　名传千万里

唐大中年间，方干又一次参加科考，仍然名落孙山，便隐居在绍兴镜湖。镜湖的北面有一座茅草书房，湖的西面有一座松岛，每当风清月明之时，方干就带着小儿撑一支轻便的小船，往返于书斋与松岛之间，设馆授徒。寿昌李频便是其中的一个学生。

方干隐居镜湖期间，大唐王朝即将倾圮，朝纲不振。方干对于仕途已经心灰意冷，决意隐居不出。

10年后，方干遇到良医，补好了他的缺唇，但人已老了。而学生李频高中进士。方干寄诗给李频，道："弟子已攀桂，先生犹卧云。"既为学生高中高兴，也为自己的境遇感到委曲，心里酸酸的。

方干去世后，他的学生孙郃写诗追思道：

> 牛斗文星落，知是先生死。
> 湖上闻哭声，门前见弹指。
> 官无一寸禄，名传千万里。
> 死著弊衣裳，生谁顾朱紫。
> 我心痛其语，泪落不能已。

犹喜韦补阙，扬名荐天子。

唐昭宗光化年间，经左补阙韦庄奏请，追赠方干为进士出身，不久，又由宰相张文蔚出面奏请名儒不第者15人，追封方干为左拾遗，以慰诗魂。北宋景祐元年（1034），范仲淹被贬到睦州任刺史，拨款重建严先生祠堂，绘方干像于祠堂东侧以配享。

"贫归故里生无计，病卧他乡死亦难。放眼古今多少恨，可怜身后识方干！"袁枚凄然。之后袁枚又在《诗话》里写道："呜呼！余亦识方干于死后，能无有愧其言哉！"逝者已矣，已经于事无补了。

《白云方氏宗谱》

（事见《古今诗话》）

祖孙三进士　翁婿一状元

乾隆《桐庐县志》载，在横村镇白云村有一寺庙，名报恩寺。晚唐诗人方干有《题报恩寺上方》一诗传世。寺内有一联："一门三进士　翁婿是状元"。

联中"一门三进士"，指的是唐桐庐县常乐乡章邑里(今横村镇)章八元、章孝标、章碣祖孙三人。章八元，大历六年(771)，进士第三名。考中进士后担任句容县主簿，继而升为协律郎。有诗集一卷传世，《全唐诗》存诗6首。儿子章孝标，元和十四年(819)中进士，唐文宗太和年间曾为山南道从事，试大理寺评事，官终秘书省正字。有诗集一卷，《全唐诗》存其诗作73首。孙子章碣，乾符三年(876)进士及第，《唐诗大辞典·修订本》载，咸通、乾符间，颇著诗名，后流落江湖，不知所终。《全唐诗》录其诗26首，编为一卷。所以，章氏三代进士，皆以风雅著称，浙中颇有盛名。

"翁婿是状元"，指章八元与方干。方干，字雄飞，时称方处士，后号"玄英先生"。方干祖籍淳安，迁居桐庐鸬鹚湾（今富春江镇芦茨村），唐懿宗咸通中

（870前后）隐居会稽镜湖，是晚唐隐逸诗人。方干去世之后，门人私谥为"元英先生"，并收集了他的诗作370余首编成《元英先生集》10卷。《全唐诗》收录其诗352首，编为10卷，流行于世。辛文房的《唐才子传·方干》载："干，幼有清才，散拙无营务。"这里的"状元"，指的是章八元与方干的诗名和对他们在诗歌创作上成就的赞誉。

（事见《桐庐与名人》）

李频拜方干为"一字之师"

李频像

李频，唐寿昌（今浙江建德李家镇）人，很小就有诗名。一次，寿昌县令穆君游灵栖洞，即景吟诗道："一径入双崖，初疑有几家。行穷人不见，坐久日空斜。"得此四句后，停顿了一下，一时接不上。这时，随从县令穆君一起游玩的李频接着唱道："石上生灵笋，池中落异花。终须结茅屋，到此学餐霞。"穆君大为赞赏。

后来，李频与方干为吟友，相互唱和。一次，李频完成《题四皓庙》一诗，自认为非常奇绝，诗云："东西南北人，高迹自相亲。天下已归汉，山中犹避秦。龙楼曾作客，鹤氅不为臣。独有千年后，青青庙木春。"

李频立马把该诗拿给方干"指正"。方干看了后，也不谦虚，直言不讳地对李频说："这诗好是好，但有二字未稳。'作'字太粗而难换，'为'字用得不恰当。方某知道有'率土之滨，莫非王臣'，请把'为'字改作'称'。"

方干这一改，让李频佩服得五体投地，也非常后悔之前的盲目自大。从此，李频拜方干为"一字之师"。

后来，李频考中进士，诗僧清越向方干祝贺道："弟子已折桂，先生犹灌园。"

（事见《葆光录》《白云方氏宗谱》）

刘蜕死不祭祀

北梦琐言（刘蜕）

刘蜕，字复愚，桐庐（一作长沙）人，约唐懿宗咸通初在世。刘蜕出身寒微，有一个奇怪的父亲，那就是从来不祭祀祖先。刘父对儿子基本上不做要求，想不想获得功名全凭刘蜕自己的兴趣。据说，刘父曾告诫儿子："任凭你科考上进，困窘与发达，希望我死后，千万不要祭祀。"尔后就乘上一叶小船，以钓鱼为乐，最终竟不知所终。

刘蜕本来也想学父亲归隐田园，但因"为文奇诡岸杰，自成一家"，高中进士，官居中书舍人、右拾遗，出朝掌管商於地区，归隐的想法就没有了。

刘蜕临死前忽然记起父亲告诫他的话，便学父亲，告诫了儿子刘纂（后官礼部尚书）。刘纂曾和同伴们说起这件事，当时人很不理解。有名望、有教养的家庭重视祭祀之礼，死不祭祀的做法与儒家思想格格不入。

（事出《北梦琐言》）

风雪夜归刘长卿

大历八年（773），吴仲孺任鄂岳观察使。刘长卿性格刚强，得罪过吴仲孺。吴为截夺上缴中央的钱帛，反诬陷刘长卿犯赃。此案幸好由监察御史苗丕秉公审理，刘长卿才从轻发落，贬为睦州司马。在唐代，司马一职大多是安置被贬谪官员的闲官。在赴睦州履新的路上，大雪纷飞，诗人夜宿芙蓉山，写下了脍炙人口的《逢雪宿芙蓉山主人》：

> 日暮苍山远，天寒白屋贫。
> 柴门闻犬吠，风雪夜归人。

诗人希望获得一席净土，可是，在冷酷的现实之中，哪有自己的立身之所。绝

刘长卿像

望中幸亏遇上救星苗丕，给自己带来了一点可以喘息的光明。这首诗不仅是一幅优美的风雪夜归图，而且反映了诗人政治生涯的苦辣滋味。

刘长卿被贬，心情愤懑烦恼。睦州任上，他"独上子陵滩"，晚树、寒禽、斜阳、乱石，寂寥景象折射出诗人心中黯淡。社会衰退、人生无多、空寞萧条，凡此种种也在折磨着诗人，《却归睦州至七里滩下作》内里依然是那个遗世独立的风雪夜归人：

> 南归犹谪宦，独上子陵滩。
> 江树临洲晚，沙禽对水寒。
> 山开斜照在，石浅乱流难。
> 惆怅梅花发，年年此地看。

（事见《唐诗桐庐》）

岑参"旧家富春渚"

岑参，唐南阳（今属河南）人。天宝三年进士，授兵曹参军。当时西北边疆一带战事频繁，岑参怀着到塞外建功立业的志向，两度出塞，久佐戎幕，前后在边疆军队中生活了6年，对边塞风光、军旅生活以及少数民族的文化风情感同身受，其边塞诗尤多佳作。"忽如一夜春风来，千树万树梨花开"为千古传诵。

岑参的父亲岑植曾在富春江上游的衢州任司仓参军，年幼时曾随父在富春江边居住。在《送王大昌龄赴江宁》中，岑参讲述了他居住在"富春渚"的经历：

> 旧家富春渚，尝忆卧江楼，
> 自闻君欲行，频望南徐州。

诗人说，我曾住在富春江畔，江边有一座小楼，那就是我家。岑参念念不忘富

岑参像

春，对桐庐的人文山水时有想念。严维落第回桐庐，他安慰道："严子滩复在，谢公文可追。"（《送严维下第还江东》）同僚李明府去睦州，他借富春江景寄托自己的思念："严滩一点舟中月，万里烟波也梦君。"（《送李明府赴睦州便拜觐太夫人》）好友李翥南下，他很是羡慕："帆前见禹庙，枕底闻严滩。"（《送李翥游江外》）天宝十年（751），岑参自边塞返京后，曾避居终南山，度过了两三年半官半隐的生活。他在别业双峰草堂又一次想起富春江，桐庐不仅是他的第二故乡，更是他的精神家园。

（事见《唐诗桐庐》）

陆龟蒙仿写方干诗

陆龟蒙是吴中名门望族，唐代诗人、农学家。曾任湖州、苏州刺史幕僚。

当时，方干在吴中颇负诗名。而陆龟蒙却不以为然，甚至认为方干这种水平的诗我也可以完成。陆龟蒙用了一天的时间，写了50首诗，把它们装帧为一本诗集，并声称是方干的新作。

同辈反复吟诵方干新的"诗集"，有的夸奖，有的批评，褒贬不一，但没有一个人站出来说这是仿方干的诗作。

陆龟蒙见同辈蒙在鼓里，便道出实情："这本诗集是下官用了一天时间，模仿方干的诗风写出来的。"

同辈们大吃一惊。毕竟是一日之作，尽管有些诗句平平，但也有句奇意精的，难别于方干。

《唐诗纪事》末了说，陆龟蒙不允许方干"擅场"吴中也是有原因的，似乎有"既生瑜何生亮"的意思。

（事见《唐诗纪事》《诗话总龟》）

皇甫湜"一字三缗"

元和八年（813），皇甫湜回睦州访友人施肩吾。他从分水泊舟至赤洲（今瑶琳镇皇甫村），见山川秀丽，山环水抱，土地平旷，觉得这里就是心目中的世外桃源，于是举家定居赤洲。

皇甫湜在任工部郎中时，一次在酒桌上发脾气，跟同事争吵起来。待到酒醒后，自己觉得不好意思，请求到东都洛阳去任职。正赶上伊水、湜水泛滥，连年歉收，皇甫湜又很长时间滞留在那里不得升迁，薪俸特别低，生活困顿愁苦。一次，天降大雪，皇甫湜家门前连个脚印都没有，全家饿饭，厨房的烟囱都不冒烟。当时，晋国公裴度任东都留守，在洛阳施行保民安政的政治措施，用高度的赞美、优厚的待遇，聘请皇甫湜为留守府的幕僚。皇甫湜简朴率直不拘礼仪，裴度对他也很优待宽容。早年，裴度讨伐淮西叛乱有功，皇上赏赐给他很多钱。裴度信奉佛教，他将这些钱财施舍给福先佛寺，让僧侣用这笔钱重修佛寺。重修后的福先佛寺，极为宏丽壮观。

佛寺修好后，裴度要写信给白居易，请他写一篇碑文。当时，皇甫湜也在场，他指责裴度说："我皇甫湜就在你身旁，你却写信请在远方的白居易给你写碑文。我的文章是阳春白雪，白居易的文章是下里巴人。你怎么容不下高雅之人？"

裴度听了非但不生气，反而委婉地向皇甫湜表示歉意，说："考虑您老是大手笔，怕遭到您的拒绝。现在既然您说话了，这也正是我的愿望啊！"

皇甫湜的怒火稍消，与裴度说好"稿酬"，要了一斗酒，便告辞回到家中。乘着醉意挥笔撰写碑文，一气呵成。第二天抄写清楚后，送给裴度。裴度一看，不懂，二看，不懂，好长时间连句都断不了。文思奇僻、古奥不说，连字体也怪邪。裴度看了好久终于弄明白了碑文。他赞叹地说："真是

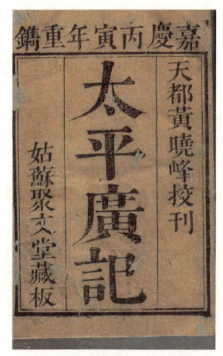

《太平广记》

高人啊！"

裴度马上差小校带上书信，把车马、丝织品、彩瓷、器玩等价值千余"缗（古代穿铜钱用的绳子）"的物品直接送到皇甫湜的府上。

皇甫湜看完裴度给他的信后，大为恼怒，气愤地将信扔在地上，对小校说："请转告裴侍中，为什么这样亏待我啊？我的文章不是一般的大路货，除了曾经给顾况写过集序外，还没有再为什么人写过。现在裴侍中请我撰写这篇碑文，都是因为我受他的恩惠深厚啊。这篇碑文约有三千字。每个字需付润笔费三正绢，减少五分钱也不行。"

小校听了后既惊恐又愤怒，回到留守府中如实汇报给裴度。在场的下属与各位将校都挥臂握拳，异常愤怒，裴度听后哈哈大笑，说："真是放荡不羁的奇才！"立马派人按照皇甫湜提出的酬金数额，如数付给他。

（事见《太平广记》）

皇甫湜性急教子

皇甫湜性情急躁，是一般人所不能想象的。

一次，皇甫湜被蜜蜂蜇了手，于是大为躁怒，让家中仆夫及邻里的小孩，将蜂巢取下来装在畚箕里，高价买下来。过了一会儿，附近所有的蜜蜂都飞聚到他家庭院中。于是，他又让家人仆夫将蜂捉住，在杵臼中砸烂捣碎，再将它们的汁液用布绞取出来，以解蜇手之恨。

还有一次，皇甫湜让他儿子皇甫松抄录几首诗，发现有个字写得有些小错误，便蹦跳着大骂不止，招呼下人把戒尺拿来。下人稍慢了一下，皇甫湜急得用牙咬儿子的手腕，把儿子的手咬得直淌血。

（事见《太平广记》）

皇甫湜诗题浯溪

唐代宗时，文学家元结卸任道州刺史回家，经过今湖南祁阳西南约2公里湘江西岸与浯溪交汇处，因爱此地山水，寓于溪畔，名之"浯溪"。元结撰《浯溪铭》《台铭》《铭》，请人用篆书写出，刻于石上。书者相传不出季康、瞿令问、袁滋三人之间，各具特色。大历六年(771)，元结又将自己所撰《大唐中兴颂》请颜真卿楷书，镌刻于临江峭壁。因文奇、字奇、石奇，有"摩岩三绝"之称。之后，又有300多位名人的摩崖石刻486处。其中著名的人物有元结、颜真卿、黄庭坚、秦观、李清照、米芾、范成大、沈周、顾炎武等。皇甫湜的《题浯溪石》也在其中：

> 次山有文章，可惋只在碎。
> 然长于指叙，约洁有馀态。
> ……
> 石屏立衙衙，溪口扬素濑。
> 我思何人知，徙倚如有待。

从皇甫湜的《题浯溪石》诗中不难看出两个特点，一是作为韩愈弟子，诗人继承了韩愈在艺术上刻意求新，寓于创造，而且特别致力于胸中笔下还没有来得及开拓的境界。在内容上写险怪、幽静、苦涩、冷艳，甚至凶狠。在形式上，他们以散文的句法入手。二是元结作为诗人、散文家，在文学上颇有造诣，特别是那些杂文体的散文，或直抒胸臆，或托物刺讥，都出于愤世嫉俗，忧道悯人，具有揭破人间诈伪、鞭挞黑暗现实的战斗功能，性格上与皇甫湜相近。白居易在《哭皇甫七郎中湜》对此诗给予了高度评价：

> 志业过玄晏，词华似祢衡。
> 多才非福禄，薄命是聪明。
> 不得人间寿，还留身后名。
> 涉江文一首，便可敌公卿。

（事见《容斋随笔》）

罗万象隐居紫罗山

罗万象大约生活于唐顺宗、宪宗时期。光绪《分水县志·仙释》载："罗万象，唐时官御史，有政声。后弃官隐于分水紫罗山，筑白云亭以居。"紫罗山，在桐庐瑶琳镇与分水镇界上，因罗万象曾筑紫草小房于山间，后人称紫罗山。当年，状元施肩吾曾上紫罗山拜访罗万象，写有《春日题罗处士山舍》：

乱叠千峰掩翠微，高人爱此自忘机。

春风若扫阶前地，便是山花带锦飞。

他姓爭界不決走告正一員人顯庸顯庸至言家譜載祖墓在桐廬之西北鄉求之弗得蓋漢時末析爲分水故也今觀山川形勢眞祖師發祥地遂加修築并置守塚十餘家葛元姪居邑之龍王洞修鍊仙去又八都豪山有還丹石相傳爲其姪葛洪遺跡云羅萬象唐時人官御史有政聲後棄職隱於邑之紫羅山築白雲亭以居浙西觀察使李德裕疏薦萬象以朋黨方盛末可有爲乃避居邑西蒿源山有白衣人願爲弟子或見白龍從深谷出至庵化爲人共異之憲宗慕神仙術詔郡邑迹之萬象脫巾示日子削髮僧非仙也守臣回奏復召爲乃坐化眾奉其肉身於龕號白雲眞人吳越王爲建廟時兩析大旱

光绪《分水县志》

放弃高官厚禄，来到这千峰掩翠、山野百花间，忘掉世俗，甘于淡泊，施状元感叹，果然是高人！

施肩吾走后，李德裕又来了。李德裕是后来"牛李党争"的代表人物，他爱才如渴，常提拔出身贫寒的读书人。他贬官崖州时，有人作诗怀念："八百孤寒齐下泪，一时南望李崖州。"后人便用"八百孤寒"形容人数众多、处境贫寒的读书人。李德裕因何而来？当时，他在朋党斗争中被贬为浙西观察使，知道罗万象隐居辖内，他上疏力荐并亲自上山请罗万象"出山"。罗万象认为，朝廷朋党斗争愈演愈烈，继续为官也是难有作为，谢绝了。

（事见《光绪·分水县志》）

罗万象"坐化"蒿源

一池荷叶衣无尽，数树松花食有余。

刚被世人知住处，不如依旧再移居。

蓝银坤《景在白云中》

这首《白云亭》是罗万象存于《全唐诗外补》唯一的一首留给后人的诗。罗万象居住的白云亭环境是这样的：旁有"一池荷叶"，周围有许多松树。他本想就此终老山林，却还是让人惦记。为了清静下去，只好想办法再换地方了。

换哪儿呢？光绪《分水县志·仙释》上说，移居到了"邑西蒿源山"，即今天的百江镇翰坂村。"有白衣人愿为弟子或见白龙从深谷出，至庵化为人共异之"，也就是说，罗万象到了蒿源山后成仙了。

唐宪宗李纯信仙好佛，想求长生不老之药，他下诏征求方士。由于唐宪宗信仙好佛，刑部侍郎韩愈上疏，恳切诤谏，以致触怒圣威被贬。当然，这是题外话。当得知罗万象成仙后，下诏让各郡县寻找罗神仙。当官差在蒿源山找到罗万象时，罗万象除掉头巾对官差说，"我是削发僧，并非神仙。"官差只好依此回复。

后来，罗万象真的坐化了。当地民众为其塑像，建庙供奉起来，称罗万象为白云真人。到了五代十国时，吴越王钱镠还为之建庙祭祀。一年，两浙大旱，有人发现庙里的白云真人塑像忽然汗如雨下，不多时，天降大雨。从那以后，分水一带只要遭遇大旱，便到白云真人的庙求雨。

（事见《光绪·分水县志》）

周朴得句

周朴，睦州桐庐人。他生于晚唐乱世，早年和其他许多读书人一样，为了仕途背井离乡，长年累月过州历府，跋山涉水，结交处士高僧、宿老名流、达官贵人，以其说项，期盼蟾宫折桂。曾游历浙江、江苏、湖南、湖北、广西、长安等地。

周朴生性喜欢吟诗，诗风苦涩。每每遇到好景，搜奇抉思，太阳下山也会忘了回家。即便是暂且得到一联一句，也是非常高兴的。一次，周朴在野外遇到一位背着柴走路的樵夫，灵感一来，突然他抓住樵夫背着的柴，大声说："我得到了，我得到了！"那樵夫以为碰到疯子，非常惊惧，抽出手臂，丢下柴就跑。正好遇到负责巡逻的士卒，怀疑那樵夫是小偷，抓住他讯问。这时候周朴慢慢地前去告诉那位士卒说："只是我刚才见到他背着一捆柴，因此想到两句诗罢了。"士卒听明白后，释放了樵夫。

周朴得到的那两句诗是："子孙何处闲为客，松柏被人伐作薪。"周朴构思时那种痴态，读之令人忍俊不禁；而细细想来，创作时的这种认真、投入的态度，却是令人敬佩的。

（事见《唐诗纪事）

皇甫松"诽谤"牛僧孺

皇甫松，唐睦州新安（今淳安）人。元和十五年（820）前后，随父皇甫湜从新安迁徙到桐庐赤洲（今桐庐县瑶琳镇皇甫村）。

皇甫松的上京求仕之途十分坎坷。来到京城后，自然先谒见其表舅牛僧孺。牛僧孺是当朝宰相，"牛李党争"中牛党领袖。皇甫松希望这个表舅能举荐他。按常理，以牛僧孺与皇甫松父亲皇甫湜的交情和姻亲关系，牛僧孺本应举荐才情不凡的皇甫松出仕才对，但遭到了牛僧孺的拒绝，"然公不荐"。其原因可能出在皇甫湜的亲舅舅王涯身上。王涯作为宰相在"甘露之变"中遭到族诛，皇甫湜也可能同时罹殃。在牛僧孺当政时，宦官仇士良尚在位，对死去的王涯等人仇恨未减。牛僧孺当然不愿意为了皇甫松而冲撞仇士良。再加上此时"牛李党争"十分尖锐，虽说牛僧孺身为宰相，但其地位也摇摇欲坠，自身难保。

皇甫松得不到牛僧孺的举荐，心中有一肚子的怨恨。

会昌元年（841）襄阳发大水，皇甫松借机作《大水辨》批评牛僧孺，说他"夜入真珠室，朝游玳瑁宫"，置百姓的生命和财产不顾。

（事见《唐摭言》）

李南隐昭雪冤案

（萬曆）嚴州府志

日本藏中國罕見地方志叢刊

再版万历《严州府志》

李师旦，唐景龙年间任桐庐县令。当时的睦州刺史冯昭泰生性残忍，阴险刻薄，与桐庐县令李师旦是对头。

当时，国忌日是要停止一切公务和活动的。那天李师旦竟饮酒唱歌，被冯昭泰知道了。冯昭泰严厉地对他说："你身为官员，怎么能不守法规呢？"并要以此定李师旦的罪。李师旦反驳道："法律并没有规定禁止饮酒，何况我饮的是药酒。我唱挽歌那恰是表达我的哀思。请问刺史大人，我有什么罪过呢？"此后，两人矛盾更深了。

当时，桐庐有个叫夏孝先的人，父亡负土成坟，并建了一座茅庐在旁边，住在那里守墓。一夜，野火燎山，将近坟茔，得急孝先绕墓大声恸哭。这时，突然有一大群鸟用羽翼濡水将火扑灭。不一会，着火的地方冒出一甘泉，其水可灌溉农田数百亩。县令李师旦听说后，将此泉命名为"孝子泉"，乡改"孝泉乡"。

冯昭泰知道后，即上奏朝廷，说李师旦与桐庐黎民200余家，俱行妖邪，蛊害州民。

中宗下诏御史台赴睦州复案，所有御史听说是复核冯昭泰奏报的案子，且极可能是件冤案，都称病不愿前往睦州。只有左台监察御史李南隐站出来："善良的人如果蒙冤，不予以申明怎么行呢。"

李南隐到了孝泉乡，发现并无奏报中的妖邪，而是老百姓口口称颂的一个孝感动天的故事，查明系冯昭泰诬陷，为李师旦及百姓200余家蒙冤尽雪。

（事见《太平广记》《万历·严州府志》）

贯休与华林寺十六罗汉像

桐庐县凤川街道华林寺始建于五代的。该寺曾经藏有水墨罗汉18幅，形貌奇古，世称仙笔，是镇寺之宝。这"十六罗汉像"，初看隐约模糊。如果注视久了，图像会越来越清晰，神态灵动。跨步如行云流水，坐禅如枯木不动；忧世者低眉，愤慨者皆目；喜乐如有声，慈悲如劝化，其形态各异，道尽人间世情，又仿佛意犹未尽。

相传，昔有善画者路过华林寺，夸售自己的画技。华林寺的寺僧便邀请他绘制罗汉像。那个画师要求独处一室，除了送吃食外，其他闲杂人等没有经他的同意，不得入内。10多天后，有个小沙弥好奇，偷看了一眼。只见画师用脸盆盛水作镜，对着自己画像。这时，画师刚画了半身，发觉有人偷窥，便洗手弃笔，把水泼在地上，人即消失得无影无踪。

泼地之水化作香泉。后来寺庙所在的山便叫香泉山。这是后话。

寺僧到画师画画的地方收取他画的罗汉像，发现才16幅半。寺僧们无奈，只好将这16幅半罗汉像挂在寺壁之上。多年竟无人将残缺的画像补齐。

到了唐末，有人进入华林寺，仔细观察寺壁那16幅半罗汉像。寺僧并不在意，等到那个人离开，寺僧发现原先遗缺的一幅半罗汉像已经补齐。而且与以前画师的笔法不二，所画的形态也相同。

有人说，画者必罗汉下界，或已修成罗汉身，故不愿被世俗扰，乃自隐、自化。也有人说，画者是画僧贯休，于入蜀前偶经华林寺，见十八罗汉像不齐，便补上了。

（事见《万历·严州府志》）

陆羽品评"十九泉"

陆羽是唐代著名的茶学家，被誉为"茶仙"，尊为"茶圣"，祀为"茶神"。他曾遍历长江中下游和淮河流域各地，考察搜集了大量第一手的茶叶产制资料，并积累了丰富的品泉鉴水的经验，撰下《水品》一篇，可惜今已失传。

同代文人张又新在《煎茶水记》里曾详细地开列出一张陆羽品评过的江河井泉及雪水等共20品的水单。如庐山康王谷水帘水第一，无锡惠山寺石泉水第二，蕲州兰溪石下水第三，而把扬子江中心的中泠泉（在今镇江，又称南零泉）列为第七品。

钓台第十九泉

有意思的是，张又新还记下了一个真实的故事：州刺史李季卿在扬子江畔，遇见了在此考察茶事的陆羽，便相邀同船而行。李季卿闻说附近扬子江中心的南零水煮茶极佳，即令士卒驾小舟前去汲水。不料士卒于半路上将一瓶水泼洒过半，偷偷舀了岸边的江水充兑。陆羽舀尝一口，立即指出："此为近岸江中之水，非南零水。"李季卿令士卒再去取水，陆羽品尝后，才微笑道："此乃江中心南零水也。"取水的士卒不得不服，跪在陆羽面前，告诉了实情，陆羽的名气随后也就越发被传扬得神乎其神了。

桐庐严子陵钓台下有泉，泉水甘美。陆羽曾来过严子陵钓台，品评泉水。通过比较，他认为天下20个最宜茶水品中，此泉名列第十九，于是，钓台泉有了"天下第十九泉"之称。在张又新《煎茶水记》里还有这样一段描述：有一个永嘉刺史，非常熟悉两浙。他过桐庐严子陵滩，看见"溪水至清，水味甚冷"，用此水煎茶，即使所煎的茶是"陈黑坏茶"，也"皆至芳香。又以煎佳茶，不可名其鲜馥也"。张又新最终认为，严子陵滩水超出扬子江南零水。

宋代有个叫陈埙的，宋室南渡后寓居桐庐。他对"十九泉"情有独钟，有诗：

十年不泛钓台船，梦想高风日月边。

今日偶来无住著，再尝滩下煮茶泉。

（事见《万历·严州府志》《煎茶水记》）

"钱相公"来去无踪

分水江上有一个撑船的，大家都叫他钱相公。钱相公孤舟一人，有客就载，有货便运。无客无货的时候，则孤舟不系，空船随波逐流，放任其漂行。有的时候从桐庐沿富春江一直飘浮到钱塘杭州。

钱相公的行迹，引起了桐庐、分水两县捕快的怀疑。捕快们沿江明查暗访，只了解到此人姓钱，并无名字，人呼"钱相公"。为了摸清底细，捕头挑选了四个水上功夫了得的捕快暗地跟踪。四个捕快，一叶轻舟，盯上钱相公。只见钱相公轻轻拨动小桨，扁舟看似慢行，然四个捕快无论怎样使劲，始终追赶不上。大家知钱相公非寻常人，此事只好作罢。

有一年，桐庐县城有一富家的私塾先生有急事赶往余姚。先生心想，最好能雇上钱相公的船，或许会快点。当私塾先生走到合江亭边，钱相公的小船已停泊在亭下。于是，先生高兴地雇买舟而行。

从桐庐到钱塘，一路上只见钱相公摇荡小舟，不见他吃喝。乘着月色，舟过钱塘。这时，钱相公望着明月，引吭高歌："小小乾坤似一航，夫妻父子到岸便分张。我也不住城，城里闹攘攘。我也不住乡，乡内苦邦邦。不如笑傲清风与明月，斜带箬帽过钱塘。"

歌毕，余姚已到。钱相公扶私塾先生上岸，叫了声"走好！"私塾先生一回头，钱相公与他的小舟已无影无踪。月光下，江波拍岸，芦荻轻摇。

不知从唐代何年起，桐江两岸为钱相公立庙祭祀，称"钱相公庙"。

（事见《万历·严州府志》）

孙晤"料事如神"

唐代有个叫孙晤的桐庐人，住在七里滩，以捕鱼为生。孙晤虽为渔民，却精通奇门遁甲之术。

当时，李世民有个叫杨集部将领兵收复睦州。杨集所部行至七里滩，准备在一座山崖下立寨驻军。突然，山崖上坠落一块大石头。这杨集也非凡人，掐指一占，说："山崖上有二十五人。"便点了一队兵勇，上山崖搜索。

不一会儿，兵勇从山崖上带下20人，均为当地百姓。

杨集感到奇怪："山崖上应该有二十五人，怎么少了五人？"

其中一个老百姓答道："我们开始听说大军快到了，共有二十五个人一起避难来到山崖。刚刚搭好草庐，有一对雉鸡飞来。一起避难的孙晤善卜，告诉我们，军队快要到了，应该换个地方，不然会被大军抓住。我们不听他的话，有四人信他所言，随他跑到其他地方去了。"

杨集大惊，濑上竟有这等神人，说："如果得到此人，我一定拜他为师。"

待收复睦州、平定新定后，杨集没有机会再来七里滩。而孙晗仍在濑上捕鱼。

（事见《建德县志》）

章鲁风不赴孔目官

后唐桐庐有个叫章鲁风的，文才了得，诗名和罗隐不相上下。有《章子》三卷诗集。

章鲁风多次参加科举考试，均以名落孙山告终。乾宁二年（895），武肃王钱镠知道章鲁风才学，召他做表奏孔目官。章鲁风拒绝赴任，钱镠一怒之下，将章鲁风抓了起来，并下令淹死于钱塘江。

接着，钱镠委任罗隐为钱塘令。罗隐害怕钱镠的暴虐，只好赴钱塘上任。一次，钱镠宴请百官，罗隐席间献诗："一个祢衡容不得，思量黄祖谩英雄。"

罗隐通过诗歌讲述了一个典故：孔融向曹操推荐祢衡，但是祢衡称病不肯去，曹操封他为鼓手，想要羞辱祢衡，却反而被祢衡裸身击鼓而羞辱。后来祢衡骂曹操，曹操就把他遣送给刘表。祢衡对刘表也很轻慢，刘表又把他送给江夏太守黄祖，最后因为和黄祖言语冲突而被杀，时年二十六岁。黄祖对杀害祢衡一事感到十分后悔，便将其加以厚葬。意思是说，是真英雄，又岂会容不得意见不同的人！

钱镠听进去了。从此，厚待罗隐之辈文人了。

（事见《唐才子传》《浙江通志》《万历·严州府志》）

稠锡归来"偕两虎"

阳羡茶泉又称"卓锡泉"，是宜兴十景之一。泉在铜官山下的南岳寺旁。南岳寺建于南北朝齐武帝永明二年，距今约1500多年。"卓锡泉"因稠锡禅师驻锡"南岳"而得名。

稠锡禅师是桐庐人。唐开元年间，稠锡禅师从桐庐到宜兴南岳寺。他见寺旁无水，便以禅杖敲开地脉，得一汪清泉，泉水清冽如镜。禅杖插地，又化奇树一棵。大师思念桐庐茶，不多时有白蛇衔籽，又种出盖世名茶。名泉配名茶，相得益彰。这大约是"阳羡茶泉"最初的由来。

稠锡禅师是个得道高僧，他曾一度离开山寺，到山下娶一寡妇为妻，还生了两个孩子。一天吃早饭时，他让妻子再送碗羹汤，妻子推托说"羹尽"。稠锡道："非羹尽，乃缘尽也。"

稠锡禅师了却尘缘，取旧时衣衫锡杖，回到南岳寺。寺庙已不敢接纳这个一会儿还俗、一会儿出家的和尚了。

一天，稠锡带回两只老虎。众僧吓得要逃，稠锡对众僧说："大家不要害怕。我让两只老虎来，就是要在虎口下决定我的去留。如果上天不让我留下来，就让老虎吃了我；如果上天让我留下来，就让老虎围绕我转三圈。"两只老虎当真围着稠锡转了三圈。肉眼凡胎者哪里识得这稠锡乃是"伏虎罗汉"转世呢。稠锡和尚得以进寺后，便到泉边剖腹洗肠，以净身心。所以卓锡泉又称"洗肠池"。

稠锡禅师留在民间的两个儿子日后也成了高僧。南宋名臣周必大的《胜果寺咏阳羡茶泉》诗"听经日到斑斑虎，献茗时来白白蛇"，即写稠锡之事。南岳寺宋代叫胜果寺，一度又叫"伏虎道场"。

（事见《乾隆·桐庐县志》）

里董有个董司徒

司徒，西周开始设置的中央官吏名。大司徒，与大司马、大司空并列三公，官居一品。在富春江镇里董村出过一个从未出入过官场的董司徒。

董司徒，名举，字正忠。他性格温厚，孝顺父母。同乡人如果发生争论，意见不统一，必定让董举来分辨是非。他根据具体情况，晓之以理，让双方都心服口服。

里董村不远有个孝门村，村有"孝泉"。孝泉流到了董举在世的时候忽然干涸，董举告诉村里人说："泉脉没有古今，为什么以前泉水源源不断，而现在断流了呢？肯定我们在对待老人上不如前人，才造成这种情况。"于是率领大家在下游吃斋，祈祷说："如果有哪一个乡邻应该遭天谴，我愿意代替他。"如此日日夜夜不敢懈怠，直至死在泉旁。等到他死后，泉涌如初，至今都不曾涸竭，使得周边10余里范围从此没有干旱之苦。大家觉得，这种福报源于董举，把他葬在大钟山的西面，并选择在墓的东面建祠。

晋开运中（约942～946），浙右大旱，禾苗全部枯死。出帝（后晋皇帝）十分担忧，下令各地官员到处祈祷也不见有效，只好派遣使臣到董举祠，告诉董举："我们不是不善良，是惧怕神灵，请你向上天请命，用海水灌溉田地。"未等到使者返回复命，天降甘霖，干涸的田地也复苏了，祠的左面形成了一条大河，于是称这条河为"新泽"。出帝赠他为司徒，追封标福王。

（事见《乾隆·桐庐县志》《新泽广川董氏宗谱》）

省躬"言到义尽"

省躬，睦州桐庐人。年幼时聪颖好学博闻强记。乡里德高望重者说他志大言高，既惊叹又非常赏识。因不愿受俗世羁绊，投入圣德寺法师处学佛，并受皇命得以剃度为僧。初学毗尼道（律宗），学识大增。

省躬后又拜苏州开元寺高僧道恒为师。道恒说："我能有这样的弟子，知足了！"

同门僧众也愿意亲近他。在这里，省躬的佛学修为得以突飞猛进。因佛法博奥精深，普通僧众各持己见辩论不休，常常请省躬出面，省躬都能马上为他们的争论分判是非曲直，被大家赞为"义尽省躬"。

省躬的佛法水平为所在寺庙赢得至高荣耀，老师道恒夸赞他说："自从省躬到我这里，我再也听不到恶言恶语了。"

省躬听罢，恭敬地离席合掌答道："老师过誉了，这都是仰仗老师您的教导，这就像您采下桑叶喂蚕，我惭愧的是自己不能吐丝来报答您一样。"

道恒又赞道："我看你就是'吐园客'，能吐出五色丝，织就五彩的绸绣，你不必太谦逊。"

后来，省躬应召离开，去了扬州，在那里广收门徒，臧否古今，深明佛法奥义。门下有聪慧的学生把他的讲学言论一一记录下来，整编合集为《顺正记》10卷，分门别类为13章门，条例又加入当世的时物，洋洋大观。时人大儒纷纷传抄引为经典，用以教化民众。所以又被称为"淮南记主"，自号"清冷山沙门"。

（事见《人物春秋》）

刘采春凄唱《啰唝曲》

刘采春，淮甸（今江苏省淮安）人，擅长演唐代流行的参军戏，是中唐时的流行歌手。晚唐范摅《云溪友议》记载，元稹曾有一首《赠刘采春》，赞美她"言词雅措风流足，举止低徊秀媚多"，"选词能唱《望夫歌》"。《望夫歌》就是《啰唝曲》。方以智《通雅》说："啰唝犹来罗。""来罗"有盼望远行人回来之意。据说，"采春一唱是曲，闺妇、行人莫不涟泣"，可见当时此曲歌唱和流行的情况。《全唐诗》录《啰唝曲》6首，以刘采春为作者，其中有：

刘采春像

> 那年离别日，只道住桐庐。
> 桐庐人不见，今得广州书。

随着唐代商业的发达，夫婿逐利而去，行踪无定。诗人开始以为丈夫还在桐庐做生意，等她赶到桐庐的时候，收到的却是他从广州寄来的家信。长期分离，已经够痛苦了；加上归期难卜，就更痛苦。在这种情况下，诗中人只有空闺长守，一任流年似水，青春空负。写出了商人家庭的矛盾和苦闷。

刘采春的结局如何，无从知晓。不过可以想象，她的《啰唝曲》已成为那年月的时代之声，感动过、抚慰过很多彼时之人，尤其是伤心的女人。就像当年邓丽君的歌声，当它们在耳边款款响起时，总有人为之动容。

（事见《诗品》《诗法易简录》）

黄飞虎与三月二十八旧县庙会

旧县因唐贞观二十年（646）至开元二十六年（738）曾设桐庐县治于此，故称。在这个千年古镇有个流传弥久的盛事——庙会。每年三月二十八这一天，旧县街上神像轿子出抬，后面跟着化装列队的牛头马面、活和尚、死和尚（头戴长帽，长舌鬼脸，手执铁链）、判官小鬼等，仪仗鸾驾，威灵显赫，鼓乐齐鸣，煞是热闹。

三月二十八旧县庙会

为什么选择三月二十八举办庙会呢？这与东岳大帝有关。东岳指的山东省的泰山，东岳大帝就是泰山神。关于东岳大帝的来历，《封神演义》中有这样一个故事：商朝末年，纣王受妲己蛊惑，荒淫残暴，为了满足自己的淫欲，连黄飞虎的妻子也不放过。黄飞虎的妻子为保贞节自杀身亡。黄飞虎的妹妹是纣王的妃子，在痛斥纣王之后被摔下摘星楼而亡。黄飞虎身负家仇，和老父、二弟、三子带一千家将反出五关，投奔周武王，被封为开国武成王，一起讨伐昏庸暴虐的纣王。在兴周灭商的战争中，黄飞虎战死于渑池。姜子牙特封黄飞虎为五岳之首、东岳泰山天齐仁圣大帝，总管人间吉凶祸福。开元十三年(725)，唐玄宗加封东岳大帝为"天齐王"。旧县由于初迁县治，社会动荡不安，为监察匪患与水患，同时也是响应唐玄宗加封，在庙山顶上建起东岳庙。三月二十八是东岳大帝的生日，来东岳庙的香客络绎不绝。香客多了自然要买香烛，要吃饭，庙会就自然而然地形成了。

在旧县，庙会一直要持续三天。期间木工、竹匠、铁业以及小商小贩趁此机会来展销商品，庙会更为热闹。

（事见《潇洒桐庐》）

钱镠与三月初八横村庙会

明万历间（1573～1619），横村建有三公庙。三公庙主祀五代吴越武肃王钱镠，配祀显灵王周雄及寿昌令刘珏。钱镠临安人，少年家贫，为贩私盐曾到过横村，今留下钱王水穴、担石及盐卤缸等遗迹。他从军积功，至贵为吴越国君，建都杭州，并悍海射潮，保境安民，为东南发展做出贡献，被百姓尊为"钱王"，他在横村的遗迹均有相关民间故事流传。横村人将他作为保护神，遂为社神。周雄，富阳渌渚人，北宋孝子，他是富春江上船民最为崇奉的神灵，横村昔有船民50余户。

刘珏，衢州龙游人，在任寿昌令时勤政爱民，殁于任上。今建德市劳村四月初八庙会即为刘珏庙会，刘珏在原横村龙伏村双塘头（今属旧县街道）有其后裔。

横村三月初八庙会即为三公庙庙会。1991年版《桐庐县志》载："横村旧有三公庙，每逢农历三月初八即行盛大庙会，届时商贾云集，贸易兴旺，至今不衰。"1991年版《桐庐县商业志》也载："县内外影响较广的当举横村庙会农历三月初八……热闹异常。"横村三月初八庙会自明末至今传承已有400余年。

三月初八横村庙会庙会上非遗文化集市

解放后迎神赛会废止，庙会照旧。"文化大革命"期间无物资交流，大街仍人拥如潮。改革开放后，随着经济发展，人民生活提高，庙会益盛。

（事见1991年版《桐庐县志》）

罗隐秀才的"讨饭骨头圣旨嘴"

罗隐小时候家里很穷，但是他娘望子成龙，还是让他去读书。

有一天，罗隐读书回来，到灶角上去舀冷茶喝。他喝完茶，一抬头，看见灶司菩萨跪在那里，向他拼命地磕头。他以为这是自己眼睛看花了，也不放在心上。哪里晓得，他每一次走到灶边，灶司菩萨都向他磕头。他觉得很奇怪，就把事情告诉了娘。

娘不大相信，就拿了个鸡蛋放到灶司菩萨面前，然后叫儿子走进灶间，自己躲在外面偷看。虽然她什么也看不见，但那个鸡蛋却滚到地上，打得粉碎。这下，她高兴得不得了。心想，连灶司菩萨都要给我儿子磕头，我儿子大起来，不做皇帝也要做宰相。

从那以后，老太婆就神气起来了，今天问这家借盐，明天问那家借钱，好像人家欠她似的。哪个要是不借给她，她就坐到镬灶下，拿起捣火棍一边敲一边骂："你们这些杀头坯，问你们借点东西都不借啊，我记牢咯，等我儿子做了大官，叫你们一个个葫芦头滚冬瓜！"她还有意把自家的鸡放到人家稻田里去吃谷，人家拷煞她的鸡，她就一手拿砧板，一手拿菜刀，一边斩，一边骂："你这有眼无珠的东西，竟敢拷煞我的鸡呀！我不会忘记的，等我儿子做了官，告诉你们，诺，一薄刀一个，满门抄斩！"就这样，她骂一次，灶司菩萨记一笔，不到一年时间记了一大本。

这年腊月二十四，灶司菩萨满头伤痕地上天奏本，玉皇大帝问他是怎么回事？他就把罗隐娘天天用捣火棍敲他、天天骂人的事，向玉皇大帝说了一遍。玉皇大帝一听，觉得虽然罗隐原来命里注定要当皇帝，但这样的人当皇帝，因为有这样的娘，百姓一定要遭难。于是马上派出天雷公公和忽闪娘娘下凡，给罗隐脱胎换骨，换上一副讨饭骨头。

年三十这天，家家还过年福，正在吃年饭，突然乌云滚滚，狂风大作，又是忽闪，又是打雷，震得地动山摇。年三十出现这种怪事，谁也没有见到过，都怕得要命。罗隐吓得一头钻进娘的裙子里面。突然，他觉得浑身骨头像散了一样，像是抽筋剥皮那样痛，痛得实在难挡，就一口咬住了娘的裤裆。

罗隐的骨头换了，幸亏嘴巴咬住娘的裤裆，天雷公公和忽闪娘娘都不敢去动，所以他的嘴骨没有换掉。从此，罗隐就成了讨饭骨头圣旨口的一个特别的人物了。

（事见《桐庐民间传说故事集》）

徐常侍篆"桐庐县"额

徐铉，字鼎臣，江苏扬州人。历官五代吴校书郎、南唐知制诰、翰林学士、吏部尚书，宋官至散骑常侍。曾受诏与句中正等校定《说文解字》。工于书，好李斯小篆。与弟徐锴有文名，号称"二徐"；又与韩熙载齐名，江东谓之"韩徐"。

刁衎还未做桐庐县令时，曾与徐铉共事江南。宋太平兴国三年（978），刁衎任桐庐令，便前往京师，求徐铉书"桐庐县"县额。

皇祐五年（1053），桐庐县令刘骘（字思父，江西新余人，历任桐庐县令、睦州知府、太中大夫，在任政绩卓越）模其字刻石，请吴郡张伯玉（字公达，福建建瓯人，进士，至和中通判睦州。后迁知福州，移越州、睦州。著有《蓬莱集》）为记，《严陵集》有载。

后来，县额遗失。到了清末，袁昶对此事还念念不忘，并有《大徐篆榜诗》。他在诗序中写道："《题名》以东西钓台及桐君崖、阆仙洞为最多，方志不之及。大徐篆尤可惜也。始作诗记县榜事，它从缺焉。"谨录全诗如下：

桐江山色天下无，山围明镜如画图。何年佳吏似仙尉，走币辇金求榜书。
江南臣好有二徐，邕冰而后镌虫鱼。贲军大夫为宋得，钱氏亦籍吾州俱。
此题应在雍熙后，校定篆籀方揭橥。崇文馆开骑省暇，拨墨一斗浇松腴。
想其磅礴羸衣笔不下，山鬼夜泣苍藤枯。俗书压倒枞阳门，目笑龙爪王家兔。
悬之山国媚泉雾，虎拏凤攫冰夷趋。虽非铁石陷崖壁，定胜草隶夸磐纡。
坐令四方观者不胫辏，卧毡响榻无停趺。苔剜藓剥光烛夜，紫气郁郁虷黄姑。
溪山苍然陵谷变，廧屋几朽神明扶。雄强缜密不可见，洞府藓合难钩摹。
蛟蛇蛰闭石亦泐，山木惨淡云相踰。况我客游违旧都，还丹空熟桐君垆。
摩崖大历题字漶，冥搜曾倒鸱夷壶。何时重起此手笔，焕然旧物观还初。
偏旁屈强破新坿，体势诘诎剞山肤。嗟哉！邓钱近古骨亦朽，独令缙云庙刻
照耀苍山隅，人事错迕令长吁。

（事见《严州金石》）

漠漠桐庐郡　公余千隆溪

人生安乐处　谁氮间千锺

四

黄裳"叱鬼"

黄裳像

黄裳，字冕仲，延平(今福建南平)人。宋元丰五年（1082）举进士第一。政和中知福州。官至端明殿学士、礼部尚书。喜道家玄秘之书，自称紫玄翁。黄裳年幼时，父亲在桐庐为官，他便随父在桐庐县城浮桥埠的禅定院读书。

一天晚上，分水江两岸万籁俱寂，禅定院内也悄无声息，书童正陪伴着黄裳在禅房读书。忽然，有一哀怨悲戚的哭声由远而近，嘤嘤传来，十分凄楚。黄裳让书童到门外去看一看，究竟是怎么回事。

不一会，书童回来报告："是一村妇，寻死觅活，想投水自尽。经过劝慰，现在已经安然回家了。"

黄裳听后，没当回事，在书童的陪伴下继续夜读。此时，禅房外有喁喁细语，认真一听，一个说："找到替身了吗？"另外一个哽咽着回答："刚刚骗得一妇女到这里，却被黄尚书放走了。"黄裳知是水鬼在对话，走出禅房，大声叱之："谁在此胡言乱语！"喁语顿时消失。

后来，黄裳果然状元及第，官居尚书。有人就说："难道鬼神早已知道了？"

（事见《万历·严州府志》）

黄裳的"九阴真经"

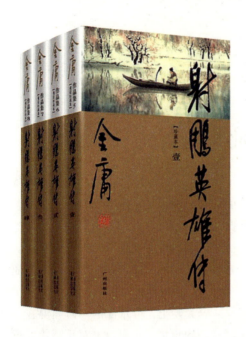

金庸《射雕英雄传》

宋徽宗遍搜天下道家奇书，委派一个叫做黄裳的雕版印行，称《万寿道藏》，有5481卷之多。黄裳刻书时已然67岁，他害怕这部大道藏刻错字，逐字逐句，极为细心地校读。不料想这么读得几年下来，他居然无师自通，修习内外功，成了武林高手。

1120年，宋徽宗让76岁高龄的黄裳带兵去剿灭明教。谁知明教中着实有不少武功高手，几个回合下来，官兵接连吃了败仗。黄裳心下不忿，便亲自去向明教的高手挑战。一动上手，黄裳的武功奇里古怪，谁都没见过。黄裳虽占上风，但寡不敌众，负伤而逃。

黄裳逃到了一处穷荒绝地，躲了起来。将那数十名敌手的武功招数，一招一式全都记在心里，苦苦思索破解之法。1164年，他将毕生所学写成《九阴真经》，并藏到一个极其秘密的所在，过数十年后才重见天日。

《九阴真经》出世，引起江湖群雄的争夺，掀起一番腥风血雨。全真教教主王重阳提出"华山论剑"，胜者为天下第一高手，并可拥有《九阴真经》。武林围绕《九阴真经》明争暗斗，几经辗转落到了杨过和小龙女手上。

（事见《射雕英雄传》）

黄裳题诗阆仙洞

黄裳考取进士第一，成为显宦后，曾回桐庐小住自己苦读过的禅定院，并重游阆仙洞。陪同他的是禅定院和尚惠文。黄裳向惠文感叹：在这个洞里生活了10余年，然后到处游寓，最终都苦于寂寥而去。惠文回答他：清苦能化人。意思说，你在此磨练十年不是也显贵了嘛。进入阆仙洞后，两人边看边谈。黄裳又说：洞中诸物皆出天造，非人力所能为。出洞之龙、坐禅之床、应击之鼓、跨空之桥，与物合真，与天同信，皆自然而然。自始至终说的都是道家天人合一的思想。游了阆仙洞出来后，黄裳吩咐惠文：如果能在桥西建个庵，我会在这里度过余生。

惠文根据黄裳的要求，在天桥以西的石林中建了个庵。庵堂因为《八声甘州》中的"谁问紫元翁"，黄裳又有

阆苑景区

紫元一称，惠文就把庵堂称做"紫元庵"。紫元庵落成后，惠文让黄裳留下墨宝，于是，黄裳就洞中十景做十绝相赠。其中题《石鼓》云：

> 谁知顽物抱真空，自有声音与革同。
> 到此乐人还会否？桥西来问紫元翁。

洞天福地，因人扬名。黄裳在对阆仙洞内石龙、石佛、石鼓、石桥、碧鸡等十景各题诗一首后不知所终，民间传说他从此羽化登仙。

（《万历·严州府志》）

王进"诞时不乳不呱"

王进，水滨乡（今桐庐县江南镇）人。

王进出世的时候吓坏了家人，不哭也不吃奶，大家以为这孩子病了。过了三天，有一老道士挟剑进入王进家，对其父说："他是我的徒弟，你们要好好地抚养。"王进听到老道士的声音，当即睁开眼睛，高声哭了起来。

及长，王进果然颖勇异常，还兼精通"幻术"，20岁便与其兄王超同举进士，拜参将。宋雍熙二年（985）与田仁朗讨伐叛宋李继迁。咸平六年（1003），契丹军队大举入侵，王进与王继忠破契丹耶律瓜奴。决战时，王继忠被契丹群殴战死。王进正准备仗剑入阵，忽见老道士到来，对他说："不要忘了我的嘱咐，不要贪图富贵！"王进便退下阵来。

王进退出江湖后，归隐于甘溪。他日夜修炼，屡显神灵。

（事见《乾隆·桐庐县志》）

桐君祠修建始未

桐君雕像

北宋元丰年间（1078～1085），许由仪任桐庐知县。他得知桐君传说，寻找《桐君采药录》不得，见桐君山有两棵桐树，于是始建小堂，绘桐君像，立祠祭祀。

桐君祠元末毁于兵灾，明洪武（1368～1398）中又重建小祠，成化间（1465～1487）又圮。嘉靖（1522～1566）初复建祠三楹，并于祠侧建屋三间，由紫霄观道士居理祠事。后又圮，于万历五年（1577）又重建。当时曾辟二先生祠，祀本县明代名臣姚夔、俞谏，不久即废。

东晋戴颙，能画、善塑、谙音律，原世居剡下（今嵊州），因仰慕桐庐山水，遂偕兄戴勃来游，留居桐君山后九田湾。桐君祠一度曾配享戴颙，因名不副实，致遭非议。

清康熙十九年（1680），为使桐君山香火兴旺，于废祠上兴建规模宏敞的张睢阳庙（亦称东平王庙）。5年后，又建四望楼于庙右，楼下则供奉桐君、戴颙，桐君祠形同附设。接着又建大雄宝殿于祠西，致桐君山布局大变：桐君祠紧依白塔前，面积不过20平方米，其左右则庙宇高耸，金碧辉煌，更显桐君祠之相形见绌，显得局促而简陋；而入庙又必须经过桐君祠，但见桐君老人当门而坐，含笑迎客，俨然一位看门人，实在令人啼笑皆非。

中华人民共和国成立以来，桐君山上的祠庙又几经变迁。1959年10月，在山顶举办了"桐庐县十年成就展览"，将庙宇清理成为展览馆，并在其东西两侧新建翘檐式仿古建筑两幢（现已改建为"江天极目阁"和"别一洞天阁"），将原东平王庙布置成农业展览室。展览结束后，留下一尊《劈山治水》雕像。1961年秋，郭沫若登桐君山时写有《登桐君山》一诗，诗中"愚人不解劈山像，当作菩萨乱插香"即指此。1979年后，县人民政府重新修整桐君山风景区，将朽损的原东平王庙拆除，将桐君祠移迁到原大雄宝殿处，并在祠宇高敞的神龛上塑了一尊神态慈祥可亲的桐君像。

经过几百年终于从"诸神杂居"回归到"独尊桐君"，恢复了本来面目。

（事见《民国·桐庐县志》《桐君山》）

范仲淹十咏"潇洒桐庐"

范仲淹，苏州吴县人，北宋杰出的思想家、政治家、文学家。大中祥符八年（1015），范仲淹苦读及第，授广德军司理参军，历任兴化县令，秘阁校理，陈州通判，苏州、邠州、邓州、杭州、青州知州等职。皇祐四年（1052），改知颍州，范仲淹扶疾上任，行至徐州，与世长辞。卒后谥号"文正"，世称范文正公。

景祐元年（1034），46岁的范仲淹因为反对皇帝废黜郭皇后而被贬到睦州。春初，他从京城汴梁(开封)出发，由汴水经颍、淮入运河南下，路上走了整整三个多月，直到四月十六方才抵达睦州城（今梅城古镇）下，一路上虽历尽险阻，但也写了《谪守睦州作》《赴桐

范仲淹像

庐郡淮上遇风三首》《出守桐庐郡道中十绝》等反映桐庐山水人文历史的诗文。世
称"范桐庐"。

　　范仲淹在桐庐郡职守的半年多时间里，重修了严先生祠堂，写下了不朽名篇
《桐庐郡严先生祠堂记》；二访方干故里，瞻仰先贤诗人；建设龙山书院，造福众
多学子；特别是在他远离了朝堂上的勾心斗角和尔虞我诈，亲近山明水秀的桐庐郡
后，心境也随之豁然，一气呵成，留下了脍炙人口的《潇洒桐庐郡》十绝：

　　　　潇洒桐庐郡，乌龙山霭中。使君无一事，心共白云空。
　　　　潇洒桐庐郡，开轩即解颜。劳生一何幸，日日面青山。
　　　　潇洒桐庐郡，全家长道情。不闻歌舞事，绕舍石泉声。
　　　　潇洒桐庐郡，公余午睡浓。人生安乐处，谁复问千钟。
　　　　潇洒桐庐郡，家家竹隐泉。令人思杜牧，无处不潺湲。
　　　　潇洒桐庐郡，春山半是茶。新雷还好事，惊起雨前芽。
　　　　潇洒桐庐郡，千家起画楼。相呼采莲去，笑上木兰舟。
　　　　潇洒桐庐郡，清潭百丈余。钓翁应有道，所得是嘉鱼。
　　　　潇洒桐庐郡，身闲性亦灵。降真香一炷，欲老悟黄庭。
　　　　潇洒桐庐郡，严陵旧钓台。江山如不胜，光武肯教来。

　　　　　　　　　　　　　　　　　　　　（事见《范仲淹与潇洒桐庐》）

范仲淹为严先生祠堂求篆

严子陵钓台坊

　　景祐元年（1034），范仲淹谪守
睦州。

　　桐庐严子陵钓台原先有座严陵
祠，由于年久失修，倒塌多年。范仲
淹非常敬佩严子陵不慕权贵、不贪荣
禄的高风亮节，决定拨款"重建严先
生祠堂"（《范仲淹全集》）。严先
生祠堂尚未开工，范仲淹就移饶州履
新。严先生祠堂重建一事，只能委托
章岷。落成后，范仲淹想到，堂名由

谁来题写合适呢？经反复考虑，他想到了邵餗。邵餗是个"人才俱美"的贤达，不愿意做官，隐居在丹阳。他的钗股篆书法为世人称道。

范仲淹早闻其大名，便书信一封，说："先生篆书四海闻名，我诚心诚意向你求字。如果能得到你的书丹，子陵的高风，即使再过千百年也不会泯灭。"

邵餗接信后，欣然命笔，写下了"严先生祠堂"五个大字。

（事见《负暄野录》）

李觏为《严先生祠堂记》改字

严先生祠大门

范仲淹知睦州，委派从事章岷修建严先生祠堂。严先生祠堂落成时，范仲淹在饶州任上。他派人去请会稽僧悦躬画严子陵像于祠堂中央，又画唐代处士方干像于堂之东壁，为此写《严先生祠堂记》。他在文章里高度赞美严子陵的品格："云山苍苍，江水泱泱。先生之德，山高水长。"

一天，盱江（今江西南城县）李觏前来拜谒。他虽一介布衣，却年轻博学。尽管范仲淹长李觏20岁，又是初次见面，范公还是将完成的《严先生祠堂记》交给李觏看。李觏赞叹不已："这篇文章，道尽了光武的大度，先生的高风，才二百十九字，以歌词结尾，歌曰'云山苍苍，江水泱泱，先生之德，山高水长'。学生读的是文，品味的是歌。"起身对范仲淹说："先生的这篇文章写出来后，必将会在世上成名。就是一个字要改一下，如果将它改过来那就更完美了。"

范仲淹很高兴地向他请教道："是哪个字？"

李觏说："云山江水那一句，意义和文字很大很深，用他来修饰'德'字，好像有点局促了，我看是否把'先生之德'的'德'字改成'风'字，你看如何？"

范仲淹凝思了一会，欣然改之。

（事见《容斋五笔》）

范仲淹 "斗茶"

斗茶，始于唐，盛于宋。即比赛茶的优劣，又名斗茗、茗战，是古代有钱有闲人的一种雅玩，具有很强的趣味性和挑战性。斗茶分多人共斗或两人捉对 "厮杀"。

宋代斗茶之风极盛，上起皇帝，下至士大夫，无不好此。范仲淹知睦州期间，与他的僚属（从事）章岷（宋浦城人，字伯镇，天圣进士，历睦州从事、两浙转运使，后知苏州，官终光禄卿）也有过一场 "斗茶" 的佳话，并留下《和章岷从事斗茶歌》诗一首：

年年春自东南来，建溪先暖冰微开。

溪边奇茗冠天下，武夷仙人从古栽。

新雷昨夜发何处，家家嬉笑穿云去。

露芽错落一番荣，缀玉含珠散嘉树。

终朝采掇未盈襜，唯求精粹不敢贪。

研膏焙乳有雅制，方中圭兮圆中蟾。

北苑将期献天子，林下雄豪先斗美。

鼎磨云外首山铜，瓶携江上中泠水。

黄金碾畔绿尘飞，紫玉瓯心翠涛起。

斗茶味兮轻醍醐，斗茶香兮薄兰芷。

其间品第胡能欺？十目视而十手指。

胜若登仙不可攀，输同降将无穷耻。

吁嗟天产石上英，论功不愧阶前冥。

众中之浊我可清，千日之醉我可醒。

屈原试与招魂魄，刘伶却得闻雷霆。

卢仝敢不歌？陆羽须作经。

森然万象中，焉知无茶皇？

商山丈人休茹芝，首阳先生休采薇。

长安酒价减千万，成都药市无光辉，

不知仙山一啜好，冷然便欲乘风飞。

君莫羡花间女郎只斗草，赢得珠玑满斗归。

范仲淹的这首诗描绘了宋朝的斗茶盛况。诗歌先写南方时节移转，茶叶新绿，采茶人家乃立即收成、烘焙，将成品送往北方的朝廷。而好茶须赖好水，于是一面准备茶，一面还得准备玉瓶盛水，以求相得益彰。既有比赛，则必有排名，他续写好茶中的好茶，有卓然之秀，有解酒之用，不仅令京城美酒相形失色，就连古来好茶的诗人们也当为之技痒，以文字为此茶赋形敷彩，留芳百世。

范仲淹还运用了夸张写斗茶盛事，为它赋予了喜剧色彩。原本是一场患得患失的竞赛，入诗后，成了令人欣欣然的"桥段"。太平盛世，人们开始追求生活享受了。天子有天子的享受，老百姓也有自己的兴趣爱好。一个爱好饮茶的社会，必然对生活内涵品质的思考已经兼容物质和精神的两层面，又在社会各阶层之间相互影响，造成一波波的流行风潮。

《和章岷从事斗茶歌》脍炙人口，在古代茶文化园地里占有一席之地。这首斗茶歌说的是文人雅士以及朝廷命官，在闲适的茗饮中采取的一种高雅的品茗方式，主要是斗水品、茶品（及诗品）和煮茶技艺高低。这种方式在宋代文士茗饮活动中颇具代表性，从他的诗可以看出，宋代武夷茶已是茶中极品，也是作为斗茶的茶品。

（事见《人物春秋》）

范仲淹两访方干故里

白云源景区

1034年，范仲淹谪守睦州，4月中旬到达桐庐。

范仲淹初到睦州时，写信给晏殊说：睦州州府"百里而东，遂为浙江。渔钓相望，袅鹭交下。有严子陵之钓石，方干之隐茅。"（出自《与晏尚书》）可见范公是把严子陵与方干相提并论了。方干故里正好在严子陵钓台的对岸，那里山环水抱，景色清绝，常常白云徐生，因而又叫白云源，村名白云村。当范仲淹游览钓台之时，听说晚唐诗人方干旧隐地就在对面，便前往拜访。

范仲淹初访方干故里时，正巧方干的八世孙方楷高中进士，荣归乡里。应方楷之请，范仲淹写了两首诗，一首为《留题方干处士旧居》："风雅先生旧隐存，子陵台下白云村。唐朝三百年冠盖，谁聚诗书到远孙。"另一首即《赠方秀才》："高尚继先君，岩居与俗分。有泉皆漱石，无地不生云。邻里多垂钓，儿孙半属文。幽兰在深处，终日自清芬。"

范仲淹非常尊崇方干，于宋景佑年间重修严先生祠堂时绘方干像配享。

（事见《名人与桐庐》）

苏东坡与江公著的友情

苏东坡像

苏轼，号东坡居士，北宋眉州眉山（今属四川省眉山市）人。苏轼两到杭州，先后做过通判和太守。其间，多次游历桐庐、分水，并与当地贤达结交，江公著就是其中之一。

江公著，桐庐人。《桐江江氏宗谱》云：江公著，字晦叔。举进士，仕洛阳尉。北宋元佑初，转陈州通判。元佑六年（1091），江公著知吉州，苏轼写下了《送江公著知吉州》为他送行：

三吴行尽千山水，犹道桐庐更清美。
岂惟浊世隐狂奴，时平亦出佳公子。
初冠惠文读城旦，晚入奉常陪剑履。
方将华省起弹冠，忽忆钓台归洗耳。
未应良木弃大匠，要使名驹试千里。
奉亲官舍当有择，得郡江南差可喜。
白粲连樯一万艘，红妆执乐三千指。
簿书期会得余闲，亦念人生行乐耳。

诗一开头就破题直指，他行遍三吴山水，最使他留恋感动的是桐庐清美的自然风光。接着话题一转，桐庐这地方不仅有"狂奴"严光，更有像你这样的"佳公子"。年轻时就熟读刑律，一直做到了让人尊重的大臣。诗人在诗中引用了"洗耳"的典故，赞赏江公著不愿在"华省"、"弹冠"，而是选择了远离京城的"江南"吉州。那里"白粲连樯"、"红妆执乐"，十分繁荣。希望公余能够及时行乐。全诗体现了诗人对桐庐山水之亲、对桐庐知己之情。

靖国元年(1101),江公著知虔州(今江西赣州市),刚好苏轼自海南北归,正月过大庾岭后即到达虔州。旧友重逢,又有《次韵江晦叔二首》。

（事见《东坡诗注》《乾隆·桐庐县志》）

苏东坡分水访友

文庙是纪念和祭祀孔子的祠庙。分水虽为小县,但英才代出,名士迭兴,崇教尚学之风颇盛。唐代就出了施肩吾、徐凝、缪迁等进士,至宋代更是锦上添花,共出了17名进士。宋治平年间,分水开始兴建文庙。

当时县令齐堪为振兴教育,激励后进,多出人才,在文庙设立题名碑,镌刻

分水柏山进士亭

施肩吾、徐凝等先贤事迹,凡是中式登科的人碑上都留有题名。齐堪还请来好友郭祥正为题名碑撰文。郭祥正是皇祐五年（1053）进士,虽然在朝为官,却是个大诗人。

苏轼与郭祥正交情匪浅,时任杭州"市长"的苏东坡得知诗友郭祥正在分水撰写题名碑,他不顾路途遥远,专程赶到分水与郭祥正会晤,在县学叙旧谈心,切磋诗艺。两人在分水小住数日,在古街徜徉,在天目溪畔漫步,还游览了状元施肩吾、进士徐凝曾在此苦读的五云山,不胜欢欣。

（事见《光绪·分水县志》）

钟厚救驾

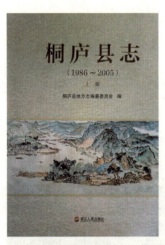

2012年版《桐庐县志》

钟厚，桐庐水滨乡里嵩山（今新合乡）人。从小颖异，读书过目成诵。及长，娴于武备，膂力过人，能左右射。年轻时与父兄一起，或烧炭生财，或经商获利，家声日振，经济丰裕，当时被人们称为"赛陶朱"。

宋真宗咸平年间（998～1003），北方契丹累累南侵，胆小的军民感到害怕。而钟厚则慨然说："此正是大丈夫尽忠报国之时，安敢惧死哉！"毅然放弃家庭的富裕生活，投军于殿前都指挥使高琼麾下，进入抗击契丹入侵的行列，以保卫国家的安宁。他作战勇敢，屡立战功，被授予游击将军之职。每次战斗，钟厚总是冲锋在前，军士们对他敬爱有加，尊称之"大先锋"。

真宗景德元年（1004），契丹又入侵大宋。初纵游骑掳掠；后萧太后与萧挞览率军围瀛州，直犯贝州、魏州、澶州，中原震骇。真宗皇帝听从宰相寇准、太尉高琼之言，决定御驾亲征，钟厚随驾前行到达澶州。契丹统帅萧挞览自恃兵强，直冲宋军阵前。钟厚随主将李继隆奋勇抗击，杀死射死契丹兵无数，余众向北溃逃。契丹军为避宋军锋芒，声言要遣使臣向宋请盟求和，所以双方休战10余天。

此际，真宗皇帝赵恒驻跸澶州城，准备接受契丹求和后班师回朝。未料，正当宋军放松戒备之时，萧挞览却暗率精骑数千突袭澶州城下。宋军不及防备，兵将被杀死杀伤不少。钟厚闻讯，火速率部前往迎战，经奋力拼杀，杀退契丹兵。同时敌酋挞览中箭身亡，致敌全线溃败，使真宗帝等平安还都。而钟厚力战群寇受了重伤，因流血过多不治身亡澶渊，年仅30岁。

到真宗儿子仁宗朝，契丹复又背盟入侵。仁宗帝为激励将士抗敌，特追思澶渊功臣，于庆历三年（1043）下诏，"追封游击将军钟厚为忠救王"。

仁宗帝下诏追封钟厚为忠救王，旌其"忠义之门"后，钟氏族人即建造了"钟公庙"，以纪念这位抗击契丹入侵为国捐躯的英雄，并赋有《义门基》诗：当年功盖宋江山，一战澶渊退契丹。皇诰封王帝德厚，义门遗址万年传。

（事见《乾隆·桐庐县志》）

"七里先生"江端友

江端友，北宋陈留（今河南开封东南陈留城）人，出生在官宦之家，刑部郎中江休复之孙。以父懋柏荫当补官，端友让之其弟端本。靖康初，以吴元中推荐，授承务郎，赐进士出身，不久被聘为宗人府教授。由于他不畏权贵，勇于正义直言，被贬职。

江端友禀性刚正，贬职不仕，遂选择与严子陵、方干为邻，在富春江钓台对岸鸬鹚源（今桐庐县富春江镇芦茨村）隐居。鸬鹚湾位于鸬鹚源与富春江的交汇处，是一个天然港湾，昔为鸬鹚捕鱼停泊处，故名。湾内，峡深、谷幽、孤屿、悬崖、瀑布、奇松皆俱，湾外就是著名的七里濑和严子陵钓台。"一夜鸬鹚滩上泊，晓烟啼彻画眉声"，是富春江山水风景最锦绣地带之一。

在鸬鹚源，江端友著书讲学，被尊称为"七里先生"。他自己也非常喜欢这个称号，把在此隐居所写的诗、文汇集成集，名为《七里先生自然斋集》。

《严州府志》

（事见《万历·严州府志》）

余道潜"不媚权贵"

余道潜，字希隐，宋桐城（今安徽省）人。他博览群书，精通天文、地理之术，宋重和间进士。高中进士后，授桐庐县主簿。官虽不高，但他为人正直，为政勤勉，兴利除弊，造福一方，受到当地百姓的爱戴。

宋徽宗筹建华阳宫（即万岁山），让朱勔采办建筑材料。这朱勔为奉迎皇上旨意，搜求浙中珍奇花石进献，并逐年增加。政和年间，他在苏州设应奉局，大量花费官钱，千方百计寻找索取花石，用船从淮河、汴河运入京城，号称"花石纲"。

此役连年不绝，百姓备遭涂炭，中产之家全都破产，甚至卖子鬻女以供索取。

一次，朱勔为采办建筑材料准备来桐庐。余道潜知道，朱勔下派的采办任务，办了搜刮扰民，不办又得罪钦差，事不可办又不可违。于是，仰天长叹："吾岂剥民以媚权贵乎！吾不去，终必有祸。"（《婺源沱川余氏族谱》）遂挈妻带子隐居婺源沱川。

朱勔等人倒行逆施，大肆搜刮珍奇玩物，凡可用者直入其家，一草一木也不放过。其间，众多官吏助纣为虐，不仅勒索钱财，而且买卖人口，造成民怨沸腾，并最终导致以方腊为首的农民起义。

（事见《万历·严州府志》）

徐亨"弟代兄死"

徐亨，桐庐人。宋宣和初，方腊的部下占领桐庐时，掳走徐亨哥哥徐裳，准备将他杀了。

徐亨当时不足10岁，找到军营，对准备行刑的兵勇跪地叩头，哀求道："家有老母，年老体弱，哥哥正当壮年，能够担当赡养的责任。哥哥死了，则一家三口皆亡。我还小，不能养家糊口。请求你们赦免哥哥死罪，放了他吧。我愿意代哥哥去死。"

方腊的兵勇听后，答应了徐亨的请求，释放了哥哥徐裳，处死了弟弟徐亨。

为旌表徐亨年幼尚义，村人立牌坊于其故里。

（事见《万历·严州府志》《乾隆·桐庐县志》）

詹良臣临死不惧

詹良臣，宋睦州分水（今属桐庐县）人。他自幼习武，善骑射，但举进士不第，以恩得官，调缙云县尉。

方腊农民起义军进攻处州，知府、同知都弃城逃遁。这个时候，有一个叫霍成富的贼，打着方腊军的旗号，劫掠缙云。一时，缙云上下人心惶惶。詹良臣站了出来，说："抓捕盗贼，是本县尉的责职。纵然不胜强盗，还怕死吗？"于是，率领弓兵数十人，出城抵御。战斗中，因寡不敌众，詹良臣被霍成富俘虏。

被俘后，霍成富劝其投降。詹良臣义正辞严："你们不知求生，反要劝降于我！昔日李顺反蜀、王伦反淮南、王则反贝州，最终身首分家！如妻子同恶，同样逃不了一个死！官军等到之时，就把你们的肉喂狗。"

霍成富大怒，割下詹良臣身上的肉，切碎令其自己吃下。良臣且吐且骂，至死骂不绝声，见者都掩面流涕。

（事见《东都事略》《万历·严州府志》）

宋公明大战白峰岭

容兴堂本《水浒传》

张招讨差人赍文书来，催趱先锋进兵。宋江与吴用请卢俊义商议："此去睦州，沿江直抵贼巢。此去歙州，却从昱岭关小路而去。今从此处，分兵征剿。不知贤弟兵取何处？"卢俊道："主兵遣将，听从哥哥严令，安敢选择。"宋江道："虽然如此，试看天命。"作两队分定人数，写成两处阄子，焚香祈祷，各阄一处。宋江拈阄得睦州，卢俊义拈阄得歙州。宋江道："方腊贼巢，正在清溪县帮源洞中。贤弟取了歙州，可屯住军马，申文飞报知会，约日同攻清溪贼洞。"卢俊义便请宋公明约量分调将佐军校。

宋江带领正偏将包括军师吴用、关胜、花荣、秦明、李应、戴宗、朱仝、李逵、鲁智深、武松等三十六员。

却说宋江部领大队人马军兵，离了杭州，往富阳进发。时有宝光国师邓元觉并元帅石宝、王绩、晁中、温克让五个，引了败残军马，守住富阳县关隘，却使人来睦州求救……宋江鞭梢一指，直杀过富阳山岭。石宝军马，于路屯扎不住，直到桐庐县界内。宋江连夜进兵，过白峰岭下寨……

《水浒传》第116回"卢俊义分兵歙州道，宋公明大战乌龙岭"写到的白峰岭，位于富阳新登与桐庐两县交界处，是杭州通往建德、衢州、金华的古驿道。这里山高林密，猛兽群聚，山道蜿蜒，悬崖百丈，地势峻险，使人望而却步，是强人出没之所，也为兵家必争之地。历史上围绕着这白峰岭曾经上演了一幕幕金戈铁马的大剧。北宋宣和二年（1120）十月，方腊假托"得天符牒"，率领农民起义。据传，方腊起义军在攻占杭州前，就是通过白峰岭先攻下新登，并在新登炉头设炉铸兵器、屯兵团练的。十二月，起义军占领杭州。各地百姓纷纷揭竿而起，响应方腊。在杭州，方腊做出了分兵"尽下东南郡县"的决策，派方七佛率领6万人马进攻嘉兴，以图北上，攻取南京，实现"划江而守"。这时，宋徽宗赵佶派童贯率领15万精兵赶到嘉兴，镇压方腊起义军。方七佛久攻不下，退回杭州与方腊主力会合。童贯派"招安"后的宋江梁山人马乘胜进攻杭州，宣和三年（1121）二月，方腊退出杭州，由富阳、新城过白峰岭，往建德方向撤退。

据说，宋江率领三十六将南征睦州，当时的新登有个驿站，宋江在息兵驿站时做了一梦，梦见一位白胡子老人告诉他："将军此去，定能一战成功，幸甚，幸甚！"宋江大喜，忙拱手相谢。一老人方隐去，又一老者冷冷道："同类相残，实属不该，即便侥幸得逞，也得两败俱伤。"宋江茫然不解，只见该神仙伸手一指，宋江自己身上的手足竟然全部失落，便大叫一声："不好！"从噩梦中惊醒过来后，宋江就为该不该进军去打方腊而举棋不定。此时，探马来报，前锋已达白峰岭，与方腊守军酣战正烈，亟待增援。而朝廷派来的监军也一个劲儿地催促着"剿杀方腊，不得有误！"宋江无奈之中只得下令拔营。兵败方腊回军的路上，宋江想起了驿站所梦，老者定为神仙，并打算为第一位神仙建祠供奉。而军师吴用认为："后者神仙更灵验，若从之，我等不会手足尽折！"宋江大悟，就在新登驿站建起了两座神庙。驿站所在后来就叫双庙村了，这是后话。

（事见《水浒传》）

王矮虎、一丈青夫妇战桐庐

话说宋江追过白峰岭，先让解珍等追击方腊义军，自己在白峰岭脚的里包村安营扎寨。

解珍等引着军兵杀到桐庐县时，已是三更天气。宝光国师正和石宝计议军务，猛听的一声炮响，众人上马不迭。急看时，三路火起。诸将跟着石宝只顾逃命，那里敢来迎敌。三路军马横冲直撞杀将来。温克让上得马迟，便望小路而走，正撞着王矮虎、一丈青，他夫妻二人一发上，把温克让横拖倒拽，活捉去了。

李逵和项充、李衮、樊瑞、马麟只顾在县里杀人放火。宋江见报，催趱军兵，拔寨都起，直到桐庐县屯驻军马。王矮虎、一丈青献温克让请功。赏赐二人。宋江叫把温克让解赴杭州张招讨前斩首，不在话下。

次日，宋江调兵，水陆并进，直到乌龙岭下。

（事见《水浒传》）

事因方腊改州名

今桐庐、建德、淳安三县，旧为桐庐、分水、建德、寿昌、遂安、青溪六县，属睦州管辖。

青溪人方腊，家住碣村，有漆园、造作局。集中大量工匠，制造各种工艺品，为朝廷修建宫殿、园林服务。北宋宣和年间，宋徽宗喜花石竹木，在江南设"苏杭应奉局"，派众爪牙到东南各地，搜刮民间花石竹木和奇珍异宝，用大船运向汴京。每十船组成一纲，时称"花石纲"。青溪县多产竹木漆，是应奉局重点掠取之地。这种沉重的负担都转嫁到农民身上，尤其是靠出卖劳动力度日的赤贫者身上。深受剥削压迫之苦，方腊因此对宋王朝的反动统治怀有刻骨仇恨，遂点燃了起义之火。百姓愤怨，方腊趁百姓不满之机，暗中把贫困失业的人组织起来。

严州城门

宣和二年（1120）十月，"六贼"之一的朱勔，为征集各地财物乘船从苏州来到浙江，方腊以诛杀朱勔为由，率众揭竿起义，自称圣公，建元永乐，设置官吏将帅，不到10天就有数万人参加。之后，相继攻占青溪，陷睦、歙两州。下新城、桐庐、富阳各县，占领杭州，震惊东南。

宣和三年，方腊起义被镇压。同年，宋徽宗以为睦州不"睦"，应"严"加管制为由，州名更"睦"为"严"；青溪也更名为淳安。严州属两浙路，治建德，辖建德、寿昌、桐庐、分水、淳安、遂安6县。

事实上，早在唐武德四年(621)，睦州曾分置西睦州和严州。严州治所在桐庐，因严子陵钓台所在得名。严州辖桐庐、建德、分水3县。严州之名自此始。武德七年废严州，复入睦州。

（《万历·严州府志》）

知府"喜匿"滕岑诗

宋绍兴年间，桐庐有个叫滕岑的，是个苦吟诗人。他对自己的诗作非常自信，认为可以与"大历十才子"相媲美。在桐庐，滕岑只与陈埙交好，他们之间常有诗歌往来唱和。

陈埙何许人？陈埙，鄞（今浙江宁波）人。宋宁宗嘉定十年（1217）进士，调黄州教授。理宗即位，召为太学录。绍定年间通判嘉兴府，后召为枢密院编修官。端平元年（1234）知衢州，徙福建转运判官。历浙西提点刑狱、吏部侍郎。

滕岑一生作诗3000多首，诗风属"江西诗派"。当时的严州知府赵汝愚十分喜爱他的诗歌，经常借阅。由于实在太喜欢了，便"匿之不还"，以致滕岑传世的诗作不多，其后人辑其诗为《无所可用集》，明初诗文三大家之一的宋濂为之作序。

（《万历·严州府志》）

李清照通宵过钓台

李清照像

李清照，号易安居士，济南（今山东省）人。宋建中靖国元年（1101）嫁给太学生赵明诚。建炎三年（1129），明诚改知湖州，途中病卒，清照流寓浙东各地。绍兴二年（1132）再嫁张汝舟，未几离异。卒年70余。近人辑有《李清照集》《漱玉集注》等。

巨舰只缘因利往，扁舟亦是为名来。
往来有愧先生德，特地通宵过钓台。

《钓台》一诗是李清照路过严子陵钓台时所作。诗中的巨舰指大船，她说，大船和小舟都是为了谋利沽名而来。先生的品德使往来的人惭愧，我只好特地趁黑夜悄悄经过钓台。

这首小诗虽然浅显易懂，但对汉隐士严子陵崇敬之情，对为名利所羁的世人做了形象的刻画。诗人承认，自己挣脱不开名缰利索，表达她也不愿为其所羁的复杂的内心世界。

（事见《潇洒桐庐》）

孙潼发依律辨是非

孙潼发，字君文，号盤峰，宋桐庐坊郭（今桐庐县桐君街道）人。孙潼发小时候读书非常用功，工文章诗词。咸淳四年（1268）高中进士，调任衢州军事判官。在衢州，他勤勉能干，清廉自律，官声很好。

南宋末年大臣家铉翁为浙东提点刑狱，知道孙潼发熟悉律法，明辨是非，就请他做自己从事，委派他处理相关刑事案件。当时有一个纵火杀人案，株连民众甚多，久拖不决。孙潼发找到一个个当事人，细致了解详情，逐一甄别隐晦曲折，为大多数获罪入狱的人平反昭雪。衢州有好斗的习俗，两人只要稍有不和，便视为仇人，动不动舞刀弄棒相互斗杀。孙潼发针对这一乱象，广贴文书布告，直到边远村落，劝告大家千万不要持械斗殴了。由于晓之以理，大多老百姓都弃刀成为良民了。

不久，宋亡。孙潼发便躲进山中，草栖露宿，隐居了起来。

（《万历·严州府志》）

陆游的《桐江帖》

陆游，字务观，号放翁，汉族，越州山阴（今绍兴）人，南宋文学家、史学家、爱国诗人。陆游一生笔耕不辍，诗词文俱有很高成就，其诗语言平易晓畅、章法整饬谨严，兼具李白的雄奇奔放与杜甫的沉郁悲凉，尤以饱含爱国热情对后世影响深远。

在陆游的一生中，除了诗文外，书法是他理想的寄托和永远的追求。陆游擅长正、行、草三体，尤精于草书。陆游的正体书法，师从晋唐法帖，沉雄浑厚，极富神韵，有明显的颜真卿楷书笔势；其行书、草书，取法张旭、杨凝式，又受苏轼、黄庭坚、米芾等人的影响，更多追求人品和精神上的契合，讲究对比的变

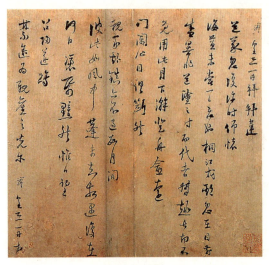

陆游《桐江帖》

化和节奏。

淳熙十三年（1186）夏，62岁的陆游知严州，乘船途经桐庐，写了一封家书，史称《桐江帖》。

《桐江帖》又称"违道义帖"，纸本，行书，纵32.7厘米、横34.2厘米，清宫旧藏。《桐江帖》信手拈来，用笔细劲，飘逸潇洒，笔力遒健奔放，为陆游晚年佳作。

朱熹称《桐江帖》"笔札精妙，意致深远"。

（事见《三希堂法帖》）

张浚巧遇"瑞芝生寺"

张浚（1097~1164），字德远，号紫岩，汉州绵竹（今属四川）人。宋政和八年（1118）进士，历枢密院编修、侍御史、知枢密院事、川陕宣抚使、尚书右仆射同中书门下平章事、江淮宣抚使，除少傅、少师，封魏国公。

张浚与岳飞、韩世忠、张俊并称南宋四大名将，是著名抗金将领。隆兴二年（1164）五月，张浚因公经过桐庐，登钓台写下《过严子陵钓台》一诗：

古木烟笼半锁空，高台隐隐翠微中。
身安不美三公贵，宁与渔樵卒岁同。
中兴自是还明主，访旧胡为属老臣。
从古风云由际会，归欤聊复养吾真。

张浚因为第二天要去分水看望旧僚，当晚下榻于桐庐县城浮桥埠的禅定院。张浚下榻的禅房门原先有一株降龙木，不知何时枯死了，寺僧便砍了烧火。不料第二天一早，小和尚发现降龙木树根长出了一丛蘑菇，一支主根九枝茎，五色具备，甚是奇怪，忙禀告住持。

住持看后，原来是灵芝，双手合十，念道："善哉，善哉。瑞芝挺生，祥兆也！"于是，在灵芝生处，命人筑亭供奉起来。

（事见《乾隆·桐庐县志》）

张浚会谦浪石亭

张浚乘公差，特地转道分水，探望旧僚王缙。

对于旧友的到来，王缙也不敢怠慢，便在桐庐、分水交界的"浪石亭"迎接。一个是当朝红人张浚，一个是退隐还家的王缙，老友相聚，谈及往事，张浚正气盈怀，慨然吟下《会谦浪石亭》：

浪石金滩景区

缙桧相逢在此亭，
一和一战两纷争。
忠良不遂奸雄志，
砥柱中流于此存。

诗的大意是，秦桧和王缙曾经在浪石亭为战和一事各执己见，王缙不屈秦桧的淫威，激烈纷争。真忠良不会放弃原则而去附和奸臣的意愿，这是需要骨气和勇气的，王缙你才是宋朝的中流砥柱。对王缙刚正不阿的品质给予了高度赞颂。

为了纪念张王浪石亭"会谦"，亭子此后改名为"砥柱亭"。

（事见《乾隆·桐庐县志》）

宋孝宗题"江南第一泉"

山自清奇水自幽，宋朝佳话亦千秋。
孝宗皇帝南巡日，銮辂曾经御此楼。
野草闲花三月天，寻幽访古到山前。
当年沽酒楼何在，此地空余酿酒泉。

清末分水诗人臧槐的《玉华酒楼旧址》诗给我们讲述了一个典故：分水城北有玉华山，山下先前有玉华酒楼。南宋孝宗巡游，曾御驾此楼小住。不过，现在已是楼去泉在。

玉华山东濒分水江，山上昔有仙人迹、石棋坪等名胜，山下有周王庙、东岳庙、甘泉寺等古刹，松柏成行，石径通幽。1954年，政府在玉华山下建校，校名几经变化：工农中学、玉华中学、玉华初中等，玉华泉坐落在学校里。

玉华泉碑

《光绪分水县志》载："玉华山与双峰山相接，山下有泉晶莹如玉，故名。旧有玉华楼，宋时酒坊在焉。孝宗尝御此楼，称玉华泉为江南第一。"

皇帝出巡是我国古代社会的一项重大政治活动。他们或谒陵拜祖；或考察吏治。初夏的一天，宋孝宗一行从杭州溯钱塘江、富春江、分水江，走水路到分水，去天目山避暑。可以想象，作为皇帝出巡全副銮驾的隆重场面：骑驾卤簿，仪仗銮仪规模宏大，文武百官前呼后拥。但据说孝宗是个节俭的皇帝，阵势未必这么强，外出没有设行宫或者离宫，"驻跸"玉华楼只是路过，只是"小住"。但不管怎么说，也够分水"县长"忙一阵子的：江鲜要采购，野味要去寻，厨师是县城顶尖的，等等。

"县长"是轮不到作陪的，宋孝宗想到了一个人，一个被他的"养父"高宗罢免去常州知府，现在赋闲在分水的王缙。宋孝宗还是皇子时王缙就与他交往过甚，主战观点一致。席间，王缙还像在朝时一样，积极进言。宋孝宗也想借机劝王缙出山。当然，这是笔者的演绎。但有一点可以肯定，玉华酒楼自酿的土酒绝对是一流珍品。玉华酒楼酿酒技艺自有独到之处：春分烹料发酵，端午蒸煮酿造，有名为"春分酒"，醇香扑鼻。宋孝宗龙颜大悦，究其原因，王缙告诉他，关键是必取玉华泉水酿之。酒过三巡，宋孝宗乘兴题下"江南第一泉"。

"江南第一泉"应该是普天之下独一无二。事实上，在中国被称为天下第一泉的不止一处。然而，由皇上命名的怕是只有玉华泉了。

（事见《光绪·分水县志》）

袁枢不负天下

袁枢，字机仲，宋建安（今福建建瓯市）南才里人，17岁进杭州太学，9年后参加礼部考试，得词赋科第一（文科状元），不久又中了进士。清乾隆《桐庐县志》载，袁枢"乾道间出为严州府教授，遂家于桐"。去世后"入乡贤祠"。

章惇，字子厚，号大涤翁，建宁军浦城（今福建省南平市）人，北宋中期著名的政治家和改革家，也是熙宁变法的领导人之一。章惇对北宋一朝有非常重要的影响，他所推行的变法，对宋朝有着划时代的意义。但是也有人认为，章惇是一代奸相，对国家政局有很大的危害。而南宋时的评价更倾向于后者。

《宋史》（袁枢）

当时，袁枢兼任国史院编修官，被分配修国史传。章惇的后人也是同乡，婉转地请袁枢在撰写《章惇传》时加以文饰。袁枢为人刚毅正直，毫不避讳地告诉请托人："子厚这宰相，辜负国家欺骗国君，我为史官，不能隐瞒事实，宁愿辜负同乡人，不可以对不起天下后世大家的议论。"当时宰相赵雄总管史事，见到袁枢说："无愧于古代良史。"

1989年8月出版的《十大史学家》中，记载了司马迁、班固、司马光等10位史学家，袁枢名列其中。

（事见《宋史·袁枢传》）

方悫"庐墓"著书

方悫像

方干是晚唐著名的诗人。其后人更是儒风相继，科第联袂，相继出了"十八进士"，孝子方悫便是其中的佼佼者。

方悫（生卒年不详），字性夫，祖籍芦茨白云源。自幼随父亲迁居到了县治西湾（今桐君街道柯家湾）。方悫父亲名载，字文豪，宋仁宗庆历二年（1042）进士，乐道不仕，在西湾专心致志教儿子研读诗、书、礼、乐、易、春秋六经。

方悫非常孝顺，父亲死后，在他的墓旁建一小房子，为父尽孝。尤为可贵的是在服丧期间，仍按父亲在世时的心愿，继续刻苦攻读经书，以及东汉郑玄的《礼记注》和唐代孔颖达的《礼记正义》等，并为研究我国古代礼制、社会情况有重要资料价值的儒家经典《礼记》编纂集解。至三年守孝期满，仍不肯回家，继续其事不辍。当闻知妻子欲去墓庐探望，他便使人带信诓其妻曰："潭深神灵必覆汝舟，望汝勿来。"妻知夫之宏愿，便不欲往。这样又在父墓处延续了几年，边守孝边从事《礼记》的集解。他仿效南朝宋裴《〈史记集解〉序》所说，"采经传百家并先儒之说，豫是有益，悉皆抄内。删其游辞，取其要实，或义在可疑，则数家兼列"之法，历时五六年，汇辑诸家之解说，并加上自己的见解，终于将《礼记集解》完成。

徽宗政和三年（1113），方悫乘进京游学上庠（古代大学）之机，上表将《礼记集解》进献朝廷。此书颇受朝廷赞许，下诏赐悫"上舍释褐（可住上等馆舍，并授以官职）"，《礼记集解》因此而天下学者宗之。他怀着喜悦之心在京攻读，学问大长，于重和元年（1118）进士及第，最后官至礼部侍郎。方悫为官，以刚廉著称，后来因为冒犯媪相童贯，不得不隐退回家。

方悫在桐庐县城原有"万卷书堂"，致仕回家后，他首先将其曾祖、天圣进士方楷建于芦茨的"东山书院"（县志称之为桐庐的第一座书院）重新修建，广收学子入院读书。自己虽年老，仍手不释卷，时人以能得到他的教诲为荣。他的《礼记集解》更为众学者所崇尚。大儒朱熹提倡新学，天下被黜著作甚多，对此书则说："方氏礼记，尽有说得好处，不可以其新学而黜之。"宋末元初被学者称为经师先生的陈浩，作有《礼记集说》，其中即多引方悫《礼记集解》之说，可见此书影响之深，流传之广。

（事见《乾隆·桐庐县志》）

姚仁寿创立"精一书院"

姚仁寿，字静山，号靖山，行张二，桐庐人。南宋咸淳十年（1274）进士，仕饶州兵马总都监。和女婿王祐将军抗元军保关要有功，被当朝褒奖为"守城之将"。宋亡后，退隐桐庐安乐乡蓝田莪溪（今莪山畲族乡中门畲族村）。

"精一"，语出《尚书·大禹谟》"人心惟危，道心惟微，惟精惟一，允执厥中"，意思是说，人心居高思危，道心为妙居中，惟精惟一，是道心的心法，要真诚的保持惟精惟一之道，不改变，不变换自己的理想和目标。姚仁寿带领女婿王祐回莪溪故里后，捐私产，聘名师，在蓝田山上创办"精一书院"，以培养文才。王祐本为姚仁寿帐前统制，以其忠勇善战，姚仁寿招为女婿，居莪溪塘园里，也在村中兴办"精武馆"，召集青壮，尚武强身，培养武才。

元蒙政权建立后，为了巩固自己的政权，下诏各地方政府遍求遗逸。州郡邀请仁寿为官，坚辞不起。并和王祐一起在村旁山冈种下两棵罗汉松，这两棵从京华临安府带来的罗汉松，被命名为"精松"。如今，已经近800岁的罗汉松，钢铸铁骨般地傲挺山麓，彰显着二公坚贞不屈的高尚情操。

姚仁寿安于林泉，倾心教育，亲自到书院执教，读书育人，以德育才，并资助贫困学子上学。远近学子，纷纷前来上学，被学子称为"精一先生"。

（事见《万历·严州府志》《乾隆·桐庐县志》）

钱峃兄弟大败金兀术

建炎三年（1129），完颜宗弼（又称金兀术）南下搜山检海占领临安府（杭州）后，即命斜卯阿里和乌延蒲卢浑带四千精骑，沿钱塘江、富春江、新安江，急驰徽州，追捉宋高宗。

话说这歙州歙县有钱峃、钱㻐兄弟两人，拥乡勇数千。宣和三年（1121），农民起义领袖方腊被俘，但余部四处流窜，危害百姓。兄弟二人于是率乡兵清剿余部，以保安定。靖康元年（1126）十二月，遂安县（今属淳安县）凤林倪从庆在广洲源赵侯庙揭竿而起。后侵扰淳安，被兄弟二人一举击溃。这次完颜宗弼（金兀术）率兵来犯，兄弟俩准备予以迎头痛击。

熟悉沿途地形的钱峃、钱㻐兄弟经反复比选，决定在桐庐排门山设伏。

排门山，主峰犁头尖海拔381米，又名金牛山、牛山、烟火山，山体连绵曲折近十里，内连牛山坞，外瞰富春江，分上、中、下三坞。沿江只有一条小道从渡济直往城区，小道沿江开掘，一边是壁立如门的山崖，一边是滔滔不绝的江水。钱峃、钱㻐提前率领三千乡勇赶到排门山与牛山坞之间的山坳中，设下埋伏。

因排门山小道崎岖，金军只能牵马缓缓通过。

正当金兵战战兢兢间，"哐哐哐"一阵锣响，山顶上预先准备好的石头、松段，滚滚而下，砸得金军人仰马翻，不少人马滚到江里。金人不会游泳，掉到水后，相互撕扯，直喊"救命！"金兀术怎么也没有想到，南下以来，势如破竹，会在这荒山野岭遭遇伏击。正准备下令还击，接着又是一阵箭矢射下。紧跟着山顶之上，呐喊声起，冒出许多持着刀枪的乡勇，啸叫着朝金军扑来。金兀术见前行的路已被伏击者挖断，赶紧收拢残部撤回临安。

钱峃、钱㻐兄弟俩率乡勇击退金军的消息传到朝廷，上下惊喜。宋高宗赵构为表彰钱峃、钱㻐固守山险、击退金兵之功，封他俩为"承信郎"。

（事见《乾隆·桐庐县志》）

范成大四登钓台

范成大(1126～1193)，字致能，号石湖居士，吴县(今江苏苏州市)人。宋绍兴二十四年（1154）进士，官至礼部尚书、参知政事。有《石湖大全集》《吴郡志》

《骖鸾录》等。他一生先后4次登临严子陵钓台，有吟咏桐庐诗词11首。

绍兴二十九年（1159），34岁范成大第一次游桐庐。初登钓台，写下见解不同凡响的《钓台》一诗：

山林朝市两尘埃，邂逅人生有往来。

各向此心安处住，钓台无意压云台。

乾道五年（1169），宰相陈俊卿召范成大到京城杭州，荐擢礼部员外郎。他从处州（今浙江丽水）出发，途经桐庐，范成大第二次登临钓台，心情喜悦，又写了一首《重游钓台》。

第三次登钓台是乾道九年（1173），那年他自西掖出守桂林，取道富春江。这次登严子陵钓台，他有详细的记载："（壬辰）十二月三十日发富阳，雪满千山，江色澄碧。但小雾，风急，甚寒，披使金时所做锦袍，戴毡帽，坐船头纵观，不胜清绝，剡溪夜泛景物，未必过此。除夕宿桐庐。癸巳岁（1173）

范成大绘像

正月初一至钓台，率家人子登台，讲元正礼，谒二先生祠。登绝顶，扫雪坐平台上，诸山皓然，冻云不开，境过清埃。始，予自己卯岁及今奉役，盖三过钓台，薄宦处处如此，岂惟有愧羊裘公。乃刻数字于石庑柱间，而宿西江。"

第四次登钓台是淳熙九年（1182），他已57岁。他在建康任上得疾，5次上书，请求解职回乡。经过严陵濑，登钓台，他又诗兴大发，写了二首诗。一首是《桐庐江中初打桨》：

二十年前鬓未斑，下滩归路落潮干。

如今衰雪三千丈，却趁潮平再上滩。

这次登钓台离第一次已有23年，故前"鬓未斑"，今"衰雪三千丈"。

（事见《潇洒桐庐》）

王缙"扶大厦之将倾"

王缙奏疏

王缙，字子云，宋分水（今桐庐县分水镇）人，崇宁五年（1106）进士。王缙中举后，先在歙州（今安徽省歙县）任司法参军，很快升任英州（今广东省英德县）知州。在英州任上，经吏部考核，他品格与治绩皆列一等。

改任虔州（今江西省赣州市）知州不久，被宋高宗召回京都任金部员外郎，做到了相当于现在的财政部副司长。朝廷本来想再次将他外放温州，但在面辞皇上时，高宗突然改变主意，任命他为监察御史，擢升殿中侍御史，使他成了个谏官。

王缙一上任就首陈"正纲纪、严守法、明赏罚、立军政、广储蓄、厚风俗"等六事，受到朝廷重视。不久，再迁右司谏。随着职位的提升，他深知责任重大，不结党，也不参与各类倾轧。常对人说："人才难得，特别是国家多事之秋，要爱惜人才，我身居言路，不专事弹劾，而要以社稷安危大计出发，以启君心。"还针对当时地方官吏营私舞弊、大兴冤狱的事，一连上了两道奏章，揭露一些地方官吏"宽恤之诏频频下，而只挂墙壁，民不被泽"，实际在于"暴使用营私"，百姓"因囚禁致死灭口者一狱至四五十人"，恳请朝廷"检点、整肃诸路提刑辨决冤狱"。地方官吏"暴敛营私"之风受到了一定的压制。高宗称赞其"中正不阿，得谏臣体"。

南宋绍兴六年（1136），江浙大旱，庄稼歉收，民不聊生，不少朝廷大臣视而不见，照样横征暴敛。怀着为民解忧的心情，王缙向朝廷提出"禁科役，免谷税，通籴船，以拯救灾难"的意见。朝廷采纳了，使灾民减轻了苦难。

王缙对与金议和、投向伪齐政权的人，甚是鄙视。他因此反遭诬劾，连坐落职，贬任常州知州。有一次，一个投靠到秦桧门下旧僚路过常州，登门拜访王缙。王缙见到这个伪齐官员，怒火中生，大声责骂：屈膝投降，卖国求荣，丧尽天良的走狗！该官被赶出门外，羞愧难言，到杭州向秦桧哭诉。秦桧听了火上加油，怀恨在心。

王缙面对奸臣当道，朝政腐败，联合赵鼎、李光、胡铨三人上疏，请斩秦桧等人。当时高宗只听秦桧之言，这道上疏不仅未动秦桧一根毫毛，反而凡参与这件事的人都受到了秦桧的报复，罢了王缙常州知州职，只给了个管理台州崇道观的差事。已是花甲之年的王缙，知是无力"扶大厦之将倾"，只好请求退休，回家养老。

（事见《光绪·分水县志》）

分水王氏"双桂联芳"

"双桂联芳"，"百度"说这一成语最早出现在施惠的元杂剧《幽闺记》。《幽闺记》中有唱词道："且喜双桂联芳，已遂凌云之志。"比喻兄弟二人同时获功名。其实，早在南宋分水就有兄弟同榜、双桂联芳的科场佳话。

南宋时期，虽然国家不如北宋般稳定，但宋高宗赵构依然十分重视科考。绍兴二年（1132），南宋迁都杭州，高宗在朝廷初步站稳脚跟后，便开科取士。绍兴五年（1135），他又一次举行"大比"。时任监察御史王缙的两个儿子王日休、王日勤，一路过关斩将，进入殿试。殿试时，高宗问以吏道、民力、兵事，兄弟俩对答如流。这一科，江西玉山年仅18岁的汪应辰高中状元，而王日休、王日勤双双蟾宫折桂。兄弟同榜，父子同朝，在分水县城西关，旧有双桂桥、双桂堂、双桂联芳坊，记录了分水王氏耕读传家的辉煌。

双桂联芳匾额

王日休（生卒不详，字允美）中进士后，初授朝请郎，因父亲得罪了秦桧，被革职回乡。回乡后踪迹无考。赋闲期间，他刻苦钻研学问，光绪《分水县志》载有其《易经讲义》《诗经讲义》和《净土文》12卷等著作书目。

《九邱》是传说中我国最古的书籍，记载了我国疆域、人口、要塞等国情和变迁。王日休十分注意收集有关此类的私家收藏。经过20多年考证、整理，形成了《九邱总要》340卷。

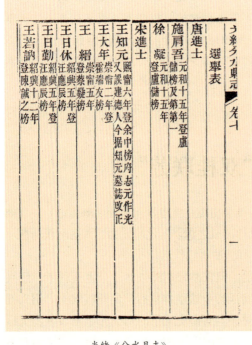

光绪《分水县志》

乾道八年（1172），宋孝宗赵眘决定重新启用王日休，任命他为高安（今江西省）太守，但未等王日休到任，又接到转任池州（今安徽省）太守的圣旨。淳熙四年（1177），到达池州。一到任上，王日休写了《进呈九邱总要奏状》上呈宋孝宗赵眘。赵眘是后世普遍认为南宋最有作为的皇帝，在位期间，平反岳飞冤案，起用主战派人士，锐意收复中原；内政上，加强集权，积极整顿吏治，裁汰冗官，惩治贪污，重视农业生产，百姓生活安康，史称"乾淳之治"。赵眘看了王日休的《九邱总要》后，龙颜大悦，下旨王日休"进官一秩"，迁朝奉大夫。

王日勤（生卒不详，字允敏）与兄一起中进士，其生平光绪《分水县志》仅有这样一段记载："历官尚书刑部员外郎，赐绯鱼袋，赠朝议大夫。因父忤秦桧，同时落职。光宗朝复拜参议郎。"

（事见《光绪·分水县志》）

王梦声的"分水堤"

分水伊山王氏自王缙之后，家族更盛。王缙的六世孙王梦声为咸淳进士，授迪功郎秘书省谏阅。入元后，官昆山州学正40余年。

王时敏《仿黄子久》

王梦声非常喜欢苏州一带的风土人情，便选择在唯亭定居下来。唯亭东临苏州、西接昆山、北濒阳澄湖，土地资源丰富。王梦声带领家人，开渠筑堤，改善排灌设施。他把最大的防洪堤命名为"分水堤"，勒碑堤上，以示不忘故土。

王梦声迁徙至苏州后，子孙世代显赫。四世孙王琳，明南京兵部右侍郎。传至第五、六代，"燕子双双四进士"，此后科甲蝉连，门第常青。至第八代时，王世贞以文学名满天下，是明朝中叶的文坛领袖，王氏家族也因之达到了一个辉煌的顶点。明末清初，以诗书为主流的家族文化又绽开了丹青艺术的奇葩，至第十一代时，王鉴、王时敏成为清初画坛领袖。

（事见《光绪·分水县志》）

李友仁拆桥拒文相

文天祥，南宋庐陵（今江西省吉安市）人，南宋末政治家、文学家、爱国诗人，抗元名臣、民族英雄。宝佑四年（1256），20岁的文天祥高中状元。德佑元年（1275），长江上游告急，宋廷诏令天下兵马勤王。时任赣州知州文天祥聚集兵众万人，入卫京师，后官右丞相。

宋时，桐庐县城通往东溪（县城分水江对岸）有渡，称里口渡。景定五年（1264），吴太古任桐庐知县时，以船为基础，在里口渡建起浮桥一座。宋景炎元年（1276），元兵攻入临安（今杭州），占领南宋都城。文相的溃军10万人从杭州撤退至东溪，准备经浮桥进城。当时的桐庐知县叫李友仁为了拒绝文相的溃军进城，下令拆除浮桥。

文相的溃军只好毁掉民房，用房梁等做筏渡江。文相的溃军进入县城后，冲进县衙，寻找李友仁等。在县衙，溃军只抓着了5个李友仁的属官。一气之下，溃军在城外河滩上斩了他们，并焚尸灭迹。

李友仁带着亲兵近千人，跑到钓台，碰到严州知府方回。方回下令李友仁回到桐庐，迎接元军。李友仁知道文相的溃军正到处找他，哪里还敢回府。方回只好让当地一个叫杨德藻的乡绅代表县衙去迎接元军，以示归附。

（事见《乾隆·桐庐县志》）

王雨梅吟诗救夫

南宋时，分水王家出了一个才女，叫王雨梅。长大后嫁给同城书生陈春微。本来殷实的陈家在一次火灾后一贫如洗。端午节到了，家家裹粽子喜迎佳节，而陈家还得借米度日。

雨梅触景生情，吟道："自叹命薄嫁穷夫，明朝端阳件件无。巧妇难炊无米饭，聊将清水洗菖蒲。"丈夫听了后十分惭愧，只好铤而走险。他到邻村偷牛，结果被人家抓住送官。

县太爷在堂上问明缘由，知是这书生一时糊涂，又得知陈妻能吟善赋，当即传雨梅上堂，以"偷牛"为题，令其作诗一首。作好的话，偷牛之事可以从轻发落。

雨梅沉吟片刻，吟道："滔滔江水绕青洲，难洗今朝满面羞。妾本无才非织女，郎君何必学牵牛。"她借牛郎织女故事既表明自己夫妻恩爱，也为偷牛感到羞涩。同时，用"牵牛"暗喻偷牛，诗作幽雅切题，县太爷只得训诫后放人。

（事见《古邑分水》）

王咸熙五岁吟诗

王家巷虽说只是武盛街上的一条小巷，却英才辈出。宋代分水县总共出了17位进士，竟有16位是王家子孙。这16位进士只是王家杰出的代表，没有功名的王家人在家规家风的影响下，十分崇文。

宋末，王家出个叫王咸熙的，5岁就能吟诗。光绪《分水县志》上录有其诗作两首。其中《咏梅》是这样写的：

竹外斜枝好，梅花带雪开。

东风何太急，几片落苍苔。

小小年纪观察细腻，想象力也很丰富，遣词清丽，是不可多得的神童。可惜的是天妒英才，咸熙只活到11岁就不幸夭折了。

（事见《光绪·分水县志》）

仙居有个"桐江书院"

桐江书院位于今仙居县皤滩乡山下村与板桥村之间。始建于宋乾道（1165~1172）年间，有"江南第一书院"之称。南宋状元王十朋、大儒朱熹多次莅临书院。相传朱熹曾将儿子也托付给桐江书院。清光绪年间《板桥方氏宗谱》还收录一首朱熹《送子入板桥桐江书院勉学诗》：

仙居桐江书院

当年韩愈送阿符，城南灯火秋凉初。
我今送郎桐江上，柳条拂水春生鱼。
汝若问儒风，云窗雪案深工夫。
汝若问农事，晓烟春雨劳耕锄。
阿爹望汝耀门闾，勉旃勉旃勤读书。

之后，朱熹也应邀常来桐江书院讲学，并手书"桐江书院""鼎山堂"两匾，至今尚存。

桐江是富春江桐庐段的别称。为什么在仙居建有以桐江命名的书院呢？

桐江书院的前身是方家义塾。800年前的仙居方家，为传播儒家文化，劝人读书，决心建造书院。由于家底薄弱，书院造了一半，无法结顶。直到方干的八世孙方斫变卖了位于桐庐桐江的百亩祖产，才使得书院完工。当地感激不已，为了纪念方家变卖家产建书院的高风，将书院命名为桐江书院。

方斫，字宗璞，号子木，又称韦溪先生，宋乾道八年（1172）特科进士。据传，桐江书院的选址也是有讲究的：当时，方斫见书院前有鼎山叠翠，永安溪溪水萦回，仿佛故乡始祖方干居住的富春山与桐江。建成后，在书院东侧又筑鉴湖，以纪念先祖晚年隐居鉴湖。同时，在书院旁置田数十亩，以资助寒门学子之不时之需。

桐江书院创办后，闻名遐迩，"四方之学士文人，负笈从游者尝踵相接"，儒学在仙居自此弦诵不息，出自桐江书院的儒士"达则兼济天下，穷则独善其身"。在桐江书院近千年的育人历史里，出现了王存忠、方刚、吴时来、应大猷、蒋禄、蒋泮、李一瀚、陈庸、方初、吴津、金运、方裕、金渭、李起安、方一新、蒋文会等文武进士，而且为官清廉，两袖清风，皆可称贤。

明代方孝孺曾专程拜道桐江书院，高度评价桐江书院的高义品德与传道精神。清乾隆年间的《桐江书院记》高度赞扬其社会公德；民国五年浙江省都督府顾问王卓夫题额"耕读传世，留芳千秋"。

（事见《仙居县志》）

状元詹骙是否分水人

光绪《分水县志》

詹骙，字晋卿，宋孝宗淳熙二年（1175）状元。詹骙大魁天下，主要是因其策对开首便道："天下未尝有难成之事，人主不可无坚忍之心。"深得孝宗赞赏，擢为第一。当时宋孝宗很高兴，特地写了《赐詹骙及第诗》：

振鹭飞翔集凤庭，诏开闻喜宴群英。
已看射艺资能事，更觉人材在作成。
冀野乍空于里隽，桂林争中一枝春。
他年共庆功名遂，莫负夔龙致主声。

詹骙中了状元，皇帝特地赐诗褒奖。淳熙五年（1178），詹骙入馆阁为校书郎。淳熙六年，为秘书郎。淳熙七年，为著作佐郎。淳熙九年，升为著作郎。淳熙十年，为将做少监少丞。官至中书舍人，龙图阁学士。曾出知宁国府，虽官位不显，却有文声政绩。

詹骙是哪里人？史料上莫衷一是。有绍兴说，有遂安（今淳安）说，也有分水（今桐庐）说。《分水县志·存疑》载："偶阅桐庐袁氏家乘，骙（詹骙）于淳熙六年（1179）曾作序，末署'年家眷弟分水詹骙拜撰'。则骙（詹骙）又实为分水人也。及考詹氏宗谱，始知詹氏由遂（遂安）迁分（分水），盖在宋绍圣时，籍贯隶分水而谱系尚合。故若（詹）良臣、若（詹）骙，府志尚称遂安人，据遂安族人报也。然良臣则有宋史可据（为分水人），列入统传。而（詹）骙则除袁谱外别无引证，姑志于此俟参稽。"

（事见《光绪·分水县志》）

担石将军郎昇

清光绪《分水县志》也有记载："担石在县东十八里（今瑶琳镇毕浦担石坞村），旧传宋郎昇以勇力称，肩石至此，层叠而成，台上有偃松数十株。"

郎昇，潜州（今临安於潜）人，咸淳元年（1265）进士。宋末，由文天祥推荐，为睦州总制。在职期间，政绩很好，群众欢呼赞誉颇多。宋德祐二年（1276），蒙古元军杀入临安，京都沦陷，恭帝被俘北去。郎昇率众北追，总独力难持，遂避地分水招贤乡（今桐庐县毕浦大山和富阳县贤德一带），从此隐居在这一带。

当时这一带流贼猖獗，经常扰乱乡里，以妖术残害邑民，当地百姓深受其苦。郎昇来到这里后，带领当地群众，高筑石头阵，于百山坡（今毕浦担石坞村）消灭了这些流贼，保护了当地百姓。当地百姓深感其德，留下很多关于郎昇的传说，其中担石的故事就有好几个版本，一直流传至今。

毕源溪流入担石坞村，山转水绕，迂回曲折。昂首，云绕数峰青翠耸立；俯听，曲涧幽泉清灵无比。在坞口，两块巨岩陡峭崖嵬，卓立溪浒。当地人称为担石。相传此担石是郎昇擒杀流贼时留下的，村处坞中，遂名担石坞。

巨石上几株老松盘虬横生，月色下风吹影动，缥渺逸永，似神如仙。县令奚士达曾巡游之处，赞曰："松悬双石上，遥指仙人归。"

（事见《光绪·分水县志》）

魏新之过目不忘

魏新之，桐庐至德乡白石庄（今瑶琳镇东琳村杨家自然村）人，宋咸淳七年（1271）进士。

魏新之进士及第后，初授庆元府学教授，任命为迪功郎。后来，魏新之奉调鄞府教授。在鄞府期间，当地有个很有名书商，拿了一本新书给魏新之看。魏新之看后爱不释手。那个书商问道："这本书的内容，你看完后能够默记吗？"

魏新之回答说："可以啊。"

书商又问："已经看到哪里了？"

新之说："马上看完了。"

书商再问："能全记住吗？"

魏新之笑着说："没问题。"于是从头到尾背诵了一遍，一字不漏。书商惊奇不已，连连赞叹，以为碰到了神仙，书也忘了拿回去。

（事见《隐逸桐庐》）

方回"文高气短"

民国版《桐江集》

方回，字万里，号虚谷，宋歙州（今安徽省）人，著有《桐江集》4卷、《桐江续集》36卷。官微时，曾写《梅花百咏》诗，献给贾似道。等到贾似道贬谪时，方回任安吉州通判，因惧怕曾经献《梅花百咏》给贾似道受到牵连，向朝廷上"十斩"之疏，说贾似道犯倖、诈、贪、滛、褊、骄、吝、专、谬、妄十罪，罪大恶极，按每罪即可斩之，以掩盖自己旧行。

当时的有识之士都鄙视其为人。然而，方回却得任严州知府。

不久，元兵攻破临安，将及严州。方回告示严州老百姓，誓死守城。并藏下一金锭，与吏曹军卒相约，为其战死后做埋尸之用。然而，等元兵将要到严州时，属下遍寻，不知方回去向，大家以为他为保全节操而战死了。

谁也没有想到，此时方回已出城，至30里外迎接元军。并且身着蒙古衣饰，骑马而归。回府后，即做安民告示，晓谕百姓，乐居旧业。当时就有人讥笑道："但看建德安民榜，便是虚翁德政碑。"虚翁即虚谷，方回之自号也。

（事见《癸辛杂识》）

民间"满汉全席"——十六回切

《叶浅予•十六回切》诗 黄苗子书

"十六回切"始于南宋，盛于明清，民间有桐庐的"满汉全席"之称。"十六回切"是我们祖先把平安、吉祥、如意、康宁等愿望均融入其中的一款筵席，它体现南宋文化、传统文化、民俗文化、饮食文化之精髓，是中国迄今保留为数不多的民间名筵之一。

一代美术宗师叶浅予于20世纪80年代邀请黄苗子、丁聪等人来桐庐，说起桐庐美食，叶老即兴赋诗一首："十六回切四点心，酱烧螺蛳拌雷笋，油炸臭干鸡子饼，清蒸白鱼熬馄饨。"后于1989年，叶老又一次回桐庐，他同王维乃医生长谈了一个上午，核对了"十六回切"菜单，然后按"十六回切"的程式，在王医生家请了黄苗子等亲朋好友。后桐江职业技术学校、七里人家、新永隆等饭店继承和发展了"十六回切"筵席。

"十六回切"筵席由干果、鲜果、糖果、冷荤各4道为见面菜开席，依次上4热炒、4大菜、4点心、4饭菜，共16道。在开席时，将干果、鲜果、糖果收回厨房，待宴席结束，重新装盘上桌。

"十六回切"筵席席仪规范讲究。宴席主桌设6座，空出一面挂桌围，桌围上方置两烛台，点燃大红蜡烛一对。席位由执事预先排定，唱名入座，上首左座为最尊，右次之。然后是左上位、右上位、左下位、右下位是主人或主人代表座位。依次入席时奏乐，主人斟酒。

桐庐美食专家周保尔曾对"十六回切"独特的内涵做过如下阐述："十六"，

叶浅予与友人共品十六回切

既是菜品数量的一个回合，菜品的每一个系列都上"四四十六"道，又暗合"事事六合"。"六合"指上下和东西南北四方，泛指天下或宇宙。这个数字的运用，体现了"民以食为天"、"天人合一"的中国古典哲学思想。"十六"也是取"十全十美""六六大顺"吉祥之意。在味觉上，"四"是酸甜苦辣四味，指代各种味道，亦指人生百味。在时空上，"四"既是春夏秋冬四季，又指东西南北四方。东西南北即"四象"，"阴阳两仪生四象，混沌三才开六合"。在道德层面上，"四"是指"中正仁义"。中正仁义是传统儒家伦理道德的价值和原则。"十六回切"一个看似简单的筵席名称，实则蕴含着丰富的中国古典哲学思想和优秀传统文化。

"十六回切"具有浓郁的地方风味特色，菜点精美，礼仪讲究，形成了引人注目的独特风格。取材广泛，用料精细，烹饪技艺精湛，富有地方特色，实乃中华菜系文化的瑰宝。

（事见1991年版《桐庐县志》《细叙沧桑记流年》）

元

潇洒桐庐郡　家家竹隐泉
令人思杜牧　无处不澄清

五

谢翱西台恸哭

　　谢翱，南宋爱国诗人。宋德祐二年（1276）临安城破，文天祥至福建一带聚兵抗元。谢翱献出全部家产，并招募乡兵数百人，投奔文天祥，被委为谘议参军。跟随文天祥抗击元军，转战于闽西龙岩、广东梅县、江西会昌等地。

　　至元十九年（1282），谢翱听到文天祥被害于燕京的消息，无比悲愤，先后三次哭悼。第一次是在至元十九年（1282）始闻文天祥噩耗的姑苏台；第二次是在至元二十三年（1286）的越台；第三次是在桐庐富春山严子陵东西两钓台之一的西台。

　　那天，谢翱约严侣、方凤、吴思齐三人在江边雇了条船，然后上岸，瞻仰严子陵祠堂，又在祠堂旁边僧房内休息。但见坏墙枯井，好像进入坟墓当中。回到船中，与船夫一道置办了祭祀用具。过了一会儿，雨停下，谢翱一行登上西台，在荒亭角上安放了牌位，然后下拜，跪下行礼。祝诵

严子陵钓台景区

完毕后，又大哭三声，然后再下拜，起立。这时，有云从南边飘来，阴湿郁结，云气罩住了林木。谢翱用竹如意敲着石块，制作了楚歌来招他的魂："魂灵啊，你早上要飞往何方？晚上归来时，关塞一片昏黑。你化为朱鸟虽然有了嘴，却能吃到什么？"歌毕，竹如意与石块俱已碎裂了。谢翱一行相对感叹。

谢翱一行又登上东台，把青石抚摸一遍，然后回到船中休息。船夫方才因谢翱痛哭过而感到惊奇，说："刚才有巡逻船在此经过，我们何不移舟别处？"因此就摇船到河中心，设酒举杯相劝，各自作诗来寄托自己的哀思。而谢翱写下有名的心灵泣血之作——《登西台恸哭记》。

（事见《万历·严州府志》）

谢翱与许剑亭

钓台对岸，昔有谢翱墓。墓的右侧，有许剑亭。

文天祥勤王兵败撤退，在赣州章水上与谢翱握别时，曾赠与一方端砚。不久，元军占领江西，谢翱离开赣州，潜回祖籍浦城务农。

至元十六年（1279），谢翱因不堪元人繁苛的徭役压迫，辗转入浙江。在浙期间，谢翱隐居于山林间，时常探幽揽胜，所交游者皆南宋遗民；成立"汐社"，与主持"江源讲经社"的诗人方凤、吴思齐及当时著名文人吴谦、邓牧过从甚密。宋亡后笔耕不辍，写下大量缅怀故国和文天祥的诗文。尽管元人对其追缉甚紧，但谢翱对宋室仍一本初衷，时常以诗明志。

元贞元年（1295），谢翱因肺疾复发，于桐庐西山刘氏妈宅离世，年仅47岁。临终前，嘱咐刘氏妈："吾去乡远，交游惟方凤、吴思齐等人最亲，可收吾文吾骨授之，葬吾必于许剑之地。"

谢翱为什么要选择"许剑之地"终老呢？因为，他常与朋友论道："大宋河山沦丧殆

谢翱墓（已圮）

尽，吴越之地，已无挂剑之人。"挂剑者，说的是春秋时吴季札出使，路过徐国，徐君见季札所佩之剑，很是羡慕。然而，季札还要出使他国，离不开此剑，但内心已许下愿，待再回徐国时，定将剑赠送给他。季札返回，重过徐国，这时徐君已经过世了。季札遗憾地摘下宝剑，悬挂于徐君墓边的树上，作别而归。典故说得是这样一个道理：内心已许，即便生、死，初心不变。谢翱非常感动这一典故，准备写一篇《许剑录》，并镌刻石上。但未等实施，就去世了。

其友方凤、吴思齐等人遵照谢翱生前的嘱托，于次年将谢翱移葬严子陵钓台的对面，以文稿殉葬，并在墓前修建"许剑亭"以作永久纪念。亭的左侧立着一块青石碑，碑文写着"粤谢翱之墓"。同年吴谦作《谢君翱圹志》以示纪念。

（事见《万历·严州府志》）

桐庐最早的诗歌组织——汐社

谢翱登严子陵钓矶祭哭后，便隐居于西台附近，同时开堂授徒讲课，笔耕不辍，四处搜罗逸史，写下大量缅怀故国和亡友的诗文，为后人留下可歌可泣的篇章。并联络王英孙、林景熙、方凤等南宋遗民及亲友在钓台成立桐庐历史上最早的诗歌组织——汐社。

何梦桂云："古括吴君愚隐（思齐）……来婿白云，与闽人谢翱、婺人方景山（凤）为友，结诗社于双台下，盖高子陵之风久矣。"方凤在《谢翱行状》中说："会友之所名汐社，期晚而信，盖取诸潮汐。"他们在集体的吟诵唱和中抒发黍离之悲，相互激励守节，以寻求群体的温暖。结有《汐社诗集》，可惜已佚。

诗人以其实际创作成就革新了宋末卑弱诗风，对元代诗风有所开拓，而且他们在异族铁蹄踏破中原动荡之际坚贞操守，深深影响了明清后来者。

（事见《乾隆·桐庐县志》）

元初的全国诗歌大赛

元世祖至元二十三年（1286），原宋义乌令浦江吴渭，入元不仕，退隐吴溪，创立了月泉吟社。月泉吟社系得名于浦江名泉——月泉。月泉因景致优美，成为文人骚客聚会之所。当年十月初六，吴渭约请谢翱、方凤、吴思齐，在金华浦江县举

《月泉吟社诗》校注本

办一次大型征诗比赛活动。月泉吟社以"春日田园杂兴"为题，限五、七言四韵律诗，征诗四方，于次年正月十五收卷。在短短的三个月间，共得诗2735卷，作者遍布浙、苏、闽、桂、赣各省。

桐庐魏新之等诗人响应并积极参加月泉吟社的征诗活动。谢翱、方凤等人评隲甲乙，选出60名，三月三揭榜，桐庐（包括原分水县）共10人获奖。并将获奖作品编集《月泉吟社诗》付梓。

《月泉吟社诗》是中国现存最早的一部诗社总集。其作者大都为故宋遗民，由于处于特殊的时代，他们的诗歌创作不敢直言心声，只能以隐晦曲折的方式追怀宋室之意，借歌颂田园风光来抒发亡国之痛和故国之思，表明诗人自己不仕元朝的情操，表现自己隐逸抗节的志向。

（事见《池北偶谈》《乾隆·桐庐县志》）

谁家紫芝生俞和

俞和，字子中，号紫芝生，桐江（今浙江桐庐俞赵）人，寓居钱塘（今杭州）。他从小学书，书法造诣颇高，是元末明初的著名书法家。《杭州志》说："（俞）

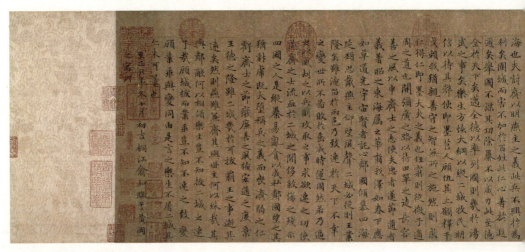

和喜书翰，早年得见赵文敏运笔之法。"明徐一夔所撰的《俞子中墓碣》也说，俞和"少时得赵文敏运笔法。"

那么，赵文敏是何许人也？"文敏"是赵孟頫的谥号。赵孟頫博学多才，能诗善文，工书法，精绘艺，擅金石，通律吕。特别是书法和绘画成就最高，开创元代新画风，被称为"元人冠冕"。

赵孟頫多次来桐庐，泛舟之余，触景生情，乘兴写下了《严陵濑》《桐庐道中》《过严陵钓台二首》等诗作。

以赵孟頫在元朝书名，渴求得到一代书法大家垂青，并希望他指点一二的学书者门庭若市。与赵孟頫非亲非故的俞和如何能够得到其运笔之法，主要有两种说法：

一是私生子说。明丰坊在《书诀》里称："其母寡居，赵子昂私之而生和，遂冒赵氏教之书。子昂死，赵雍等分出之，乃以俞为氏，号紫芝生。"意思是说，因为俞和是赵氏的私生子，才可能得到他的言传身教。直到赵氏去世，他的儿子赵雍把俞和"分出"姓俞，但他还是自号紫芝。"紫芝"者贤人也，也就是贤人所生。

二是入室弟子说。明解缙《春雨杂述》云："及门之徒，惟桐江俞和子中，以书名洪武初，后进犹及见之。"住到赵氏府上，赵孟頫手把手教习，自然得到了赵氏真传。

赵孟頫在元时书名盖世，凡书家莫有不仰慕者。对于俞和的出身，不管是来自民间的隐晦猜测，还是著书立说者的主观臆断，其实都来自于他写的书法太像赵孟頫之故。可以肯定，俞和从小得到赵孟頫的亲授，其谆谆教导影响了俞和一生的艺术风格。

（事见《杭州志》《书诀》《春雨杂述》《严州书画》）

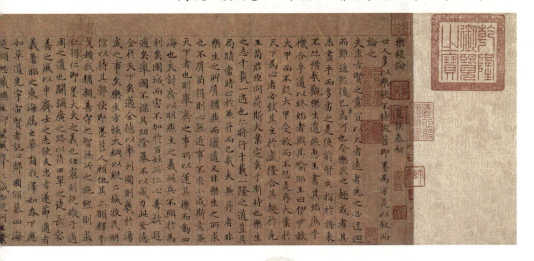

俞和"以假乱真"

俞和的书法从小得到赵孟頫亲授。徐一夔《俞子中墓碣》中肯定：他自己也非常努力，书法造诣随之日益深厚，篆楷行草各臻其妙，使得他的书法与赵孟頫之作的确形神俱像。《杭州志》载，有好事者，得到俞和书法，加上赵孟頫的款识，仓卒间根本无法辨别是赵孟頫的真迹还是俞和的仿作。

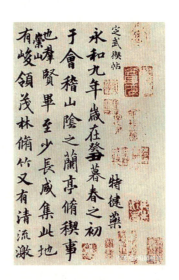

俞和擅长各体，尤擅仿赵氏笔法。这种相似，使得俞和的有些传世作品被误定为赵孟頫的。今藏于台湾"故宫博物院"的赵孟頫款《临急就章》册，其实是俞和晚年的临摹作品。其临摹对象即是赵孟頫大德七年（1303）所写的《急就章》。形神酷似，末尾连赵之名款亦照临不误。俞和在临后的题诗中云：

晴窗展玩开浆者，书法一一手可扪。

和今学之自有元，要与此书继后昆。

珂罗版初版本《元俞和临定武本兰亭序》

俞和本有思齐之心，好事者却利用俞和这种一丝不苟的临作，伪加赵氏印款，以充赵书。但他的书法与赵氏毕竟是有差别的。明桑悦评说俞和的书法："紫芝所书，深得松雪笔意，而圭角稍露，比之松雪，正如献之于羲之也。"王世贞在评其《四体千文》时说他："刻意吴兴，颇称优孟. 此四体尤精。然不免露本色耳。"毕竟，其相似也是相对的。但能模仿几百年间书画史上第一等人物的作品，只有俞和做得到。

（事见《杭州志》《严州书画》）

严侣高节效严光

严侣，字君友，桐庐人。严子陵三十五世孙，为严先生祠奉祀人。他饱读史书，却无意科举仕途。因他学识渊博，经常有地方高官到钓台造访严侣，劝其出仕为官，但均被他谢绝："远祖（严子陵）虽离我们已经一千三百多年，但他的高风远韵，却与富春山桐江水一样源远流长。我不聪敏，却愿做个严子陵贤子孙。"

严侣居家管理祖业外，跟从他学习的人很多。他便在钓台设馆授徒，以教书和研读朱子理学为主，影响很远，有来自杭嘉湖及古越一带士子从其学。他不仅培养了不少门人弟子，还和谢翱、吴思齐、方凤等抗元义士为友。他们同登西台共祭文天祥。在元人统治下的元朝，哭悼一个反元的宋朝将士，这既需要一定的勇气，还要冒着杀头的危险。和谢翱一行哭祭完文天祥后，回到船中休息。傍晚，雪飞风寒，舟中不可久留，就上岸住到严侣家。他和谢翱等为了共聚志士，在钓台共结汐社，以诗歌为武器继续抗元。

据《高节先生墓铭》记载，严侣非常崇敬林逋、岳飞气节，在杭为之庐墓三年。严侣不仅有义举，而且事母至孝。母亲去世，严侣由于悲哀过度，积劳成疾。至顺辛未（1331）十月，病情越来越严重，他把儿子严渊叫到床前，交代说："我已年逾六十，不能称短命了。六十年里奉祀祖祠四十年，死而无憾。"

严侣去世后，门人黄廷玉等私谥"高节先生"，文学家杨维桢为立墓表。

（事见《万历·严州府志》）

杨维桢避居富春山

杨维桢，会稽枫桥全堂人（今浙江诸暨枫桥镇），自幼颖悟，读书勤奋，能"日记文章千言"。为增见识，他少时又游学绍兴、宁波一带。元泰定四年（1327）进士，官至江西儒学提举。元末辞官，避居富春山。

杨维桢对桐庐的富春山水特别喜爱，留下很多足迹和诗歌文章。他在任建德理官时就多次到钓台，和严侣之子严渊一起拜谒严先生祠，并登双台访子陵钓迹，还酹祭严侣墓。又访台南谢翱冢，为谢奇士立阡表。受严渊之请，为严侣撰写墓志铭。

杨维桢和翔岗（今桐庐县凤川街道翔岗村）李文交好。李文不仅擅长诗文，而

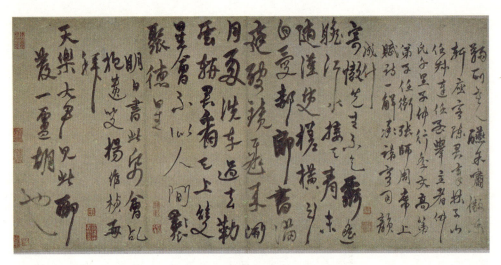

杨维桢书法

且工于绘画。辞官避居富春山后，"休官日日闲"的杨维桢，经常和李文约旧朋新友泛舟富春江，诗酒言欢，弹曲唱和，乐而忘返。

杨维桢曾造访桐北蓝田山下中门（今桐庐县莪山乡中门村）姚仁寿家，并游当地一指动石景观，写下"一指力可动，万夫莫能移"的诗句，为之增辉。

杨维桢还涉足县内寺庙，到过深澳村南鸡足庵，写了《鸡足山安定兰若记》。相传孙权祖父孙钟到鸡足庵，祈求菩萨，保佑儿孙有朝一日能登王位。后来孙权建立了吴国，还专门前来还愿，并重建庙宇重塑金身，改鸡足庵为天香寺。

（事见《建德县志》）

李文"林泉读书"

李文，桐庐翔岗（今桐庐县凤川街道翔岗村）人。

元朝末年，朝政腐败，反元义军四起。元顺帝至正十一年（1351），张士诚起兵在江浙一带骚扰，元将不花儿统兵迎战，驻扎桐庐。因军队粮饷不继，李文献出家中储备以饷军队，赖以克捷，守得一方安宁。至正十二年（1352）七月，红巾军起义，李文奉浙东宣慰使司都元帅脱脱之命，前往衢州地区剿捕戡乱，屡次获胜奏捷，并因军功提拔为浙江行省都事、桐庐县主簿，但李文辞而不就。

李文家族殷富，其族兄李骧，族侄李恭、李康都是饱读诗书的文雅儒士，又都为人豪爽，崇文尚义，喜结交名人雅士，诸如著名书法家、礼部尚书、奎章阁大学士康里子山，道士、诗文家、书法家张雨，著名文学家、书画家杨维桢，著名书法家俞和，著名画家赵雍（赵孟頫之子）、林子山（赵孟頫外甥），名士许瑗、吴立夫，剧作家柯丹邱，以及大名鼎鼎的刘基、宋濂。一时群彦荟萃，鸿儒云集，翔岗李氏也声名远扬。

在隐逸生活中，李文更多地关注家乡的山山水水，在山水烟霞之中吟诗作画。他根据翔岗的10处风景，创作了《南冈十景诗》，又以家乡山水为本的《林泉读书图》，题诗云：

> 深林飒飒无人到，却是秋风落叶声。
> 抛卷出门聊寄杖，且看山下白云生。

刘伯温见画后，也题诗唱和：

> 茅屋秋风黄叶里，隔溪听得读书声。
> 松萝荫密无行处，更有晴云满路生。

（事见《万历·严州府志》）

翔岗牌楼

刘真毁塔守桐庐

元朝末年，统治阶层内部政局动荡，许多地方相继爆发了反元的农民起义。元顺帝至正十四年（1354），盐贩出身的张士诚在高邮建国，号大周，自称诚王。当时的桐庐为"大周"势力范围。

再说朱元璋在消灭陈友谅之后，于至正二十五年（1365）开始对张士诚的势力进攻。

范仲淹知睦州时曾写过"钟响三山塔，潮平七里滩"的诗句，"三山塔"分别为桐庐县城的桐君山桐君塔、园通寺圆通塔和安乐山安乐塔。张士诚部将刘真驻守桐庐时，为了防范朱文忠攻城，曾折掉安乐塔，用塔砖筑城。军阀混战，不仅生灵涂炭，古迹也未能幸免，古塔的毁圮并没能让刘真守住桐庐。

（事见《万历·严州府志》《乾隆·桐庐县志》）

朱文忠大战白峰岭

元至正二十五年（1365），朱元璋在消灭陈友谅势力之后，开始对张士诚动手。张士诚不甘束手就擒，他派部将李伯升率领20万大军经白峰岭进攻新登。朱元璋外甥朱文忠在离新登10里之处扎营，迅速救援。

当日，大雾笼罩，天空昏暗，朱文忠召集诸将仰天发誓道："国家之事在此一举，我不敢贪生而死于三军之后。"随后命徐大兴、汤克明等统率左军，严德、王德等统率右军，而自己亲率中军首当其冲。处州援兵这时也已赶到，奋勇搏击。浓雾稍散，朱文忠横握长矛率领数十名精锐骑兵，从高处奔驰而下，冲往敌军之中。敌军精锐骑兵将朱文忠重重包围。朱文忠亲手杀敌甚多，引骑向外猛冲，所向披靡。大军乘机进攻，城中军队也擂鼓呐喊着猛冲出城，张士诚部大溃。朱文忠追击败兵数十里。张士诚部以白峰岭为隘，阻击朱文忠部。在白峰岭，双方持续展开"拉锯战"。

至正二十六年(1366)秋，朱文忠率朱亮祖等攻克桐庐、新城、富阳，然后进攻余杭。

（事见《乾隆·桐庐县志》）

何正"弃官归田"

民国《分水县志》

何正，元分水（今桐庐）人。博学善诗，曾以《春草》《月》二首诗赢得州郡长官好评，被荐鳌溪书院山长。

鳌溪书院位于江西抚州（今属临川区）。何正在鳌溪书院任山长时，教学有方，业绩显著。元政府为了缓解山长升转的困难，将部分儒士出身的山长转任为以捕盗为主要职责的巡检官。何正也从山长转为宁都下河巡检。弃文从武并没有那么容易，心中怨恨和不满自然少不了，因而写下了《春雪》一诗。诗云：

> 轩逐东风料峭寒，梅花狼藉柳花残。
> 灞桥诗思清人骨，满地琼瑶不耐看。

"轩逐东风料峭寒"，早春的天气乍暖还寒。柳花已经残谢，梅花也在料峭的寒风中一地狼藉。但是，自己和梅花一样有傲人风骨，以此感叹世事无常，荣华富贵短暂，暗含怀才不遇的怨恨和不满。

元蒙统治者出于政治需要，利用中原的全真道、正一天师道等宗教的力量来辅助统治道教领袖的儒士化，使元代道教带上了浓郁的士大夫特色，因而道士与文人的结交十分普遍。在此种社会思想潮流下，大量元代诗人隐居学道。何正也在这种形势下弃官归隐当了道人，自号"云壑道人"。

（事见《万历·严州府志》《民国·分水县志》）

张久可修桐君山道

张久可，字伯远，号小山，元代最著名的散曲家之一。他曾在桐庐任典史，官小职卑，仕途上很不得志，于是放怀诗酒，浪迹江湖。他专写散曲，留存作品850余

元代张久可凿桐君山径题记

首，为元代散曲作家中传世作品最多的一位，对后来明清曲坛影响很大。

通往桐君山（古称小金山）山路，最早是宋嘉熙年间（1237~1240）桐庐县令赵清卿花钱开凿的，长300丈。百年后，山道年久失修，台阶破败，杂草丛生，游人登高十分不便。至元四年（1338），张久可任桐庐典史，见此情景，出资"疏而辟之"，并留下摩崖石刻。

（事见《乾隆·桐庐县志》）

陈日卿舍身护家园

陈日卿，字信夫，百江镇百江村人。年轻时，他非常好学，特别对历史、军事方面的知识很感兴趣。平常喜欢和人谈论兵事，且胆识过人，身强力壮，有为国效劳的志向，只因生不逢时无人赏识。到了元末，社会动乱，兵患四起，战事不断。为不使地方生灵遭到涂炭，各地纷纷组织成立了自卫武装，陈日卿被推举为分水县千户长。

元朝末期，黄河以南已不全是元朝所统治，如浙江的温州、台州、庆元已被方国珍占据；杭州、湖州、绍兴已为张士诚占领。朱元璋攻取婺源后顺势而下，势如破竹，经金华而来，所部骠骑将军邓愈大败长枪帅余子贞于遂安；李文忠夜袭洪元帅于淳安，这时的分水小县危在旦夕。陈日卿毅然率部驻守在分淳边界，很快就与邓愈的军队交上了火。战斗中他率领部众，身先士卒，冲锋陷阵，身上多处受伤也不退却，终因寡不敌众，最后兵尽箭绝，被敌军刺了10余枪后壮烈战死。死时尸体仍站立不倒，其状让敌人感到惧怕，不敢再乘势越过淳安县界进犯分水。陈日卿的壮举甚至感动了与他朝夕相处的坐骑，战死一天后，乡亲们和他的亲人发现了他的战马将他的主人背回了百江。战马一路哀鸣，回到百江后，此马就触石而死，以示对主人的忠诚。后来陈氏家族将此马厚葬，还为马建祠塑像祭祀。

三个月后，张士诚攻打严州，被李文忠击败，败后翻过分水岭接近分水县城。李文忠部将何世明取小路经乌龙岭围攻败军，杀死张士诚将士500余人，并乘胜攻取了分水。但因畏惧陈日卿的神明，不敢继续西进，使当时百江这一小小的弹丸之地逃过了一劫。

清雍正四年（1726），即陈日卿死后300多年，当时朝廷要求府、县建祠祭拜对国家有功之臣，凡是国史没有记录的，野史也没有收集的，都要核实后提请供奉春秋祭祀。当时的分水县县令胡杲将陈日卿之事报请朝廷，并奉旨意在百江建起了忠义祠，以供奉先前为国为民而献身的几位臣子。陈日卿列首位，他的事迹也载入了县志。

（事见《光绪·分水县志》）

白鹿求道金履祥

金履祥，字吉父，号次农，自号桐阳叔子，婺州兰溪（今金华兰溪）人。幼时聪慧明达，史书文章过目不忘。长大以后，勤勉励志，得朱学之真传，一生穷究义理之学，为一代名儒。

元德祐初年（1275），朝廷任命金履祥为迪功郎、史馆编校，金履祥坚辞不受。后应严州知州邀请，为桐庐"钓台书院"主讲。由于他所讲深入浅出，往往有新奇观点，江浙大批学子纷纷前来。一时，钓台附近士子云集，各地客商也闻风而至，形成一个以书画、文房、琴棋为主的商业集市，客栈、饮食生意也异常红火。

原本世外桃源般的地方，忽然成了一个热闹的场所，使一头在此修炼400多年的白鹿感到新奇。一日，白鹿潜到书院，从窗户中远远窥探，只见一位先生引经据典，侃侃而谈，座中学子个个肃然静听。

白鹿略通人语，对金履祥所谈一知半解，但一种全新的理念使白鹿混沌初开，有一种大梦初醒之感。

一晚，金履祥进入屋中，然后关好门户，点亮灯，翻开易经，进行注解。他边注解，边吟哦，清亮的嗓音一直传出屋外。白鹿前思后想，想伺机潜进屋中，近距离感受先生的满腹经纶，偷学先生的"真经"。

当天空露出几许曙色的时候，屋门漏出几束灯光来。不久，金先生打开屋门，深深地吸了几口气，来到一棵古松下，练起了一套稀奇的拳脚。趁机，白鹿潜入了屋中。金履祥是何等之人，早知昨晚的兽物还在附近。此时见兽物潜进自己的住所，便停止练拳，返身关上屋门，往书院而来。

金履祥在书院讲了一天课，至晚才回家。见家中所摆物件一切如常，确知自己的判断未错，此兽乃善良之辈，有意学道。心中想，此兽有意前来求知，那就成全它吧。便清声朗诵一段原文，再将自己的心得注解吟诵，每晚至半夜才息。

日复一日，年复一年。一晃白鹿在柴房中已藏了三年。三年来，白鹿近距离感受理学大师金履祥先生的教诲，静心感悟，加上天赋灵质，胜过自己修炼300年。一日，金履祥闲来无事，运用梅花易数，卜得兽物已修成正果，便朗声说："尊客还不现身吗？"白鹿正在思想金先生昨晚的心得注解，听金先生呼唤，不由打了一激灵，急忙一个侧身，跃出柴房，拜伏在金履祥的书案前，朝金履祥一连磕了三个响头。金履祥起初只见一团白影，来到面前仔细一看，原来是一头十分可爱温顺的白鹿，便笑吟吟地说："尊客起来吧！"

白鹿便幻化出道人模样，重新躬身施礼。"晚生十分唐突，三年来惊扰先生，请受晚生再礼。"说完，行了三跪九叩之礼。金履祥和蔼地对白鹿说："现今尔已得道成正果，出去后要造福人间，不可做出为祸百姓之事，这才不枉尔三年之苦。"白鹿一听先生之言，知先生要自己出去行道，只好怀着依依不舍的心情朝先生行了大礼："先生之德，容日后图报。"眨眼之间，复化一头白鹿，在屋中腾跃三圈，跳出屋外，扬长而去。

（事见《隐逸桐庐》）

黄公望的《富春大岭图》

黄公望，字子久，江苏常熟人。元代著名画家。

元至正七年（1347），已年近80的黄公望为画《富春山居图》，云游富春江，描绘富春山，多次往返于上通金衢下接杭州的古驿道——娘岭。

翻过娘岭就是严陵，黄公望时常在那一带歇脚。在严陵，他有一个老朋友叫邵亨贞，为当时的文学家、松江教谕。黄公望经常跋涉于娘岭，看到了与世隔绝的崇山峻岭中，依然生活着"不知有汉"的山野樵民，看到了依山傍水的幽静处几间茅草屋，那不就是一直追寻的东汉高士严子陵的住所嘛。黄公望于是在创作《富春山居图》的同时，写下了《富春大岭图》，并把它送给好友邵亨贞，以解其思乡之愁。"吴中四大才子"之一的祝允明在画上题诗道：

趾山盘盘绕而曲，
顶山巉巉危仍复。
回蹊折经几茅庐，
尽傍羊肠浅中宿。
黄公手比愚公强，
富春移来咫尺长。
子陵之居在何处？
千载烟云长渺茫。

前两句祝允明用写实的手法描述了黄公望《富春大岭图》的画面：曲曲折折的小道，危如犄角的山峰，几间低矮的茅房。然后笔锋一转发出对黄公望高超画艺的赞叹："黄公手比愚公强，富春移来咫尺长。"盛赞黄公望把优美的富春山水像愚公一样移到了咫尺画图之上。最后回到了这幅画的主旨所在："子陵之居在何处？千载烟云长渺茫。"东汉高士严子陵的隐居之所到底在什么地方？是不是就是黄公所描绘的这几间茅草房？

《富春大岭图》纵74.2厘米，横36厘米，纵式立轴，墨笔纸本，现藏南京博物院，是黄公望"皴纹极少，笔意简远"的典范之作。

（事见《潇洒桐庐》《黄公望与桐庐》）

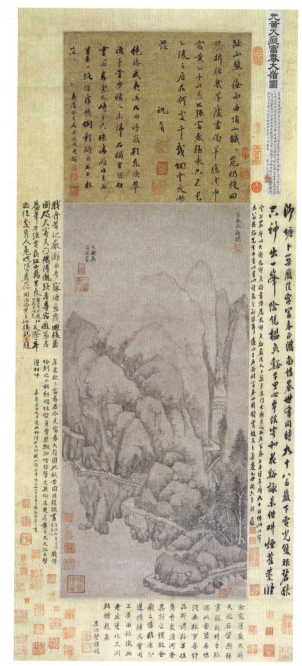

黄公望《富春大岭图》

臧梦解"德才兼备"

说到臧梦解，知道此人的很少，但说到"德才兼备"这一成语，可谓妇孺皆知，这是今天选人用人的重要标准。查"德才兼备"一语，最早出现于《元史》。《元史·臧梦解传》云："举梦解才德兼备，宜擢清要，以展所蕴。"

臧梦解是浙江庆元人，字应元，号有吉，1275年高中进士。哪料第二年南宋王朝覆灭，作为大宋进士，臧梦解一夜间成了"明日黄花"。

元朝初始，统治者选拔官员并不采用科举考试的办法（至元仁宗治政才正式实行科举），而且规定汉人要做官，必须从任吏开始。吏是一般的办事职员，到一定年限，视办事能力如何，再决定可否做官。至元十三年（1276），臧梦解开始从政，先是在老乡那里谋了个"人匠提举"，管管手工工匠。后来，浙东宣慰司觉得他的才能可以在州郡做个行政长官，于是举荐了他。朝廷同意了，任臧梦解为息州知州。然而，未等臧梦解走马上任，又有圣旨到，改任海宁知州。

在海宁知州任上，有一个叫王庆之的淮东按察副使按例到海宁"巡视"，见"梦解刚直廉慎，而学有渊奥，自任职以来，门无私谒，官署萧然，凡有差役，皆当其贫富，而吏无所预。于是民以户计者，新增七百六十有四；田以顷计者，新辟四百四十有三；桑柘榆柳，交荫境内，而政平讼简，为诸州县最。"因为臧梦解口碑好、治理有方，王庆之便与御史台一起"举梦解才德兼备，宜擢清要，以展所蕴"。意思是臧梦解德才兼备，大家都推荐他到重要岗位任职，以发挥其蕴含的才德。

（事见《元史·臧梦解传》）

臧梦解"守官四铭"

至元二十七年（1290），臧梦解担任"两浙监察御史"。在这期间，江阴饥荒，又委以臧梦解赈灾重任。因为臧梦解在朝廷公正清廉，亲临灾区放粮，当时的45000余人均躲过饥馑，朝廷马上提拔他做了广西肃政廉访副使，相当于省纪委副书记。在广西，臧梦解深入基层，即便是"烟瘴"肆虐的地方，他也无所畏惧。他重建宣成书院，惩治贪官污吏，平反冤假错案，深受百姓拥护。广西任上，他总结出"守官四铭"，至今读来，仍有现实意义：

《分水县志》载《守官四铭》

硬坚脊梁铭，曰：这脊梁，铁铸成。广平骨，汲直身。曾强项，批颔鳞。肯折腰，揖贵人。台中评，谓我倾。我自我，卿自卿。

坚缚肚皮铭，曰：这肚皮，甘忍饥。众肥甘，我糠糜。将军腹，宽十围。贪以败，脂流脐。平生事，百瓮荠。咬菜根，事可为。

净洗眼睛铭，曰：这眼睛，照胆镜。照见谁，穷百姓。所瞋谁，奸贪佞。看不错，定定定。秋月明，秋水莹。本无垢，洗更净。

牢立脚跟铭，曰：这脚跟，如山立。立得牢，踏得实。倖门里，曳不入。正路中，挨不出。持一立，御众沐。不退转，坚固力。

"硬坚脊梁"，钢铁铸成的脊梁就有正气和骨气，说的不就是"打铁还须自身硬"嘛。"坚缚肚皮"，就是要甘守清贫。"众肥甘，我糠糜"，与"艰苦朴素"可谓异曲同工。"净洗眼睛"，教导官吏深入群众，体察民情，倾听民声；提醒自己要经常"照照镜子"、"洗洗澡"。"牢立脚跟"，就是要求官员"守住底线"，分清正邪、真伪、是非、善恶。

臧梦解的"守官四铭"为时人称颂，大书法家赵孟頫亲自创作，然后把它镌刻在广西臧梦解曾经工作过的"枭署"内。大德元年（1297）臧梦解调江西肃政廉访副使。之后，他又先后担任"同知桂阳路总管府事"、"湖南宣尉副使"等职。

（事见《光绪·分水县志》）

李康"割股疗母"

把大腿上的肉割下来一块，和米熬粥，给患病的亲人吃下去治病，古人称这种做法为"割股疗亲"，这在古代社会时有发生。

李康，字宁之，号梅月处士，出生年月不详，卒于1358年，元桐庐水滨乡（今凤川街道）人。李康自幼警悟开爽，他年12时，因母病久治不愈，竟学古代孝子的榜样，割腿肉和成稠粥，让母亲饮服治病。其母饮后病固愈，李康被人称为"李孝子"。

李康善诗文及琴棋书画，乐与文人交往。家有一书室，以南唐李庭珪《藏墨诀》中"临风度梅月"句，定名为"梅月书斋"。李康淡泊名利，读书与一般读书人有所不同，他不读科举必读之文，只注重研读策论、律赋、经义、八股文、试帖等科举功名文以外的经史文学。当时，青田刘基已辞掉元朝官职，在翔岗华林寺设馆授徒，与李康时相往来结成知心朋友。刘基曾写了一首《题梅月斋宁之读书处》诗，对李康清雅的梅月读书斋做了如实的描写，同时也赞扬了李康的人品：

乾坤清气不可名，琢琼为户瑶为楹。
轩窗晓开东井白，帘栊暮掩西山青。
玉堂数枝春有信，银汉万顷秋无垠。
夜深步月踏花影，梅清月清人更清。

李康《松下抚琴图》

李康则坚持不与元朝统治者合作，不做元朝的官吏，不为元朝出一点力。乾隆《桐庐县志》中，有李康曾三次拒绝出任元官的记载：第一次是在至正二年（1342），郡守马九皋以币（赠送礼物）相迎，遭拒绝；第二次是至正九年，上官张逢使闻其贤，再次邀康出仕，复遭拒绝；第三次在至正十六年，宰臣塔失铁至桐庐，致币遣县令罗良上门请李康赴宰臣官邸议事，他去了，却大谈当时政治之失。塔失铁欲授其官，康便以母年老不便外出为由婉言谢绝。

李康不愿充当元朝官吏，不肯为元朝统治者效力，专心致志地攻诗、文、书、画、琴、弈，卓然成家，冠绝当时。他所绘的《伏羲像》，至今尚被珍藏于故宫博物院中，并被编入《晋唐五代宋元明清名家书画集》。其诗文著作更多，《桐庐县志》所记下的就有《杜诗补遗》《桐川诗派》《梅月斋永言》《看山青眼集》等。至正十八年（1358），李康以疾终。

（事见《乾隆·桐庐县志》）

富春江上第一鱼——鲥鱼

渔民捕获鲥鱼

鲥鱼属溯河产卵的洄游性鱼类。桐庐境内的富春江，其江段地势低平，江面开阔，水温适宜，沙洲遍布，水流平静，水清而流缓，卵石沙底，适宜鱼子卵化，故成为鲥鱼得天独厚的产卵繁殖之地。

每年自立夏至处暑前，鲥鱼由海洋进入钱塘江，上溯至桐庐的排门山、子陵滩一带江湾产卵。生殖后亲鱼仍游归海中，幼鱼则进入支流觅食，至9、10月份长到一寸左右时，再洄游归海。"农历四月半南洋鲥鱼来，五月中旬北洋鲥鱼来，接牢黄嘴鲥鱼来。"这是流传于桐庐民间的谚语。因此，立夏后的一两个月是桐庐鲥鱼的汛期，也是捕食鲥鱼的最佳季节。

鲥鱼箭头燕尾，背窄略呈苍色，腹宽嫩如羊脂，通体鳞片闪光，色白如银、滑润如玉，肚子上有坚甲似的鱼鳞。明代著名医药学家李时珍这样描写鲥鱼："形秀而扁，微似鲂而长，白色如银，肉中多细刺如毛，其子甚细腻。故何景明称其银鳞细骨，彭渊材恨其美而多刺也。大者不过三尺，腹下有三角硬鳞如甲，其肪亦在鳞甲中，自甚惜之。其性浮游，渔人以丝网沉水数寸取之，一丝挂才出水即死，最易馁败。"鲥鱼洄游至严子陵钓台止，据传到过严子陵钓台的鲥鱼，因严先生要在其唇上用朱笔点过，故以唇有红点者，为鱼中珍品。

鲥鱼肉质细嫩，含脂肪丰富，宜清炖或清蒸。食之滑溜细腻，肥腴醇厚，鲜嫩无比，为鱼中上品，席上珍品。"清蒸鲥鱼"是桐庐县城立夏前后的一道至尊名菜。宋代大文学家苏东坡称其为"南国绝色之佳"，并有诗赞道："尚有桃花春气在，此中风味胜鲈鱼。"

元代韩奕的《易牙遗意》和明代袁达的《禽虫述》中就有鲥鱼的详细制法，数百年来又屡有改进。后来的通常制法是：鲥鱼从中对剖，只余背部相连，去内脏洗净，用洁布揩干（不能去鳞，其鳞层中含有丰富的脂肪，味极鲜）。将猪网油洗净摊在碗底，其上放香菇、火腿片、笋片，再撒上葱白姜丝和黄酒等调料，将鲥鱼鳞面朝下放入，上笼或隔水用旺火蒸熟反扣装盘即可，这样蒸出来的鲥鱼，肉质细嫩，鲜汁饱满，口味清鲜，用筷子在鱼身上轻轻戳一下，就能见鱼汁如泉涌，堪称美食佳肴中之上品。

鲥鱼为富春江名贵鱼类。明代万历年间，鲥鱼被列为贡品。当时，首批鲥鱼一上岸，便用快马日夜兼程送往京城，有"年输120坛"之多。至清代康熙年间，鲥鱼已被列为满汉全席的主要菜肴。清朝及民国时期，渔民每年捕得第一尾鲥鱼，有即奉献县令、以邀赏赐的风俗。

1968年，由于富春江大坝建成后水温发生了变化，鲥鱼洄游量锐减。20世纪80年代中期后，鲥鱼在桐庐的富春江已濒临灭绝。

（事见《乾隆·桐庐县志》）

富春江渔歌——《鸬鹚调》

富春江上捕鱼人

元朝末年，将军陈友谅意夺天下，自立为王。朱元璋称帝后，建立明朝。陈友谅九姓部属被贬为富春江严陵滩头为"贱民"，并规定以船为家，不得上岸定居。"九姓渔民"不得不以捕捞和运输为生。民国时，桐庐境内有渔船60多只。渔民捕鱼多用网捕作业，也有不少渔民驯养鸬鹚作为捕捞的工具。捕鱼时，人用吆喝声与鸬鹚沟通，指挥鸬鹚下水。于是，各种吆喝声成了一种特殊的"劳动号子"。这种抑扬顿挫的"劳动号子"即"富春江渔歌"——《鸬鹚调》。

《鸬鹚调》按春夏秋冬抲甲鱼、水草鱼、深水鱼等不同鱼种，在不同的季节吆喝不同的曲调。主要作品有《吐蛋调》《夏季抲甲鱼调》《春季赶鱼调》《春秋抲水草鱼调》《冬季抲深水鱼调》等。歌词大部分以人与鸬鹚之间感情沟通的一种特别"语言"：喔、嗬、吔、嗨、呦等语气词。曲调多用散板，上下滑音，多用倚音。格调粗犷，具有浓厚的地方特色。

（事见《潇洒桐庐》）

桐庐社日——江南时节

"江南时节"是流行于桐庐境内、富春江以南各村落"时节"的总称。"时节"从农历八月初一石阜村开始，到农历十一月二十横山埠村结束，历时近4个月。

《桐庐县志》载："农村旧节，源于社日。""江南时节"起自唐朝，发展于宋元，盛于明清，一直延续至今。勤劳朴实的桐庐人特别崇敬历史上的清官、良将，为了感谢曾为老百姓造福的清官、良将，祈求他们能继续保护百姓的平安和幸福，同时也为了祈求上天风调雨顺，赐予百姓有一个好收成，各村纷纷建造庙宇，并规定一个日子给予特别隆重的纪念。这个日子就成了后来的"时节"。例如农历十月十一，凤川的凤岗、凤镇、石桥头、梅山等村过时节，祭祀的是唐朝安史之乱时与太守许远共守睢阳城的张巡。农历十月十五，石阜的徐家山头、五聪、华家等村过时节，祭祀的是洛村庙的洛村老太公，他叫陈恽，桐庐籍人，东汉末年为征虏将军。农历十月二十一，深澳、荻浦、徐畈、环溪等村过时节，祭祀的是黄程庙里的两位土谷神，他们是同胞兄弟，相传800多年前桐庐大旱，兄弟俩为祈雨以身殉难。解放后，祭祀活动废除。柴埠、洋洲等村的时节改为与国庆节和元旦同日。

"时节"原则上每个村只有一天，但实际上各村在过节时都会热闹3天。在这3天里，每户人家都设宴邀请亲朋好友前来聚餐，如遇家中有小孩满月、满周岁、10岁到50岁间的人年龄满10、60岁以上老人做寿都得办喜酒或请戏班子在社庙前唱戏、舞狮，亲朋好友便各自带着贺礼上门表示祝贺。商人抢抓时机，纷纷从四面八方赶来，在村内空旷地搭棚设摊，进行商品交易，形成一个集市。

江南时节具有浓厚的民俗性、鲜明的地域性、广泛的群众性，已成为桐庐的一种精神文化特色，深深扎根于江南人民血脉之中。时节中"祀有功人，不祀虚务神"，表达了当地人们对高尚精神的追求。

（事见《乾隆·桐庐县志》）

有风七里　无风七十里

　　富春江七里泷段，又称七里濑、七里滩、严陵滩，全长23公里，江面狭窄，两岸陡立，河多弯曲，峡中有峡，景中套景。江水澄澈，平缓处如翡翠绿得碧透，湍急处奔驶如箭；青山逶迤，奇树悬生，猿啼蝉唱。每当骤雨初过，四壁翠岗飞瀑奔泻，犹如万丈匹练悬挂锦屏之上。因"山青、水清、史悠、境幽"，七里泷享有"小三峡"之誉。"七里扬帆"为"严陵八景"之一。

富春江小三峡

　　七里扬帆曾是浙西、皖南、赣东主要商埠往来必经的水路。过去江面滩多水急，舟楫从下游上行需等候东风，东风一起，千帆竞发，长滩瞬息可过，仿佛仅七里。倘若无风，得靠人工拉纤，就显得路途遥遥，仿佛七十里之远。故有"有风七里，无风七十里"之说。

　　张大千有《严陵濑》图。他题款道："严陵濑俗呼七里滩，为有风七里，无风七十里之谣，故舟人多于此祈风焉。予与仲兄虎痴两适其下，皆风日软美得以饱窥其胜。"并诗云：

江静潮平岂偶然，一山缠过一山连。

钓台近处行当缓，何用风牵上濑船。

（事见《严州图经》《乾隆·桐庐县志》）

沧江散人徐舫

徐舫，字方舟，元末明初桐庐坊郭柯家湾（今属桐君街道）人。徐舫家道殷实，自幼习武，好驰马论剑，游戏人生。长大后开始从师学习文章诗词，研读科举课目，勤奋努力，很快下笔有神，灿然成章。他曾赴京赶考，名落孙山，在县衙内谋得刀笔小吏为生。后又逢大考之年，辞掉了县衙内的小吏，再次赴考，仍未中试。于是，他决心放弃科举考试，一心写诗。

徐舫潜心研读"睦州诗派"作品，又漫游江、汉、淮、浙间，遍访诗家名流，边交游边学习，特别是与青田刘基、龙泉章溢、丽水叶琛等名士相摩切，诗艺精进。

江浙行省参政苏天爵听说徐舫有些才能，准备推荐他做官。徐舫知道后，说："我是一个诗人，哪里受得了官场上的那些束缚！"之后，在富春江边筑一别室，苦吟于云烟出没间，流连终日，恍若与世隔绝。自号"沧江散人"。

元至正二十年（1360），刘基应朱元璋之请，与宋濂、章溢、叶琛等浙东名士同时出山辅弼。途经桐庐时，刘基并没有忘记徐舫这位往日的诗友，准备邀舫同行，为其举荐。然而徐舫已过花甲之年，无意为官，婉言谢绝。

徐舫诗有《瑶琳》《沧江》二集。

（事见《明史·隐逸》）

徐舫镜留瑶琳洞

《乾隆·桐庐县志》载："瑶琳洞在县西北四十五里，洞内阔二丈许，梯级而下五丈余，有崖，有池，有潭，有穴；壁有五彩，状若云霞锦绮；泉有八音，声若鼓笙琴，人语犬声；可惊可怪，盖神仙集游之所也……"现为瑶琳仙境景区，蜚声海内外，享有"全国诸洞冠"之美誉，被国家旅游局评为"中国旅游胜地四十佳"。

1979年，开发瑶琳仙境景区时，"金鸡观瀑"景点后面发现徐舫隐居时遗漏的、铸有"方舟"两字的铜镜一面。

因元末战乱，再加上仙境别具的吸引力，徐舫只身隐居在洞内生活，铜镜可能是在那时脱落的。他在此避乱隐居时曾著《瑶琳杂咏》一卷，可惜已佚。现存《瑶

瑶琳仙境

琳洞》五言律诗一首：

> 洞传缑岭似，仿佛玉笙清。
> 石或藏渔鼓，云从隔犬声。
> 乍居人颇怪，异听耳初惊。
> 子晋壶天有，莫疑彩凤鸣。

（事见《潇洒桐庐》）

明

潇洒桐庐郡 春山半是茶
新雷还好事 惊起两前芽

叶祯"贫不困顿"

叶祯，字仲贞，钱塘（杭州）人。生性不喜欢剖章析句死读书，对于诗词则乐此不疲，深得当时的著名诗人贯云石的器重。

他的父亲是钓台书院山长，叶祯便随父寓居桐庐，30岁了也不曾成家。叶祯父亲去世后，因家贫无法回去，桐庐翙岗李骥便出资，帮助他在闹市中卖药维持生计。每逢月白风清的夜晚，李骥经常买舟邀请叶祯泛舟桐江，往来于钓台和梅蓉之间。李骥擅长吹洞箫，叶祯擅长古调，两人江上相互唱和忘返，有着苏子泛舟赤壁的高情雅怀。李骥在《次叶仲贞留别》中说："买舟泛秋潮，还来扣松关。"又说："白云素有约，秋出冬即还。"把二人青山白云、形影不离的友情写得真挚感人。

此风雅20余年，直至叶祯年老病重，弥留之际尚为后事忧戚。李骥去看他说："有骥龙在，君何忧？"三日后，叶祯去世。李骥为他厚办了丧事，并以两亩墓田专门用来祭祀供奉叶祯。

（事见《万历·严州府志》）

董其昌题"清白家风"

明末清初文学家张岱的《夜航船》中有"清廉"一编，缀辑了中国历史上的40个清官。万历年间的广东提举刘可顺位列其中。

刘可顺，字景山，分水人。他出身寒门，虽然生活清苦，却家教极严。一次，可顺与小伙伴偷摘了邻家的枇杷，拿回家中孝顺父母，被父母重重地责打了一顿，说："我们人穷志不能穷，不是自家的东西我们一点也不能拿。"

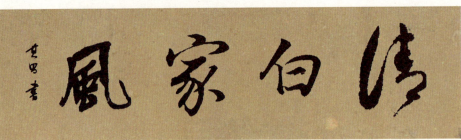

清白家风

集董其昌书法横幅

　　他自幼立志要发奋读书。老师是一位学问深厚、学风正、态度严厉的老先生，除了教导学生圣贤之书，强调言行一致，不要离经叛道。父母和严师的教诲，对他后来的为官品行有着很大的影响。

　　万历年间，朝廷选贡，刘可顺因品行端正、文思敏捷、为人朴实而被选中。不久，他被任命为今江苏的宿迁县知县。

　　宿迁县地处黄淮平原，大运河和古黄河贯穿境内。这里地势平坦，物产丰富。但含沙量大，水色浑黄，易淤易决。每当洪水泛滥，大堤决口，庄稼被淹，民房冲毁，百姓流离失所时，刘可顺总是亲临灾区，视察灾情，赈粮济贫，安抚灾民，关怀备至；灾后便上书朝廷求助，减免赋税，赈银按人口分发到户，分文不得截留和移用；还呼吁民众抗灾自救，抢种粮食，恢复生产。百姓感恩不尽，他说："官为民之父母，应当爱民如子。"为了治水，他带领下属长途跋涉，几乎走遍了整个宿迁县进行实地考察、勘测。对塌垮、濒危的大堤，他发动民众修复、加固，一丝不苟。

　　宿迁由于多灾，经济落后，学校教育长期不振，少有科举登第。他教民以孝悌忠信为本，带头捐俸银，发动地方绅士捐学田、献银两，创办学校，招儿童入学，力举教育，为学子读书上进提供了条件，兴教崇学之风大起。

　　他服用俭朴，居室简陋，不事奢华。他曾经谆谆告诫下人："财可省时便省，一丝一毫皆下民之脂膏也。"自己在县衙院内劈地种菜，一日三餐多是粗茶淡饭。在他的书房里，挂着一幅自己书写的条幅"勤能补拙　俭能养廉"以此自警。由于他为官清廉，勤政为民，政绩卓越，深得当地百姓的尊敬和爱戴。朝廷闻其政绩可嘉，遂升任为广东提举司提举。在他离任时，百姓依依不舍，夹道相送，有的送物，有的送钱，他除当场尝了一块当地土产的楂糕外，其余分毫未收，带着自己的书册、衣服等简单的行李离开了宿迁。

　　刘可顺到任后，抱着满腔热情施展自己的才能和抱负，可眼见的是宦官到处以权谋私，贪赃枉法，欺压百姓，激起多次反抗起义，使他痛心疾首，但又无能为力。数月后，由于身患疾病，他便借机请归……

董其昌对刘可顺为官清廉、爱民如子的事迹时有耳闻。在南京礼部尚书任上，一次他途经分水，便到刘可顺故居看个究竟。当看到刘可顺家中竟四壁徒立，境况如此凄凉时，暗自感动，在其故居墙上写下了"清白家风"四个大字。

（事见《光绪·分水县志》）

刘伯温设馆华林寺

刘基像

刘基，字伯温，浙江青田（今属文成县）人。元末明初军事家、政治家、文学家。洪武三年(1370)封诚意伯，故又称刘诚意。武宗正德九年追赠太师，谥号文成，后人称他刘文成、文成公。

元统元年(1333)，刘基高中进士。但由于兵荒马乱，战火连连，在家闲居三年。之后断断续续做过江西高安县丞、江浙儒副学提举、江浙行省元帅府都事等地方官。

至正八年(1348)，刘基结束在丹徒约两年的半隐居生活，再度投入人群。至正九年至十一年下半年（1349～1351），隐居在桐庐翙岗。《桐庐县志》记载："刘基元末流寓桐庐数年。设馆于翙岗华林寺。"

刘基为何要来桐庐隐居？刘基在《桐江临溪西庄华氏宗谱序》中说，"予为中原不靖，遨游海内。寄迹桐江晦冈李氏家"。另外，还有一个他未说的原因，那就是《明史·刘基传》中说的，刘基"起为江浙儒学副提举，论御史失职，为台臣所阻。再投劾之，归。"就是他敢于直言，受到蒙古贵族的排斥，怀愤归隐桐庐翙岗。

刘基在桐庐隐居翙岗华林寺设馆授徒约两年左右，培养了一批学子，也结识了李近山、李宁之、徐舫等一批邑内名士为知己朋友。他为李近山"林泉读书图"、李宁之"梅月斋读书处"提过词，赋过诗，还留下了《过桐庐》《严子陵钓台》

《谢皋羽传题后》《虎镇山记》《留别李君宁之》等直接记述桐庐山水人物的华章名篇。至正十年（1350）三月，刘基还因懿亲西庄华大昭之请，写了一篇《赠桐江临溪西庄华氏宗谱序》，记叙了华氏始祖是从河南迁徙来到桐庐的，在西庄聚族而居，子孙昌盛。说西庄华氏始祖胜公，"知隐逸之真趣，乐山水之清闲，磊磊落落，卓乎有子陵高风"。《序》末署"处州府青田县逸吏、待教生伯温刘基顿首拜撰。"不具自己的官衔，而以教书先生的身份出现，也流露出他对元朝统治者的不满。据传，刘基次子刘璟就出生在翙岗。

（事见《明史·刘基传》《乾隆·桐庐县志》）

刘伯温翙岗访主

翙岗老街

至正十八年（1358），翙岗李宁之病逝，刘基从青田、许瑷从高阳赶来亲临其丧。至正二十年，刘基与浦江宋濂、丽水叶琛、龙泉章溢一起，受朱元璋之聘赶赴应天（今江苏南京）辅佐朱元璋。刘基特地约宋、叶、章三人共舟至桐庐，邀友人徐舫同往应天，辅助朱元璋共创大业。而徐舫有心为诗，无意为官，终于当日共酒聚欢，拱手告别，谢绝同行。

刘基赴应天后，便很少来桐庐了。洪武四年（1371），翙岗李近山逝世，他抽不出时间来桐庐致哀与祭奠，只寄来一首《追悼近山诗》以表哀思。诗前有序曰："桐庐李君近山，儒之旷达者也，与仆为知心朋友，契阔十余年，风尘濆洞，音响杳绝。忽其子来京师，始知李君亡矣。悲感成诗，聊以写其情耳！"诗曰：

> 白头经丧乱，青眼总凋零。
>
> 解剑情何极，看山兴已暝。
>
> 夕岚空蕙怅，朝雨翳松铭。
>
> 痛哭幽明隔，酸凄孰为聆。

其诗情真意切，足见两位友人相交之深。

（事见《明史·刘基传》《乾隆·桐庐县志》）

刘伯温与"芦茨红"

刘伯温隐居桐庐期间，曾在清明前后专程到钓台拜谒了严子陵，还特意拜访了方干故里。

当晚，刘伯温留宿鸬鹚（今桐庐县富春江镇芦茨村）。主人采茶回来，得知留宿的是有名的先生，肚子里墨水多，便与他长谈至深夜，结果忘做了当天采摘回来的一背篓鲜叶。第二天一早，主人想起茶叶还没有做，摊开背篓，发现叶子都焦边发红了，顿时目瞪口呆。但闻闻有奇香，主人觉得扔了太可惜，不如做出来留着自己吃。岂料，等他按绿茶的制法做出来后，更傻眼了，茶叶呈乌黑色。主人取出一片茶叶放入口中咀嚼，居然味道香甜。

烘茶时透出的奇香，熏醒了楼上酣睡的刘伯温。出于好奇，刘伯温起床后便要尝尝。主人不肯，认为这样丑陋的茶怎么能让先生喝呢。在刘伯温的坚持下，主人泡了一杯。不料此茶水红亮、奇香、味甘，刘伯温边品边赞："香高、味醇、形美、色艳，真乃天赐也。"

第二天，主人全家一早就上山采茶，到中午太阳当顶时，急忙挑茶回家。待鲜叶捂红后，又仿照头天的制茶法，乌黑色的干茶又出现了。全家人喜出望外，立刻将这好消息告诉了村人。村人赶来一看，这种做法做出来的茶叶果然是亮里透褐、褐里显红。抓了一把泡水，茶水竟是红艳艳的。尚留在主人家作客的刘伯温提议道："既然茶汤如此红，茶味如此香，就叫鸬鹚红茶吧。"众人皆一致赞同，纷纷仿效制作。

如此红，如此香！鸬鹚（后雅化为芦茨）红茶就这样诞生了。

（事见《桐庐的茶》）

谢真人“得道”

謝眞人杭州人佚其名明初以販鹽爲業與邑何氏兄弟善一日過龍潭謂同伴曰吾將居此旣以負鹽具贈主家誌别還憩石上端坐而化二屐躍入潭目光炯然恍惚見其乘雲冉冉而上後嘗求見明太祖誦帝齋醮密疏不失一字異而問之對曰臣適於三天門下見此因封得道眞人邑人立廟龍潭祀焉經始日載石運木者紛紛至皆云謝姓客給値俾致之旣落成有雙鯉浮水面網得乃其二屐也

靜聞禪師俗姓沈招賢鄉人母夢伽藍與以舍利旣寤而生少工吟咏善草書初卓錫田楮山凡三十年嘉慶時主天目山方丈山中虎豹嘗晝出自靜聞說法後茂林深夜行旅無驚

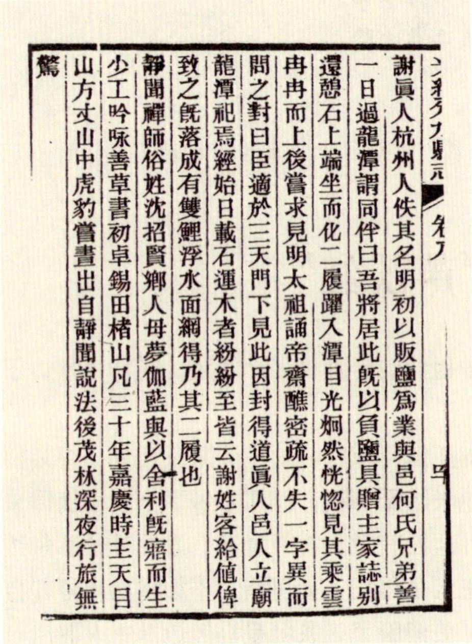

光绪《分水县志》

分水县城（今桐庐县分水镇政府所在地）三里有龙潭，潭上有谢真人庙。

传说，明代杭州谢姓人以贩盐为业，但道行高深。明太祖朱元璋也知道他的名声。一次，朱元璋设坛祭天，将自己施政的汇报材料——“述政条陈”密封后，烧给玉皇大帝。此时，真人在祭坛下昏昏入睡，很久才醒过来。朱元璋派人问真人：“你清楚皇上在干什么吗？”

谢真人答道：“刚才路过三天门，见到了皇上的述政条陈。”

朱元璋不信，令他背诵。谢真人不慌不忙，一字不漏地把“述政条陈”背了出来。于是，朱元璋封他为“得道真人”。

谢真人酷爱龙潭山水，最后端坐在龙潭石上仙逝。乡人便在龙潭建“谢真人庙”以祀。

（事见《万历·严州府志》《光绪·分水县志》）

汤显祖分水访师

汤显祖，字义仍，号海若，江西临川人。中国明代戏曲家、文学家，《牡丹亭》是他的代表作。

明万历二十二年(1594)金秋，他在遂昌县令任上专程来分水，拜访他的师友潘仲春。

潘仲春，字正和，嘉靖二十八年（1549）岁贡。官抚州府学教授，署临川、金溪二县。潘仲春在汤显祖家乡江西临川（今属江西抚州）为官时，就非常赏识汤显祖的才华与品行，知他日后必有大的建树，对他特别喜爱和极力推举。

光緒分水縣志　卷八　三

導著有五經纂要及詩集行世
潘仲春父訪卒同兄孟春弟應春廬於墓側知縣吳希孟為
作潘氏三孝子傳後以明經官撫州府教授屢攝縣事著循
聲臨川湯顯祖未遇時仲春拔識之時謂其知人
王道行以例貢任京府同知旋乞歸凶歲捐米賑飢弟道成
由國子生任海州州同有惠政致仕四十餘年壽登九袠與
兄並舉鄉飲大賓道行子國祐監生道成子國祥拔貢
潘一錢父季春病甚錢嚙指瀝血書疏焚告家廟願以身代
夢中恍惚有神授以增壽字父旋愈嘉靖四十二年知縣陳
若愚賜米絹旌其門曰篤孝
方本仁母卒廬墓三年哀毀逾常父卒盡禮如前喪生平勤

光绪《分水县志》

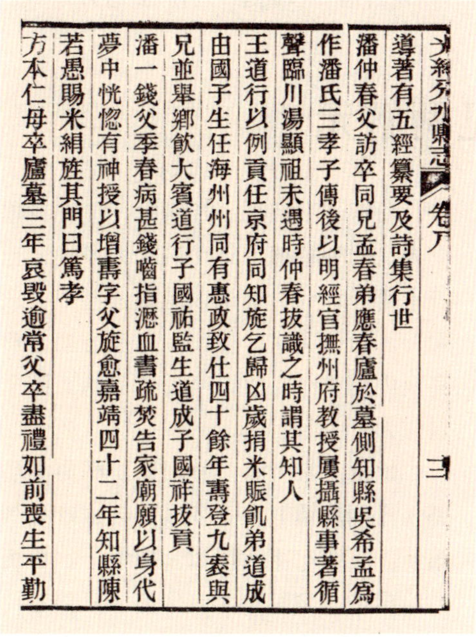

潘仲春家住在桃源溪旁（今桐庐县瑶琳镇），此时他已致仕回到故乡。汤显祖乘舟而来，在离群索居的师友家一住几天。当他得知附近有个“仙洞”，兴之所至，在师友潘仲春的陪同下，“秉烛”进洞。

游后他写下了《分水县访桃溪潘公仲春，出桐庐，秉烛游仙洞，香袭人衣，十余里不绝》一诗：

分水悬帆就索居，
沾巾信宿下桐庐。
青山晚棹桃溪远，
红树秋灯草阁虚。
仙洞半空行巨蜡，
生香何处满簪裾。
开舟正下神灵雨，
烟雾霏霏总袭予。

（事见《光绪·分水县志》）

汪改“安贫乐道”

汪改，字迁善，明桐庐人。洪武中由州县荐举，任丹阳县教谕。献三策于朝，深切时政，朝廷提拔他做了临清县丞。

入元后，弃官归田，回到故乡，自号“桐山归牧”。安贫乐道，以吟咏悠然闲适，自得其乐。行为正直端庄，洁身自好，不与人同流合污。汪改穿戴朴素，从不戴毡帽、用骨篦。他认为：“畜牲的毛，死兽的骨头，怎么能佩戴在人的头上呢。”

晚年，汪改喜欢神仙，因此其诗大多数说的是神仙诡诞之事。80岁后手不释卷，点校道教经书。可惜这些诗文均散佚不传。

（事见《万历·严州府志》《乾隆·桐庐县志》）

商辂梦见两解元

姚夔雕像

商辂，字弘载，号素庵，淳安县里商人。明朝宣德十年（1435）乡试、正统十年（1445）会试以至殿试连中"三元"。历仕英宗、代宗、宪宗三朝，累官至内阁秩一品事，卒后赠太傅，谥文毅，为一代名臣。

姚夔，字大章，号损庵，桐庐县坊郭（今桐庐镇）人。乡试、会试皆名列第一。正统七年（1442）中进士。历吏科给事中、南京刑部右侍郎、吏部左侍郎，迁任礼部尚书。成化五年（1469），升吏部尚书。深得英宗、代宗、宪宗皇帝的器重。卒后赠少保，谥文敏。桐庐人都尊称其"姚天官"。

商辂聪慧异常，读书识字，出口成章，其道德文章与姚夔齐名。明宣宗宣德十年（1435）秋天，商辂走水路到省城参加乡试，与姚夔的船在富阳相会，两人相伴而行。

商辂夜间梦见有神人在喊"解元，解元！"就上前打听解元是谁。神人将一片竹简递给他看，上面有"姚夔"二字。他问自己的功名如何，神人伸出那片竹简的另一面，这回他的名字也在上头了。

果然，这年秋试，商辂以第一名中举。到下一科，即明正统三年（1438），姚夔也真的中解元。

（事见《万历·严州府志》

姚夔与商辂同建"三元会馆"

会馆、公所是旅居异地的同乡在寄籍地所设"聚乡人联情谊"的组织机构，其所建馆舍，使同乡人在异乡找到一个归宿，帮助同乡人解决住宿或其他困难。明代以后，会馆、公所大量涌现，与科举制度的全面铺开、商品经济的纵深发展息息相关。

中国古代实行科举考试，府、县一级的考试称府试、县试，通过者获得秀才资格，然后到省一级参加乡试，获得举人资格到京师参加会试，获得进士后，就可步入仕途为官。每次考试期间，数以千计的举子涌入京师。由于京师住宿费用昂贵，贫寒举子负担不起，举子们迫切企盼解决到京后的住宿问题。

商辂和姚夔在朝为官期间，协商捐俸在京城（今北京市）于南城席儿胡同创建三元会馆，接待严州府进京赶考的举人。从此，来京城投考的严州举子，他们的食宿多找三元会馆。对于家道贫寒的考生，会馆会给予经济帮助和生活照顾。

（事见《北京浙严会馆碑》）

姚夔"独得两解元"

明正统三年（1438），姚夔跟母亲在江西，刚好碰到是乡试之年。他本来不想去考，可他江西的亲眷觉得没有功名不行，一定要他去考。如回浙江考已来不及了，亲眷只得买通主考官，在江西应试。因为姚夔才思敏捷，文章出众，果然考中头名解元。可是事情被地方官得知后，提出非议。主考官没有办法，只得对姚夔说："你如能回浙江再考取头名解元，我们也就点你头名解元。"

姚夔知道，各省乡试是同时进行的，这分明是主考官搪塞之词。"唉，不取也罢。"他就离开江西回浙江来了。

严州府志

这一天，船到中途碰上大风大雨，只得在一个前不见村后不靠店的山湾里停泊避风。到了晚上，风停了，雨也不下了。姚夔站在船头看夜景。突然，他听到山岙里传来"嘭嘭"的响声，仔细一看，还是座白房子，房子里亮着灯光，他决定去看看。

姚夔上了岸，到白房子跟前一看，只见大门上贴着一副对联，上联是"谷黄米白粉如雪"，下联是"火红炭黑烬成灰"。他推开门一看，原来这里是一爿水碓，五六只碓头正在"嘭"呀"嘭"地舂米。一个管水碓的老头靠在墙上打瞌睡，墙头上也贴着副对子"糠轻露面早，米重见人迟"。姚夔没有打搅老头，就离开水碓回船睡了。第二天早上起来一看，山上只有树木，哪来的水碓呀！

姚夔回到桐庐就听人说，杭州的贡院前些天被火烧了，考试经皇上恩准延期举行。他想江西人实在欺人太甚，这又是千载难逢的好机会，就马上动身坐船去杭州。

这天顺风顺水，船一天就到了杭州，可他到贡院一看，考试就要开始。主考官问他："你因何现在才来？"不知怎么，姚夔忽然想到了写在水碓墙壁上的那副对联，脱口而出："糠轻露面早，米重见人迟啊！"主考官一听，好大的口气，就出了个上联要他对："谷黄米白粉如雪。"姚夔听了差点笑出声来，心想这不是现成的嘛，就不假思索地对出了下联："火红炭黑烬成灰。"主考官很是高兴，就准许他应考。这一考又考中了头名解元。

（事见《桐庐民间传说故事》）

姚夔赈灾

明天顺八年（1464），桐庐大旱，受灾情况相当严重，里正、保长们一趟趟跑县衙，要求放粮赈灾。县令一次次的跑严州府，可是府台就是不理不睬。这可是关乎生死的灾情，拖不起的。

桐庐获浦村有户申屠某的人家，是京城姚天官姚夔的舅舅。姚夔从小由舅舅抚养长大。申屠某很善良，对这个没爸的孩子甚至比对自己亲生的孩子还要好。于是，在家中老小满怀最后的期待中，申屠某不远万里来到京城。一问姚天官，无人不知，甚至还把他直接带到姚府。

天官府朱红大门十分威严，站门岗的一动不动。申屠某没有办法，鼓起勇气让门卫通报，说是姚夔的舅舅来走亲戚。门卫看看这个人，根本不相信，后来实在拗不过，才嘟囔着不情愿地进去了。申屠某想着自小对姚夔的好，加上姚夔的聪明懂事，心里想肯定会风风光光地迎接自己并且肯定会款待他。哪里晓得那个人进去好长时间了，还是没有人出来迎接。好不容易终于出来两个公差，抽出铁链不由分说就将申屠某锁了，说他是冒充天官亲戚，本来要坐牢，但可怜他年纪大了，吩咐押回原籍。申屠某本来是个忠厚的农民，可他怎么也想不通为什么已经做了大官的姚夔会恩将仇报，就不顾一切的大骂起来。

姚文敏公遗稿

　　这天，公差押着申屠某一路到了浙江严州府。浙江府台听说京都的姚天官为他拦截下了一个越级告京状的人，决心要审个明白。不问还不要紧，一问居然说是姚夔的舅舅，仔细询问很多细节并且命人调查此事，都明显说明这个人的确是对姚天官有恩的亲舅舅。到这个时间他才确信桐庐的灾情严重到怎么样的地步了，才醒悟桐庐县令为什么多番来禀报，之前总以为是在夸大其词，为免去些皇粮而已。府台是个聪明人，并在官场混得久了，心里明白这是姚天官给他一个将功补过的机会。他备下酒菜，好好伺候好他的老舅，并且火速赶往桐庐，放粮赈灾。再请来一帮水利专家，勘察桐庐受灾特别严重的江南地区、深澳和翔岗等地方，一些水利工程相继上马来解决灌溉问题。

　　一年后，姚天官回故里探亲。严州府台和桐庐县令都陪在左右。姚天官特意准备了两根杉毛刺去荻浦。消息报到申屠某家，说外甥姚夔来看他了，他躺在被窝里不理不睬。又有消息报来：严州府台来看你了，申屠某立即起身出门迎接。当然，府台是陪着姚天官前来的。申屠某顾不得在场的官员，教训起自己的外甥忘恩负义，并且拿出当年的铁链来当证据。这时候，姚天官一点也不生气，转过脸对在场官员说道：我舅舅待我恩重如山，是他老人家小时就教育我好汉做事好汉当，要知错就改，我的确是让舅舅受罪了，这里我就向舅舅请罪来了。他一下子就脱光上身，双手恭敬地将杉毛刺递给舅舅。站在一边的府台见状，向申屠某道出了姚天官的良苦用心：其实姚大人将亲舅舅狠心押到浙江，是为了让府台知道桐庐灾情的严重，姚大人要帮的不仅是舅舅一家，而是整个在水深火热中的桐庐人。表面上他的确是委屈了亲舅舅，可这也是为了大义啊。申屠某这时才晓得自己一直都是误解了一手养大的好外甥。

（事见《桐庐民间传说故事》）

俞鉴捐躯土木堡

俞鉴，明桐庐水滨乡珠山俞家（今江南镇）人。少时勤奋好学，崇尚节气。8岁时听父亲读《出师表》，对诸葛武侯的慷慨义节钦佩不已。明正统七年（1442）中进士，授兵部职方司主事。第二年，奉命清理调度大同等处军政，处置缜密得当，取舍合乎情理。

明正统十四年（1449），蒙古瓦剌部率兵扰乱边陲，铁蹄深入宣化、大同等府。宦官王振再三敦促英宗亲征。当时郎中胡宁因为疾病，请俞鉴代他出征，俞鉴慷慨允诺。同僚因为他孩子年幼家乡又远，劝他不要远出。他厉声说："国事如此，岂能顾及身家！"回到家中，抚摸两个孩子头顶说："尔等当自长成人，我不能顾也。"兵部尚书邝埜向来知道他贤达干练，军中事务都与他商讨。俞鉴揣情度理，裁决如流。曾力劝邝埜奏请班师，皇上不听。七月十六，英宗驾抵大同，命平乡伯陈怀出阵与敌接仗，一战失利，上下震惊，匆忙逃回宣府（今河北宣化）。八月十三路经鸡鸣山时，与敌遭遇，成国公朱勇战败身亡。回到土木堡（今河北怀来县东）时，瓦剌骑兵从四面包围，英宗被俘。俞鉴自知难以身免，对家丁说，赶快回家禀报，我当以身殉国！随后跃马入阵，战死。

俞鉴为国尽忠，为友尽义，很得当时人敬仰。礼部尚书姚夔特写了一篇《书俞元器忠义记》，赞扬他"临难弗避，竭力捍难，可谓诚于事君也；忘危守信，利害弗较，可谓诚于交友也。诚于事君，非忠而何？诚于交友，非义而何？忠于义固元器之所素学、素存、素行，非矫揉于一时者。故谓事君致其身，生死见高义，如吾元器真可于古人中求之。"并作诗赞道：

亲扈銮舆事北征，朔风一夕偃南旌。

龙游沙漠分当死，马入穹庐义不生。

勒剑志枭渠贼首，运筹力挽至尊营。

满腔忠血如雷吼，化作天戈杀虏声。

明景泰元年(1450)，俞鉴赠承德郎，官封其子。正德年间，佥事韩邦奇题其衣冠冢："惟公事不避难，勇于死义。为臣以忠，卓哉无愧。"

（事见《名人与桐庐》）

"两脚书楼"姚建和

姚建和，字惟政，号学山，明桐庐至德乡（今瑶琳镇）人。他自幼遵循祖训，耕读传家。诗书六艺，无一不精；诸子百家，烂熟于胸。当时人称他"两脚书楼"。

清乾隆《桐庐县志》载："瑶琳洞，在县西北四十五里，洞口阔二丈许，梯级而下五丈余，有崖、有地、有潭、有穴；壁有五彩，状若云霞锦绮；泉有八音声若多鼓琴笙，人语犬声，可惊可怪。盖神仙游集之所也……"姚建和大多时间便在此读书，但生性闲淡，不思仕进，喜欢悠游林泉。

明景泰六年（1455）秋，姚建和在瑶琳洞前（今桃源村）创办了学山书院，自任山长，主持讲学。明代理学开山、"崇仁学派"创立人、当时著名的教育家吴与弼亲自为书院题额。

明宣德、成化年间（1426～1487），姚建和曾三次主持《桐庐县志》编修，为古今文人所罕见。著有《桐江诗话》3卷、《百咏集》等。

（事见《乾隆·桐庐县志》《桐江至德姚氏宗谱》）

沈周背临《富春山居图》

黄公望年过五旬隐居富春江畔，师法董源、巨然，潜心学习山水画，出名时已经是古稀老人了。扎实的文化功底，坎坷的人生经历，皈依全真教后对人生真谛的感悟，使黄公望把"毕生的积蓄"都融入到绘画创作中。他呕心沥血，历时数载，终于在年过八旬时完成了这幅被后人称为山水画"第一神品"的长卷——

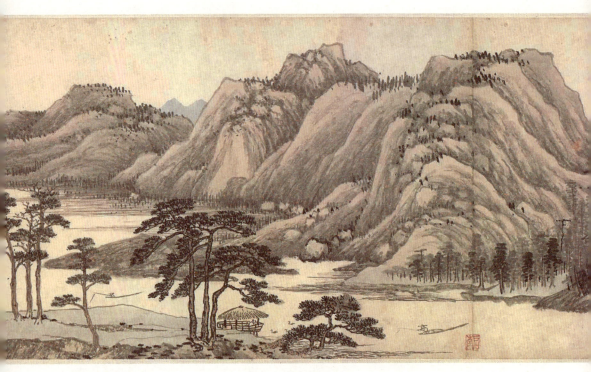

沈周临《富春山居图》（局部）

《富春山居图》。自从黄公望的《富春山居图》问世起，它就成为人们争相收藏的对象。到了明成化年间，《富春山居图》传到著名画家沈周手里。

沈周，字启南，号石田，长洲（今江苏苏州）人。明代杰出画家。得到了这件宝贝，沈周欣喜若狂，把它挂在墙上，一遍又一遍地欣赏，看着看着，就看出问题来了。难道画是假的？不，画是真迹，但画上却没有名人的题跋。于是，沈周开始策划由谁来为画题跋了。沈周一时冲动，根本没有去想这样做的后果。像这样的珍宝，藏都要藏在最隐蔽的地方，怎么能大张旗鼓地张扬呢，那不是等于招贼嘛。

果不其然，没等他找到名人为画题跋，画就莫名其妙地丢失了。沈周捶胸顿足，放声大哭，可是后悔已晚。千辛万苦弄到手的《富春山居图》，如今只剩下留在头脑中的记忆。沈周不愧是大画家，愣是凭借着记忆，背摹了一幅《富春山居图》。沈周背摹的那幅《富春山居图》，在民间流传了数百年，1996年出现在北京瀚海拍卖会上，北京故宫博物院以1000万元高价收藏了这幅名画。时到今日，沈周背摹的《富春山居图》已经和黄公望的真迹一样，被定为国家一级文物。

（事见《画中桐庐》）

吴洪裕火烧《富春山居图》

　　被沈周丢失的真迹《富春山居图》，犹如石沉大海，在相当长一段时间里没有消息。后来，它又出现了，被明代大书画家董其昌收藏。董其昌在晚年的时候又把它卖给了吴洪裕的爷爷吴正志，后来吴洪裕继承了《富春山居图》。

　　对于这幅画，吴洪裕喜爱到了痴迷的程度。自从从父亲那里得到了这件宝贝，他就爱不释手，恨不能随时随地带在身边。他还专门修建了"富春居"小屋，用于安放《富春山居图》。

　　一天，吴府上下一片慌乱，原来老爷吴洪裕病危了。寝室里，烛光摇曳，一家人围在病榻前，焦急地等待着老人的遗嘱。吴洪裕气如游丝，眼睛死死盯着枕头边的宝匣，家人明白了，老爷临死前还念念不忘那幅心爱的山水画。有人取出画，展开在他面前。吴洪裕的眼角滚出两行浑浊的泪，嘴唇颤抖，半晌才吃力地吐出一个字：烧。说完，慢慢闭上了眼睛。在场的人都惊呆了，老爷这是要焚画殉葬呀！

　　就在它即将被付之一炬的危急时刻，从人群里猛地蹿出一个人，抓住画用力一甩，愣是把画从火里抢救了出来，他就是吴洪裕的侄子吴子文。

黄公望 《剩山图》

画虽然被救下来了，却在中间烧出几个连珠洞，断为一大一小两段。没有别的修补办法，只能装裱成两幅画了。前段画幅虽小，但比较完整，被后人命名为"剩山图"；后段画幅较长，但损坏严重，修补较多，被后人称为"无用师"卷。稀世国宝《富春山居图》从此一分为二，分藏于浙江博物馆和台湾故宫博物院。

（事见《画中桐庐》）

吴嘉言"一针救两命"

明朝年间，分水有个郎中，名叫吴嘉言。他爷爷和父亲都是名医，他不但继承了家里的祖业，而且在医术上刻苦钻研，精益求精，医术超群，成了比他的爷爷父亲还要有名的名医。所以，前来求医看病的人是一拨又一拨。他呢，是有求必应，并且还不计报酬，经常为没有钱的人免费医治。

有一天，吴嘉言从分水东门外的一个山村里出诊回来，远远听见一片哭声，他抬头一望，只见从城门口抬出一口棺材。"谁死了？害什么病死的？"他连忙赶过去打听，才知道死者是个产妇，因难产而死。他朝棺材一看，只见缝隙里有一滴滴的鲜血往下滴，他一惊，急忙跑过去拦住道："快停下，棺材里面的人没有死，马上抢救！"众人一听都呆了，就连死者的家属也停止了哭声。大家心里暗想："人死了还能救活，你这郎中又不是神仙下凡。"突然有人说道："让他救救看也好。"但有的人说："开棺露尸是犯王法的呀。要是救不活，上面吃罪下来谁担当得起？"吴嘉言说："人死了是不会流血的，你们看，现在还从棺材里往外流血，证明她没有真死，是假死，还有救活的希望。管他什么王法，救命要紧啊。"这时，过来一个绅士，一听说要开棺，连连摇头说："使不得，触犯王法谁担待？"吴嘉言说："我担待！"绅士一听嘿嘿一笑说："你口出狂言，目无王法，你要开棺敢不敢立下生死文书？"话已经讲到这个份上了，有的好心人就连忙劝吴嘉言说："算了吧，已经人死落棺材，你何苦来担这种风险。"吴嘉言听后却说道："我是个郎中，救死扶伤是我的本份。见死不救，要我这郎中做什么。"说完拿来纸墨笔砚，当场给绅士立下生死文书。

棺材打开了，吴嘉言仔细地为"死者"检查了瞳孔和脉搏，又取出几枚银针往死者身上扎进去。接着又拿出药丸碾成粉末，用水调和，撬开"死者"的嘴巴，一滴一滴灌下去。慢慢地，慢慢地，"死者"抽动了一下，"唉"地吁了口气，再接着，眼睛也睁开来了，真的活了过来。这一下，大家悬着的心都"扑"地放下了。接着"哄"地一声欢腾起来，一拥而上，把吴嘉言围得个严严实实。

后来，产妇顺利地生下了一个白白胖胖的儿子，吴嘉言从阎王那里夺回了两条人命。这事被当地传为神话。从此，吴嘉言更出名了，这起死回生的故事也到处流传。他死后，人们为了纪念这位郎中的功绩，在分水东门为他立了石牌坊，上书四个大字"三世名医"。

（事见《光绪·分水县志》《悠悠分水》）

饒橄夢解賑之全活甚眾擢廣西廉訪副使繩貪墨雪冤獄
多異績累遷江西廉訪使後以亞中大夫河南宣慰副使致
仕隱於邑瑞雲山嘗著守官四銘周官考五卷春秋微三卷
今塘口莊姜姓其後裔也
姜志保台州臨海人至正間官邑尉兵亂道阻遂家於分水
黃元質淳安人父幌宋大理寺卿元質任分水校官遂家焉
子安官某縣教諭

方技

吳嘉言明時人以醫世其家精岐黃術授太醫院吏目當道
雅重之爲建三世名醫坊所著有醫學統宗三卷鍼灸原樞

人物

光绪《分水县志》

张复的《桐庐山水》

张复，字元春，号苓石、中条山人，明太仓（今属江苏）人。自幼师从钱穀学习山水画，上溯宋元诸名家，各取其长，无所不逮。晚年稍变己意，自成一家，为晚明吴门画派之名家。

《桐庐山水》卷为张复晚年的精品力作，该卷起笔于崇祯己巳年（1629）十月，告成于庚午（1630）仲冬，历时14个月。张复以长达12米的巨卷形式描绘桐庐山川美景，徐徐展卷如观胶片播放电影，画面以江流为脉络，沿江两岸峰峦挺秀，翠嵩重叠，百川汇流，平湖、峡川、飞瀑、流泉穿插其中，翠岗、溶洞相互掩映，山峦连绵、林木葱郁、亭榭宇塔与逶迤的江水相互映照，正是"山峡明镜中，帆浮翠屏间"，真可谓既有自然景致，亦有人文景观。

《桐庐山水》卷笔墨洗炼，气势苍雄，意境涵远。张复用笔方法多变，多以草篆笔法挥写，中锋、侧锋、秃笔兼施，将长短干笔皴擦与湿笔披麻融成一体，勾皴晕写，一丝不苟。几十数峰，一峰一状；数百株树，一树一态。洒脱而不失严谨的笔墨和自然不失奇绝的构图，将万壑千岩、奇峰异境浓缩于长卷之上，雄秀苍莽，极富变化。时已85岁高龄的张复老人在作完此卷之时仍感意犹未尽，于卷后题款中写道"是卷起自崇祯己巳十月，庚午仲冬止，此缘以衰病未能如命以尽余素，乞友翁老先生俯择刍荛或属高手补收严陵以外妙景，便成千古佳话矣。"

（事见《中国书画》）

圆通寺植树成公案

圆通寺（已圮）

圆通寺坐落于县城舞象山麓，是"两江一湖"风景名胜区中规模最大的佛教胜地，素有"浙西普陀"之称。它面临富春江，背倚舞象山，山谷笼翠，岩壑幽奇，梵宫深藏。

圆通寺建于唐贞观八年（634），初名紫竹林。宋祥符七年（1014）改为今名。寺中供奉的主佛是天竺观音像。寺内有泉，名称心。寺前有拱翠亭、一览亭等建筑。这座千年古刹在经历了多次历史的洗礼和岁月磨砺，前后于明洪武，清顺治、雍正、乾隆、光绪年间修建或重建、扩建。

昔有一老僧，在寺庙通往外界的路上种植上万株松树。当地老百姓认为，这些松树长大后，会遮挡阳光，不利于庄稼生长，就将这老僧告到县衙。

县太爷接到讼状，便把老僧叫来问话。老僧以诗作答道：

> 本不栽松待茯苓，只图山色镇长青。
>
> 老僧他日不将去，留与桐江作画屏。

县太爷听后，觉得老僧有理，诉讼一事就此作罢。

（事见《万历·严州府志》《民国·桐庐县志》）

李坚"小民爱之"

李坚，唐县（今属河北）人。明正统末进士，天顺年间（1457～1466），英宗朱祁镇下诏各地收罗奇珍。时任监察御史的李坚认为，此时应当休养生息，便上疏予以制止。李坚因此得罪朝廷，降职做了典史，成为县令的"不入流"、无品阶佐杂官。

后来，李坚提拔任桐庐知县。他精通法律，听断明决。遇事敢作敢为，不避权势。又曾捐俸建便民仓，以济民困；均徭省役，以缓民力；政修务举，威惠并行。乾隆《桐庐县志》上说，数十年来，桐庐县知县没有能比得上他的。甚得"小民爱之"。

不久，李坚去京城朝觐皇上，不幸途中去世。李坚死了以后，郡太守张永痛哭道："清官亡矣。"

（事见《万历·严州府志》《乾隆·桐庐县志》）

俞谏放生

俞谏，明桐庐孝泉乡(今富春江镇俞赵)人。他的父亲俞芪因为读书而走上仕途。俞芪回到故里，首先想到的是要建一座书院，让子孙把"耕读"之风传下去。

书院建在哪呢？他想到了湖塘山，那里不仅清净秀丽，还有"泛舟天际之象"。

一天，俞荩上山察看书院施工进展，随同的俞谏却走进工棚关心起匠艺们的吃住。时值正午，一个工匠为了改善生活，从太湖塘里捞来螺蛳打打牙祭，屁股都剪好了，正准备下锅。俞谏见螺蛳把头拱出，憨态可掬却令人生怜，便有了恻隐之心，劝道："螺蛳虽小，也是生灵，你这般剪了屁股，又到锅里爆炒，于心何忍？"工匠听了他的话，将螺蛳交给俞谏。俞谏手捧螺蛳，把它们放回太湖塘里。这些剪了屁股的小家伙仿佛得了神助，爬在水草上晃得有滋有味。从那以后，太湖塘里的螺蛳全变成没有屁股的了。此事让书院旁边寺庙里的高僧知道后，大加赞赏，说："夫八纮之外，六合之中，始自生灵，及乎昆虫，神安则存，善有善报！"

俞谏自幼聪颖，刻苦好学。太湖书院建成后，为心无旁骛地博览群书，他让父亲撤掉书院楼梯，一个人吃住在书院楼上。三年中，他没有下过一次楼，更不知楼外春去秋来。蓬头垢面的他，每天就着母亲熬制的酱下饭，枕着经史而眠。后来终于修成正果，高中进士。

（事见《桐庐民间传说故事》）

俞谏生擒王浩八

明弘治三年（1490），俞谏高中进士。他为官20余年，从七品知县做起，为官清正，被誉为"东藩第一令"；南剿北抚，为大明立下汗马功劳；不畏权势，砥柱大明于将倾，最后跃居从一品，成了桐庐历史上品秩最高的官。

正德八年（1513），姚源王浩八率众民变，武宗命俞谏替代陈金督江西、浙江、福建诸军讨伐。当时王浩八虽被同知伍文定等所败，逃亡江西德兴，但又收复余众，连营十里，占领贵溪裴源山。俞谏于是下令王秩与副使胡世宁、参政吴廷举占领各地要害，尔后亲自与都督李镟乘夜冒雨进攻，后攻破并俘虏斩杀数千人，生擒王浩八。剩下散兵游勇逃亡姚源，俞谏命吴廷举等进剿逼擒。

随后，民变之事仍然不休，王垂七、胡念二等继续叛乱，杀害按察使司副使李情及饶州通判陈达、秦碧、指挥邢世臣等。俞谏再次率兵平乱，并兼任江西巡抚。次年出击临川民变，后升右都御史，仍兼江西巡抚。据《万年县志》记载，江西平乱后，是俞谏奏请朝廷设立东乡、万年二县，分治地方，抚安人民，得到了朝廷认同。

俞谏任上，正值皇帝昏聩、宦官刘谨擅权、朝政日非之时，天下流民四起造反，俞谏站在尊王忠君的立场上，南征北战，不但经学淹贯，而且敏达过人。《两浙名贤录》称："俞谏博古通今，才兼文武，虽古代之名将良相，亦不能超出其右。"

（事见《万历·严州府志》）

俞谏三次弹劾宁王

嘉欣园台门

江西是明代皇族宁王的世袭领地，传至宸濠已是第四代。历代王爷依恃皇权，骄横跋扈，无恶不作，至宁王宸濠更甚。宸濠为了篡夺皇位，大力扩充恶势力，江湖上的大盗、贼首也被招入府中，称为"把势"。这些人率领众匪徒四处打家劫舍，横行乡里，欺压百姓，鱼肉人民。俞谏一到江西就发现这一问题，查明真相后，即条陈宁王罪状，送往京城恳求皇上降旨严办。正德皇帝看了奏章后，只是下谕宁王改过自新。宸濠接旨后不但无动于衷，反对俞谏怀恨在心。

正德十年（1515）正月十七，宸濠妄称朝廷有紫龙金、狮蛮带等物恩赐，要俞谏率百官去王府迎接朝贺。俞谏以"国无此定例不便从命"，予以拒绝。宁王再派人去请，俞谏提出如须迎接必须事先验明真假。经过查验，确非内赐紫龙金。戳穿了阴谋后，俞谏当即告退，并将此事上疏朝廷。想挟持俞谏，而俞谏不肯就范，宁王仍不甘心。

同年六月十四，宁王又假称自己生日，邀卧病在床的俞谏率百官赴宴庆贺。俞谏以《大明会典》无此例，拒不从命，并晓谕各官，非万岁圣寿、元旦拜节，任何人不得妄为。俞谏耳闻目睹宁王之不法，加之他自己巡抚江西后，"欲兴利动，即扼于宗藩；欲革一行，每阻于王府；政涉乘方，事多肘掣"，连续向朝廷上了《为乞禁藩王僭逆事》《为藩王恃势残民以伤国体事》《为申礼典杜僭拟以正纲常事》三道奏章，弹劾宸濠僭妄擅权、逞威淫纵、恃势残民、窃取国柄、图谋篡位的罪行。

《桐庐县志》收录了这三道奏章。每每读之，俞谏对于朝廷的忠心可谓溢于言表："事涉亲藩，言出祸随，予非不知，曲顺足以免祸，然窃以为个人一身之患小，而纲常之系，国家之事大，故仍昧死复为陛下陈之。"但宁王是皇室宗亲，在朝中又有钱宁等人为援引，上下勾结，俞谏后来所上三道奏疏均未上报皇上。宁王又唆使御史张山反告俞谏，逼使其辞官告归。尽管俞谏弹劾不成反丢了乌纱帽，但他不畏权势，不怕丢官，与称霸一方的宁王宸濠进行了不屈不挠的抗斗，在当时的历史条件下，还是值得称赞的。

（事见《万历·严州府志》《乾隆·桐庐县志》）

俞谏的"金銮殿"

俞谏辞官后，回到老家俞赵。他兴办义学，新建宗祠，过着半耕半隐的生活。在这期间，宸濠等并没有放弃对俞谏的诬陷。宗祠破土动工不久，兰溪的一个官员向皇上举报，说俞谏胆大妄为，竟然在老家建造金銮殿。私造金銮殿，那就是图谋不轨。正德皇帝为查清事实，暗派官员到俞赵调查真相，幸好有一太监把此消息密告俞谏。俞谏知道欲加之罪，何患无词。事关重大，他亲自察看了建设中的宗祠，发觉宗祠建得是大了点，马上让族人缩减规模，多余用地一夜之间播种荞麦，等调查人坐船到俞赵时已是一片绿油油的麦苗。由于查无实据，俞谏躲过了一劫。

俞母是个贤惠之人。儿子当的什么官，又为什么辞官，她一概不过问。先前，儿子回家省亲，坐船停在螺蛳库码头，桅杆上有标记，来往官员就相约来访。儿子把一支金批箭挂在止车门口，大小官员来到止车门，见了金批箭就跪着求见。俞谏这一次闲居在家，5年里已是"门前车马稀"了。

一天，止车门前突然有一官员长跪不起。事情报给俞谏，俞谏觉得自己已是平头百姓，也不知道那人为谁下跪，便不去管他。三天后，那官员还在跪着。俞母发话了，去看看怎么回事？俞谏过到止车门一看，原来跪着的竟然是前些年诬告他的兰溪官员。那官员一见俞谏，又是磕头又是求饶。俞谏不明就里，出于礼节，还是客客气气地请他起来。

原来，正德十四年（1519）六月，宸濠假称奉太后密旨，起兵入朝监国，公开叛乱。朝廷派遣王守仁督军讨平。正德十六年武宗病逝。世宗登位，下旨让已回乡5年、赋闲在家的俞谏官复原位。

（事见《桐庐民间传说故事》）

俞谏接济文征明

明代画家、书法家、文学家文征明是长洲(今江苏苏州)人。文征明小时候不聪明，随着长大，越来越聪颖异常。跟着吴宽学习文章，跟着李应祯学习书法，跟着沈周学习画画，他们都是他父亲的朋友。他又和祝允明、唐寅、徐祯卿等人相互切磋，名声一天天大起来了。

俞谏官复原位，总督漕运兼巡抚淮、扬。在扬州任上，俞谏得知辖内有一个叫文征明的，很有才学，但家境不够宽裕。父亲死后，当地官员百姓集资1000两银子作为办丧事的费用。文征明当年16岁，全都谢绝了。官员百姓于是修复老旧的"却金亭"，来合祭前太守何文渊及他父亲，并记载了文征明谢辞千金的事情。俞谏认识文征明时，发觉他生活比想象的还要清苦。一个偶然的机会，俞谏便想借故接济他些钱，便明知故问："征明老弟，早晚有什么困难吗？"

文征揣着明白装糊涂，答非所问："禀大人，草民早晚都有粥喝"。

俞谏又指着他的衣服问："怎么破成这个样子？"

"不好意思，"文征明装作不懂，回答："因为刚下雨时弄脏了。"

俞谏深知他清高，不肯随便收受恩惠，最后也没敢说出送钱的事。

（事见《明史·文征明传》）

文征明书法条屏

俞泽"家贫如洗"

在明代官场上，有这样一个人，他清正廉洁，去世的时候"家贫无以为殓（没钱买棺材入殓安葬），惟遗书满架而已"。他就是俞泽。

俞泽，字益之，明代桐庐质素乡缑岭（今横村镇后岭村）人。他自幼颖悟，读书也非常用功，"为文下笔立就"。英宗天顺八年（1464）高中进士，并被任命为兵科给事中。给事中是明代参与军事监察的官员，近侍皇帝左右，辅助皇帝处理兵机奏章，稽查兵部的违误，并有建言进谏之责。官的品秩不高，但"驳正制敕违失"的权力很大。俞泽任给事中期间，对他有"遇事敢言，不避权贵"的评价。

成化年间（1465～1487），宪宗曾命俞泽入"登闻鼓院"（官署名，隶司谏、正言），负责管理文武官员及老百姓的章奏表疏。俞泽在掌受士民的上疏中，发现多起冤狱。他怀着还民清白之心，经上司应允，会同提刑辨决冤狱，终使蒙冤百姓获得平反昭雪。成化六年（1470），俞泽经吏部三年考绩，获得有"历年滋久，茂著才猷"之褒奖。不久奉命去新野、南阳、襄阳等府县，抽查征税机构征税事宜。他发现有些地方仅隔十里即树厂（指设征税机构），把商贾中的懦弱者作为攘夺对象，有的竟贪没他们的全部货物，老百姓怨声载道。俞泽果断地一一给予革除，缓和了民心。

宪宗见俞泽清正有才华，一回京，即任命他做了兵科主管。当时，受皇帝宠信的宦官王泗吉党同伐异，凡不依附自己的统统予以排斥，大家敢怒不敢言。俞泽发现这一问题后，毅然上疏弹奏王泗吉。俞泽的这次弹奏，让王泗吉心怀怨恨。不久，王泗吉假借"讹误（做错某事造成耽误）"之名，将俞泽贬职到滁州任州判。然而，未等到任，俞泽就因病去世了。

（事见《乾隆·桐庐县志》）

方礼进献《耕阜图》

方礼，字思义，号丹泉，元末明初定安乡（今桐庐江南镇石阜村）人。他爱学诸子百家典籍，善诗词，为人仁厚好施，深受乡亲爱戴。元朝末年，战乱频繁，田地大多荒芜。元亡，明朝建立，太祖朱元璋即命官勘验荒地，令军士到各地，一面开荒种地，一面负防守之责，谓之军屯。然而，军屯常有扰乱地方、侵害百姓之事发生。方礼见此，便放弃平时研文作诗之乐，向上提出"包荒"之法，改"军屯"为"民屯"。为了发动更多的人投入垦复荒芜之地，他亲自绘制了《耕阜图》，并备了多种播种法，吟成《劝农歌》，不辞劳苦奔赴各地劝耕，并身体力行率家人带头垦荒。四乡农民为之感动，纷纷响应垦荒，不仅使桐庐江南一带的荒地很快得以复垦，而且屯军扰民之灾也随之被消除。地方出现了"民耕物阜"安乐太平的兴旺景象。据清乾隆《桐庐县志》记载，明洪武年间，方礼还在县东南13里建了一座方家桥，邑人甚是感激。

方礼劝民垦荒取得如此大的成绩，浙江巡抚康里山子得知后，向朝廷推荐任以官职。方礼又绘了一幅《耕阜图》送上，以辞子山。并作诗以表其志："乐隐固辞轩冕，谋生且学耕耘。高风千古许谁论，堪与严陵相并。南亩乘时播种，落英到处缤纷。此间离乱未曾闻，仿佛桃源风景。"

方礼阐明了他要像"不事王侯，耕钓终身"的严子陵那样，坚持"有志劝农稼穑，无意离乡为官"的志向。这幅《耕阜图》送至京城，京师士林竞相争阅，赋诗赞颂。据《桐庐县志》记载，当时吟咏《耕阜图》的诗文颇多，为了扩大影响，由长史郑楷为序，翰林郑棠为跋，编印成专集，向社会传播，以劝民耕。可惜这些劝耕诗文大多已散失，少数尚存。

（事见《乾隆·桐庐县志》《地名史话》）

百岁村里百岁坊

分水镇百岁坊村

明嘉靖年间，分水县生仙外乡诸睦村有一户人家姓何，一家四口，父母和一儿一女，日子过得平平淡淡也开开心心。慢慢地，儿女长大成人，经媒人说合，儿子何瑗与邻村一个姓俞的姑娘相识，不久便上门求亲订婚，定了成亲吉日。可是，好事多磨，定亲不久，何瑗被征招入伍。

婚期临近，何瑗当兵未回。按照当时的礼教，行了聘定了亲就不允许更改变动，必须从一而终，才能保全"贞节"。于是，只好由何瑗的妹妹代替哥哥拜堂成亲。婚礼完成以后，姑嫂两人日夜相伴，与父母和睦相处，一家人只等何瑗早日回家团聚。然而，等来的却是何瑗战死的消息，全家人哭得死去活来。

时间一天天过去，两个老人先后去世，剩下姑嫂两人相依为命。这件事情被分水县官晓得了，上书朝廷，奉旨建造"双节坊"。

姑嫂两人因为没有子嗣，就将养蚕的收入和一部分田产变卖，广做善事，行善积德。她们出资开了一条水渠，引水进村；在村南修建堤坝，抵御洪水。姑嫂两人都活过了百岁。到万历年间，为纪念姑嫂的事迹，又建起了牌坊，名"百岁坊"。因为百岁坊的名气太大了，慢慢地就变成了村庄的名字，诸睦村的村名倒是不太有人晓得了。

（事见《光绪·分水县志》）

章璟安"布衣"使交趾

光绪《分水县志》

章璟安，明茂山（今百江镇罗山村）人。洪武三年（1370），章璟安以"布衣"身份出使交趾，是我国较早的外交使者之一。

交趾，又名交阯，中国古代地名，位于今越南境内。"交趾"一名在南越时代已有之。汉武帝元鼎六年（前111），汉武帝灭南越国，并在今越南北部地方设立交趾、九真、日南三郡，实施直接的行政管理。东汉末年，占族人有个叫区连的杀死汉朝县令，宣布交趾独立。明洪武三年（1370），不知出于何种原因，朝廷委派一个没有一官半职的"布衣"章璟安代表政府出使交趾。

《罗溪章氏宗谱》记载了章璟安随张辅远征占城时朝中官员送行的6首诗，其中临江萧原德诗云：

奉使曾闻八月槎，喜君今复赋呈华。
天连南粤山河固，地接占城道路赊。

德意广宣明主诏，欢声交动远人家。

此行定见还京蚤，看尽春风上苑花。

永乐初，章璟安由选贡授兵科给事中。

占城，又称占婆、占波，是占族人于今越南中南部地区建立的古国。占城于汉永和二年（137）由区连建立，中国典籍称为"林邑"。到了唐朝，出现过"占波"、"瞻波"等叫法。唐朝中期，曾称该国为"环王"。到了9世纪以后，该国常以"占城"一名出现在中国和越南的史料之中。14世纪时期，该国国势一度十分强盛，占城国王制蓬峨曾三次率军攻陷越南陈朝的首都升龙。但在制蓬峨死后，旋即遭到了越南的反击，国势转衰。

永乐四年（1406），中越两国交恶，明成祖朱棣决定用兵安南。张辅（1375～1449，明朝名将。字文弼，今河南开封县人，后封英国公）率章璟安指挥了这场战争，征服安南后，设立安南郡，章璟安为太守。张辅和章璟安在安南前后经营了10年，他们以其军事才能打赢了这场战争，使之成为中国古代对安南用兵中最为成功的一次，也是中国古代对外战争中打得较为成功的一次。

到了明宣德年间，当朝放弃占城统治，章璟安返回京城，官复原职。

（事见《光绪·分水县志》）

王阳明严滩问答

王守仁，字伯安，别号阳明，绍兴余姚（今属宁波余姚）人。明弘治十二年（1499）进士，官终南京兵部尚书、都察院左都御史，著名思想家、文学家、哲学家和军事家。王守仁（心学集大成者）与孔子（儒学创始人）、孟子（儒学集大成者）、朱熹（理学集大成者）并称为孔、孟、朱、王。

王阳明生前两次"过钓台"。第一次是明正德十四年（1519），他在平定朱宸濠之乱后，押送战俘行色匆匆途经严子陵钓台。第二次过钓台，是在明嘉靖六年（1527），他就任两广总督。这一次，他在两位弟子钱德洪和王汝中护送下从绍兴经杭州，然后溯钱塘江富春江而上，又在桐庐知县沈元材、建德知县杨思臣的陪同下抵达严滩。王阳明二过钓台，写下了《复过钓台》一诗，表达了对钓台的向往与眷恋，对严子陵的敬仰与追慕。

王阳明的两位得意门生之所以一路护送至此，除了对恩师的敬重之外，另一个重要原因是希望领受更多教诲。

尽管临行前王阳明已向他们着重阐释了四句教义，可他们依然一知半解。于是，王汝中又以佛家实相幻相之说求教于先生。王阳明回答道："有心俱是实，无心俱是幻；无心俱是实，有心俱是幻。"王阳明进一步阐述了本体与功夫关系：本体（良知）是功夫（致良知）的先天根据，功夫以本体为出发点和前提，并在过程的展开中以本体为规范，这与心学"尊德性"的主张是一贯的。这样，从本体上说功夫，必须设定本体的存在（有心俱是实，无心俱是幻）。与此同时，本体唯有通过切实的致知过程，才呈现为真实的根据。

王汝中接着恩师的话，试探着问道："前所举，有心就是实，无心就是幻，是就本体上说功夫；无心就是实，有心就是幻，是就功夫上说本体。"

王阳明莞尔一笑，表示赞同。并再

《龙溪王先生全集》

次嘱咐两位弟子："二人正好互相为用，弗失吾宗。"稍停片刻，又重申道："可哉！此是究极之说。汝辈既已见得，正好更相切磨，默默保任，弗轻漏泄也。"

钱德洪当时没明白，"此后数年用功下来，才知道本体、功夫其实是合一的。只是先生当时因被人问起偶尔说的，我等儒者如果要指点别人，就不必借用这种说法立论了。"

这一番严滩畔的师生对话，让两位弟子视若珍宝，事后均撰文记述。后人将其命名为"严滩问答"。"严滩问答"、"天泉证道"、"南浦请益"是王阳明去世前一年在两个月中向其弟子"传道授业"活动，是王阳明学问的总结性概述，充满着辩证的哲学思想。"严滩问答"更像佛家偈语，令人久久回味。

（事见《龙溪王先生全集》）

邵灏拼死护孔庙

邵灏，字惟清，桐庐县钟山乡人。明正德三年（1508）选贡，正德六年（1511）任高唐州（今河北聊城）学正（主管地方教育的官员）。

这一年，山西李华等率众造反，刘瑾余党也以"杀富户，济穷困"为名聚集乱军数千响应。战火烧到高唐，知府望风而逃，刘瑾余党便在城内恣意焚戮。

闻知乱军准备火烧孔庙，邵灏冠带整齐，站在孔庙前。一队乱军冲来，他临危不惧，竭力制止他们的行为："圣人之庙不可毁也。"这些人正杀得眼红，哪里听得进去，其中一个不分青红皂白，上来就朝邵灏头上一刀砍去，邵灏顷刻血流满面。邵灏儿子邵骞见状，立马挺身挡在父亲前面。这厮仍不罢休，手起刀落，砍下邵骞右臂。

这时，刘瑾余党中有一个人站了出来，挡住那个砍杀邵灏父子的人，劝道："这官，保卫圣人，义也；其子护卫父亲，孝也。我们还是暂时不毁圣庙吧。"

由于邵灏父子拼死保护，高唐孔庙才幸免于难。那个挡住砍杀邵灏父子的人临走恐有人继续到这里破坏圣庙，留下一箭，作为警示。后来的乱军果真敛手如约。

（事见《乾隆·桐庐县志》）

何尚恩抗倭

明嘉靖三十三年（1554）清明节后，有一股倭寇经於潜朝分水过来，一路上烧杀抢夺，侵扰村庄。

倭寇侵入分水的消息传到县城，城里老百姓人心惊惶。知县陈应选是一个文弱书生，得知倭寇马上要到了，也大惊失色，他连忙召集心腹商量怎么对付。大家一致推荐当时因为守孝恰巧闲居在分水的广东省德庆州州判何尚恩。这人能文能武，向来有用兵的谋略，在广西柳州任职的时候，曾经奉两广军门的檄文剿贼，战功卓著，上司都很器重他。

陈知县立马登门，何尚恩也当场提出了自己的想法：我们没有能征善战的兵勇，这个仗只能智取，不可硬拼。倭寇沿天目溪一直下来，必定要经过黄潭山下的五里亭，这个地方山势险要，山高壁立，路下江水汹涌，道路狭窄，只能够容纳一人一骑通过。只要在这里设下埋伏，路上多挖陷坑，倭寇肯定过不了。河滩上树多又盛，在那里多设旗鼓，擂鼓呐喊，虚张声势，倭寇就弄不清实际情况，肯定会吓慌，那样的话我们就可能胜利。陈知县觉得很有道理，马上与何尚恩一道去五里亭安排具体事宜去了。

黄潭山下有供人歇息的凉亭，离县城五里，故名。它在大坞口与排坞之间。山虽然不是很高（海拔378米），但山势陡峭，是分水通往於潜的必经之路。何尚恩察看地形后，有条不紊地分配任务，有的在道路中挖陷坑，有的往山上搬石头。众志成城，不到两个时辰，就把伏击地段安排得十分周密，如同布下了天罗地网，只等敌人的到来。

傍晚时分，一群倭寇气势汹汹地从南堡过来，何尚恩立即指挥大家隐蔽在树林、草丛里，顿时人声肃静，只听江水哗哗东流。当倭寇进入伏击地段，前边一个骑马的倭寇跌入陷阱时，何尚恩令旗一挥，"乡亲们，杀啊！"喊声像晴天霹雳一样响了起来，顿时山坡上的兵民踞高临下，弓箭齐发，大大小小的石块像骤雨一般地飞向山下，漫山战旗挥舞，战鼓齐擂，呐喊声震天动地，尘土飞扬，好似天兵神将从天而降。打得倭寇人仰马翻，鬼哭狼嚎，乱成一团，死的死，伤的伤，活着的丢刀弃剑，回头拼命逃窜。乡民们挥着刀、矛、锄头、铁耙，像猛虎一样冲下山来，抓获了一些倭寇。其他一些倭寇朝岭源乡汤安岭（即探汉岭）六管潜伏（东辉一带）方向逃去了。到达蒿源时，又遇到了按何尚恩预先布置埋伏在那里的数十个强弩手的伏击，又死伤了不少。侥幸没有死的倭寇落荒而逃。自此后，倭寇再也不敢进犯分水了。分水抗击倭寇的胜利，对倭寇是一次沉重的打击，大灭了敌人的威风，大长了国人的志气。

（事见《光绪·分水县志》）

光绪《分水县志》

严嵩镌石严陵祠

严嵩，字惟中，号介溪，明江西分宜人。弘治进士，由庶吉士授编修。正德末，由南京翰林院召为国子祭酒。嘉靖中，历任南京礼部、吏部尚书。二十一年

（1542）擢武英殿大学士，入直文渊阁，仍掌礼部事。他用计杀害夏言、曾铣两人后，进入内阁为首辅。在内阁凡21年，与子世藩和赵文华等爪牙专擅国事，排斥异已。然而，这个一心篡权夺力的奸臣，来桐庐也登钓台拜谒一生不慕名利的严子陵先生，并写了一首《严陵祠》诗：

> 严陵七里滩，叠嶂俯澄湾。
> 云物澹堪尝，风标邈未攀。
> 龙飞初白水，鱼钓徂春山。
> 千岁见孤庙，苍苍烟雾间。

相传严嵩盛时，桐庐县令取此诗镌石，竖严陵祠前，以供人参观。到了嘉靖四十一年（1562），御史邹应龙、林闰等上奏其子严世藩奸状。世宗大怒，下旨诛杀严世藩及其子严鹄、严鸿，其他子孙皆降为民，严嵩致仕。严嵩倒台后，桐庐人马上将此石碑击断沉于江底。由此看来，不用说石碑，即使金碑、银碑，没有人民大众的认可，也迟早会被击碎。

（事见《富春江游览志》）

丘驼"成仙"

桐庐有个姓丘的人，因为小时候得了伛偻病，成了驼背，村里的人都叫他"丘驼"。丘驼家贫，平常以摆渡为生。但他心地善良，如果身无分文的，过渡人说是赊欠，丘驼点头含笑，从不计较。

有一天晚上，对岸有人急切呼叫，需要摆渡，丘驼马上撑船过去。到了对岸，并不见人影，只有水声和风声。丘驼无奈，只好撑船回来。不一会，对岸呼叫摆渡的声音又起，丘驼又划船过去，结果仍然什么都没看见。丘驼摸索着上岸寻找，也没有发现有人。丘驼拔篙准备上船，忽然被什么东西绊倒在地。他仍毫无怨言，站立起身，顿觉体态舒展，本来的驼背，居然在顷刻间直了起来。此后丘驼摆渡如常。

过了很多年，丘驼老死在渡船上。

很久以后，丘驼在衢州做生意的邻居回家。路上碰到丘驼，只见他神采奕奕，和一处士同行。丘驼见邻居也非常高兴，和往常一样交谈起来。末了，丘驼托邻居带旧鞋一双回家，并赠送邻居一双新鞋，让他穿上。邻居穿上新鞋后，足底生风，快步如飞，不日回到桐庐。

邻居回到桐庐，便将那双旧鞋交给丘驼的老婆。丘驼老婆大吃一惊，说："这鞋是丘驼入殓时穿的那双。"于是，打开丘驼坟墓，发现里面空空如也，只留下一个竹制的"通关信幡"。

邻居回过头来，那双丘驼所赠的新鞋化作双鹊，冲天而去。大家都说，丘驼善有善报，成仙了。

（事见《万历·严州府志》）

陆容公断江浒案

2012年版《罪惟录》

明弘治年间，有一对夫妇，男的姓陈，以饲养毛猴、耍"猴狲把戏"养家糊口。一天，夫妇俩投宿于桐庐江边的一个渔家。渔家地处偏僻，一家三口，老妇和两个成年但尚未婚娶的儿子。饭后闲谈时，老妇对陈某说："你们靠耍猴狲把戏为生，收入肯定不高。不如和我们一起捕鱼，生活会好很多的。"陈某觉得在理，就留了下来。

一天晚上，渔家兄弟叫上陈，前往江上捕鱼。趁着月黑风高，渔家兄弟杀了陈某。回家后告诉陈某妻子："你的丈夫被老虎叼走了。"陈妻失声痛哭，但心知肚明，肯定被这兄弟俩谋杀了。渔家老妇图穷匕见，借机提出："你现在无依无靠，不如做我的儿媳吧。"陈妻死也不从，回绝道："相公必定是你们害的，我要到衙门告去。"

渔家兄弟惧怕杀人事发，索性将陈妻及他们饲养的毛猴一并沉水溺死，找了口棺材草草掩埋了。当焚烧耍猴的篾圈时，竟然怎么也烧不着。

隔了两天，棺材里的陈妻不断吐水，迷迷糊糊，觉得旁边有人踢她，醒后才知道是自己饲养的那只毛猴。原来毛猴装死，骗过了兄弟俩。陈妻和毛猴爬出棺材，在江堤上还找到了以前耍猴的篾圈。此时，刚好有官船经过，陈妻高喊："冤枉——"官船不予理睬。于是，陈妻和毛猴一路走一路讨饭来到桐庐县城。在县城，她把夫妻俩在渔家的遭遇告诉行人，听到的人无不觉得可怜。

参政陆容那天刚好因公经过桐庐。陆容何许人也？成化二年（1466）进士，开始做南京主事，后来提拔为兵部职方郎中。敢忤权贵，刚刚升任浙江右参政。这陆容听了陈妻的讲述，准她诉讼，以焚而不毁的篾圈为物证，让渔家兄弟认罪伏法，陈妻冤案昭雪。

（事见《罪惟录》）

汪九龄捐资办学

汪九龄，字良永，号西泉，桐庐坊郭（今桐君街道）人。明正德十一年（1516）乡试中举，出任广东肇庆府推官。他掌管刑狱、纠察，非常注重调查研究，弄清事实真相，不畏上不蒙下，坚持秉公执法，平反了不少冤案。当时两广刑事、民事案件频发，当地如果碰到疑案，也都请汪九龄协助侦办。他求证精确，推置审慎，细密不疏，有"两广节推"之称。后来，汪九龄提拔调任南京山西道御史，两年后辞官养归。

嘉靖年间，桐庐知县吴宗泽为扩建县学宫的道路，因牵涉辞官回乡的汪九龄家的园墙，带着本乡绅士及学生，登门拜访汪九龄，与其协商，用县衙的习射之地与汪府的园地交换。汪九龄弄清楚吴知县的来意后，欣然应允。他不但把地换了，还捐资在学宫内建造了泮池，给学生们创造一个更好的学习环境。

汪九龄去世后，他的儿子汪大成又捐了很多钱，为学宫建戟门、造学路牌坊。

桐庐学宫位于原桐庐中学校址上。明嘉靖三十一年（1552），魏大用知桐庐时觉得汪九龄这种不为私利、捐资兴学的义举值得褒奖，立石碑《汪御史修学碑记》记之。石碑高2.24米、宽0.96米、厚0.25米，1962年被桐庐县人民委员会公布为第一批县级文物保护单位。

（事见《乾隆·桐庐县志》）

何宗备妻妾共扶持

福建莆田县丞何宗备是明严州分水（今桐庐县分水镇）人，娶妻汪氏，妾曹氏。何宗备在莆田做官期间，清正廉洁，政通人和。对何宗备为官，老百姓唱道："棘之森森，兰失其处。唯丞来兮，捍我牧围。禁暴戡奸，民安故所。"意思是，当下社会到处都是荆棘，根本没有兰草生长的环境。只有何县丞来了，我们才有了安身立命的地方。他禁止横征暴敛，让为非作歹的人有所收敛，老百姓安居乐业。

后来，何宗备病重，当时汪氏25岁，曹氏仅17岁，妻妾两人到处为夫君祈福。在神像前，两人声泪俱下，愿意折己寿以延长丈夫生命。妾曹氏偷偷地对汪氏说："假如夫君有个三长两短，夫人千万一定会守节的。妾虽低贱，但主人待我恩重如山，我不忍心抛下一家老小，愿与夫人一起侍奉姑婆终老。"

汪氏听后，泣不成声，说："你有这样的想法，我无憾了。"两人轮番照料，奉侍汤药，无微不至。

后来，何宗备死于莆田县丞任上。汪氏经请示姑婆后，为夫立嗣（过继的儿子）。妻妾两人齐心协力，孝敬姑婆，一起含辛茹苦把嗣子养大成人。

（事见《严州府志》）

五云再现出状元

光绪《分水县志》

五云山古称龙口山，唐代状元施肩吾曾在此读书。相传，一日五色祥云显现上空，人传为大魁之吉兆。唐元和十年（815），施肩吾进京赶考果然一举夺魁。

自从施肩吾高中状元，五云山便誉满天下，慕名来的访客络绎不绝。明朝万历三十四年（1606），广东孝廉黄士俊进京赶考途经分水，造访同乡分水县令卢崇勋，当天寓住五云山。无独有偶，五云山上又现五色祥云，卢县令与黄士俊谈起有关当年施肩吾的轶事，黄士俊非常兴奋，当即赋诗：

五云山上五云开，昔日肩吾今又来。

姓系虽殊名则一，世人莫作二人猜。

第二年黄士俊果然状元及第，成就了五云山上又一佳话。

（事见《严州府志》）

徐霞客保安行

徐霞客，名弘祖，字振之，号霞客，明朝南直隶江阴（今江苏江阴市）人。明地理学家、旅行家和文学家，地理名著《徐霞客游记》的作者，被称为"千古奇人"。他从万历三十六年（1608），22岁正式出游，直到54岁逝世，绝大部分时间是在旅行考察中度过的。

徐霞客第四次途经桐庐线路

明崇祯九年（1636）深秋的一天，袋口桥上来了三位客官。为首的是个"老童生"，一袭对襟长袍，儒儒雅雅。时近正午，他招呼挑夫、书童停下，歇个脚打个尖。书童递上笔墨，"老童生"在他随身携带的游记本上记道："下马岭，南二里为内楮村坞，又一里为外楮村坞，从此而南，家家以楮为业。随山坞西南七里，过兑口桥，歧分南北，南抵应渚埠十八里。兑口之水北自于潜，马岭之水东来，合而南去，路亦随之。"也许"老童生"在打听桥名的时候没有弄清楚是"袋"还是"兑"，也许"老童生"觉得"兑"更雅一点。

这位"老童生"便是明代著名的地理学家、旅行家和文学家徐霞客。这天（十月初五），徐霞客鸡鸣起床，一行人从新登出发，翻越马岭，进入保安源。一路上他发现，在这"山高皇帝远"的地方竟然盛产"楮"树，当地人也以造纸为业。其实，徐霞客走马观花，并不完全知道造纸业在当时的分水一带已非常发达。

徐霞客简单地吃过午饭，继续南行。经保安坪，到玉涧桥。玉涧桥刚刚建成，以桥为中心，人口集聚，市场繁盛。傍晚，一行人在天目溪租船沿分水江顺流而下。半夜，过旧县，第二天一早到达桐庐县城。

（事见《徐霞客游记》）

玉涧桥的前世今生

　　徐霞客满面风尘，不紧不慢地穿过保安坪，又向前走了一里多路。有一座石拱桥，桥的两头各有一颗香樟，蓬蓬如盖，樟树下的官道旁尽是些做买卖的小贩。再往前穿过一个路口，便是天目溪了，一行便坐下打尖歇息。

　　石拱桥落成不久，条石纹理可鉴，徐霞客似乎产生了兴趣，一边歇息，一边向路人问讯。

　　原来，这溪流之上有大小各一座木桥，小的这座为排后桥。天目溪上游山货贸易依靠竹排木排运输，常常停泊在这里得名。据传，当时有一顾氏从外县迁至当地，家道不幸，男丁大多早夭，竟至满门四代20多位寡妇，仅存两个男儿，尚未成年。于是她们委托一位和尚四处募捐，加上积蓄，撤除木桥，建造了一座长29米、宽4.8米的双孔石砌拱桥，以去灾祈福，初名玉界桥，后渐渐被叫成了玉涧桥。

　　关于玉涧桥的始建，还有一个美丽的传说。顾氏曾请了有名的风水先生查看选址。那位先生嘱咐他们在桥的两岸种上樟树，以护风水。并留下话说，桥如轿，樟树如同帝王出巡时仪驾中的罗盖，一旦两岸樟树到了枝叶交接在一起的那天，顾氏将出大人物。风水先生隐讳的话中，不知道所谓的人物有多大。在中国传统文化里，修桥铺路则是行善积德的，如果说顾氏的善举与传说故事密切相关，那肯定是唯心的。但顾氏做了善事必然受到了当地人无上的尊敬。

　　徐霞客早已随历史行远，但玉涧桥依然鲜活地存在。20世纪60年代，保安公路建成，官道逐渐荒废。玉涧桥上也鲜有村民走动，渐渐滋长了藤蔓，唯有两株古樟

玉涧桥旧貌

更见苍劲，巨大的枝叶仍耿耿地荫庇着古桥和当地的人们。在民间，家中有子女多病的，或命相犯冲的，人们往往会寄拜古树为父母，玉涧桥旁的古樟也不例外。每年春节，它散落各地的上千名子女都会前来拜祭。

　　2003年，随着分水

江水利枢纽工程建成蓄水，玉涧桥四分之三淹在水中。相伴当地人600年的古桥，无可奈何地实施了异地保护，按原貌迁移到西湖杨公堤景区的都锦生故居旁，成了新西湖三十六景之一。

（事见《徐霞客游记》《光绪·分水县志》）

徐霞客四次过桐庐

明崇祯九年（1636）十月初六，鸡再鸣时徐霞客一行继续行船。拂晓时分进入富春江，停泊在桐庐县城桐君山下，徐霞客叫僮子上岸到县城买米。

买到米后，仍然乘原来的小船沿富春江逆流而上，船行15里到滩上。徐霞客看见这里有上百艘米船停泊在江面上等待驳船转运，他们急忙找了地方吃早饭。

从分水所租的船太小，已经没有能力在富春江上航行。饭后，徐霞客又另外找了一只船离开桐庐，这时已经中午。又二里过清渚口，船又行三里，走入七里泷。七里泷的东北风非常大，船行顺利，徐霞客"偶假寐（打了一个瞌睡）"。醒来时，船已经过了严子陵钓台。

徐霞客像

在阅读现存《徐霞客游记》过程中，笔者发现，他对分水江、富春江一带的记录十分简略，甚至可以说是一笔带过。徐霞客在地理学上有一个重要成就，是对喀斯特洞穴的特征、类型及成因有详细的考察和科学的记述。桐庐多溶洞，有瑶琳仙境、垂云通天河等，徐霞客因为担夫突然逃逸而放弃对溶洞进行科考？桐庐境内的桐君山、严子陵钓台是古代文人的精神家园，可以说，历代诗人骚客纷至沓来，徐霞客因为"偶假寐"错过了？

桐庐之旅肯定不止一次。

徐霞客在《闽游日记前》中写道："崇祯皇帝改年号的那年（1628）二月，我萌发出游福建、广东的兴致。二十日，才动身启程。三月十一日，到达江山县的青湖，是沿进入福建省的陆路走的。"从文中不难看出，他（农历）二十出发，三月十一日到达江山县，途中21天，肯定途经桐庐等地。

《闽游日记后》又记道："庚午年（崇祯三年，630）春季，任漳州府推官的族叔催促我们去他的官署。我计划今年暂时停止出游，但漳州的使者不断地来请，叔祖念获翁，年岁已高，还冒着酷暑，来家中坐着催促，于是在七月十七日启程出发。二十一日到达杭州。二十四日渡钱塘江，水面平静，不起波浪，犹如走平地。二十八日到达龙游县，找到去青湖的船，距离衢县还有二十里，船在樟树潭停泊。"徐霞客的这次福建之行写得比较明确，（农历）二十四日从杭州钱塘江溯流而上，经富春江，二十八日到达龙游，桐庐是必经之地。

徐霞客这两次途经桐庐，《日记》未作详细记载，只能说明一个问题，他之前已经来过桐庐等地并写有日记，只是这些日记已经散失。由此推论，徐霞客的桐庐之旅应该不少于4次。

（事见《徐霞客游记》）

方子容"刻佛祈福"

分水镇新龙村有一座山，名千佛山。旧时山上建有千佛庵及千佛岩刻。传说明代的时候有一个名叫方子容的，母亲长期患病，卧床不起，为寻医访药，他倾尽家财。听说股肉可佐药，每次煎药，他都毫不犹豫地从身上割下血淋淋的肉来。为了给母亲祈寿，他坚持在半山腰岩石上刻佛像，每天刻一尊，虔诚之极。连续三年，无论晴雨寒暑，从不间断。他的孝心感动了上苍，每添刻一尊佛像，母亲的病就好一些，直到病愈康复。

《诗经·蓼莪》写道："父兮生我！母兮鞠我！拊我畜我，长我育我；顾我复我，出入腹我。欲报之德，昊天罔极！"羔羊跪乳、乌鸦反哺本自然而然。《论语》里也讲过这样一件事，子游问什么是孝，孔子说："如今所谓的孝，只是说能够赡养父母便足够了。然而，就是犬马都能够得到饲养。如果不存心孝敬父母，那么赡养父母与饲养犬马又有什么区别呢？"孟武伯向孔子请教孝道。孔子说："对父母，要特别为他们的疾病担忧。这样做就可以算是尽孝了。"仅凭这一点，方子容就能挺起中华民族孝义的脊梁。

村民的情感是朴素的，大家有钱出钱，有力出力，在千佛岩旁建了座千佛庵。菩萨无言，端庄而儒雅，肃穆而清远，慈祥而凝重，以一种博大的力量延续着千佛庵的香火鼎盛。清代拔贡王家坊在游览拜谒千佛岩后写有《千佛岩》：

仿佛慈云护，从知佛有灵。

画谷山晕碧，照眼雨余青。

入定工摹像，皈依胜讽经。

春晖何以报，顶礼溯前型。

（事见《光绪·分水县志》）

章琳人称"小黄香"

东汉人黄香，小时失母，9岁时就已经懂得孝顺父亲。夏天暑热，黄香用扇扇父亲的枕簟；冬天寒冷，他用身体为父亲先暖和被席。因此当时有言"天下无双，江夏黄香"。中国古代《二十四孝》中的"扇枕温衾"说的就是黄香的故事。

明嘉靖年间，桐庐钟山乡仕厦村有叫章琳的，民国《桐庐县志》称其为"小黄香"。

章琳，字元器，号北山，是节妇骆氏的儿子。章琳6岁时，母亲骆氏生病。时当溽暑，天气炎热，章琳即能为母亲用扇枕，为其降暑，大家称之为"小黄香"。章琳母亲的寝室后面长有大树，毒蛇经常出没。一次母亲看到毒蛇后，吓出了病，章琳就焚香祝天，祈祷祝福。忽然，天上雷雨大作，大风将大树连根拔起，放倒在墙外，母亲的病也好了。母亲去世后，章琳庐墓三年，寒暑无间，并写下数十篇《哀思录》。府县发现了章琳的孝行，经申请，朝廷给予旌表，并在钟山乡仕厦村建孝子坊一座。

（事见《民国·桐庐县志》）

李日华与"天尊贡芽"

李日华，字君实，号竹懒，又号九疑，浙江嘉兴人。明万历二十年（1592）进士，官至太仆少卿。性淡泊，与人无忤；工书画，精善鉴赏，世称博物君子。李日华著作宏富，有《紫桃轩杂缀》《六研斋笔记》等。

据李日华的《六研斋笔记》载，分水天尊岩巉岩陡峭，山势雄伟险峻，在歌舞乡（今桐庐县钟山乡）所产茶叶最香醇，宋时产茶列为贡品。

歌舞乡（现属钟山乡）位于桐庐县中南边陲，境间群山逶迤、峰峦层叠、溪涧

民国版《六研斋笔记》

纵横。西北、西、西南边界诸峰海拔均在900米以上，气候及土壤条件颇为适宜茶树生长。尤因峰峦叠翠，漫射光比平原低丘多，且夏季多雷阵雨，早晨多雾，湿度大，昼夜温差大，极有利于茶叶芳香物质和内含成分的积累，芽叶的持嫩性较强。

为了恢复研制这一历史名茶，县政协会同县农业局于1984年成立课题组。1985年春，择天尊村为试点，当年产品问世就深受茶界和爱茶者的好评。是年5月，在浙江省茶叶学会组织的选送全国名茶评选中，因其香气、滋味名列前茅，品质优良，荣获表扬。1986年，被列为县"七五"期间首批"星火"计划之一；5月底，在省六届名茶评比中获省一类名茶奖。1987年，在浙江省首届斗茶会上，"天尊贡芽"被评为上等名茶。自1987年以来，"天尊贡芽"茶连续三届被评为杭州市名茶，并相继获省七届、九届名茶评比一类名茶奖。

（事见《六研斋笔记》）

分水生产"徐青纸"

造纸术为中国古代科学技术的四大发明之一。到了明代，我国造纸的技术已臻完善。徐霞客过分水时发现，这里盛产"楮"树，是当地造纸的主要原料。

除了竹子、藤麻、楮树外，分水有个叫徐青（1522～1566）的工匠，他以本地盛产桑皮为原料，模仿"常山纸"工艺，造出了一种具有薄而细匀、软滑强韧特性的桑皮纸，一时远近闻名。邻近各县竞相仿造，并把这种纸以他的名字命名为"徐青纸"。

其后，徐青纸在印刻雕版、爆竹引线、灯笼雨伞的外皮以及缝纫皮袍子作衬里等方面应用颇多。徐青纸的发明，带动了分水一带制伞业的兴起与兴隆。分水镇儒桥村昔有18爿雨伞店之说，连偏远的瑶溪村明清时也有雨伞店13家。

（事见《中国古代造纸名家列传》）

尴尬亭里说尴尬

桐庐县石阜村马鞍山旁有条小溪，溪边有个凉亭，叫做"尴尬亭"。相传是一个方徐氏所造。

明朝末年，彰坞有个姓徐的闺女，嫁在石阜。夏季的一天，徐氏女子从娘家回来，刚来到马鞍山溪边路上，突然下起了倾盆大雨。她虽然坐着竹兜子，但这里的竹兜子是没有雨篷的，她又没有带雨伞，在这前不着村后不靠店的野畈里，哪有躲雨的地方呢？直淋得她嘴唇发紫，牙齿打架，浑身淌水，像只落汤鸡。

事后，她想想那天的尴尬处境，又联想到在那个地方吃这种苦头的人一定不少。她就用自己的私房钱在那个地方造起了一个亭子，取名为"尴尬亭"，并在亭子的墙壁上刻上四句诗：

尴尬之人逢尴尬，想起尴尬造尴尬，

遇到尴尬进尴尬，有了尴尬不尴尬。

现在亭子已经翻修，墙壁上的尴尬诗虽然不见了，但"尴尬亭"的名称却一直叫到现在。

（事见《桐庐民间传说故事》）

桐庐：中国三大风水宝地之一

《黑白二十四史》

堪舆看风水，在现代科学普及之前，对于中国人来说是自古以来的习俗之一。

历史上备受推崇、最出名的风水宝地，并不是我们常说龙脉王气盘踞的北京，也不是自古就有天子气的南京，而是那些宜居宜业的小城市。《黑白二十四史·风水》推荐泉州、贵阳、桐庐为中国内陆的三大风水宝地。

桐庐县城地形呈"三山一水绕"的格局，左有桐君山，右为舞象山，后有安乐山为坐山，前面则为富春江环绕，地势之妙，风水上称"金水道"。桐君山脚为天目溪水口，而桐君山有回顾县城之势，故桐庐有"看不到桐君山就要哭的"一说。

（事见《黑白二十四史》）

项圣谟的《剪越江秋图》

项圣谟，字逸，后字孔彰，号易庵，浙江嘉兴人，明末著名书画收藏家和画家。项圣谟的作品以山水为多，也是他成就的主要方面。

明崇祯七年（1634）春，项圣谟与友人相约游黄山未遂，当年八月与表弟游历富春江，一面尽享山川美景，一面写生创作，完成《剪越江秋图》长卷。

《剪越江秋图》是一幅纪游之作，绢本设色，纵34.5厘米，横688厘米。北京故宫博物院藏。

长卷按其旅行足迹而画，起于杭州附近的江干，沿富春江逆流而上，经富阳、桐庐到建德，然后入新安江，到淳安县，转入武强溪，达遂安，共约500华里。雨霁天晴、暮色沉暗、山雨蒙蒙、风急浪高、江波滚滚的气象和名胜古迹、险要山水等，在画家的笔下尽得以写照，而且富于变化，多方位地表现了富春江沿岸的旖旎风光。

（事见《画中桐庐》）

李渔笔下的桐庐

李渔，初名仙侣，后改名渔，字谪凡，号笠翁，浙江金华府兰溪县夏李村人。明末清初文学家、戏剧家、戏剧理论家、美学家。被后世誉为"中国戏剧理论始祖"、"世界喜剧大师"、"东方莎士比亚"，是休闲文化的倡导者、文化产业的先行者，被列入世界文化名人之一。

清顺治八年（1651），李渔举家东迁杭州，过着"卖赋以糊其口，吮毫挥洒怡如"的生活。这期间，李渔写了拟话本小说《无声戏初集》，后改名《连城璧》。

《连城璧》第一回《谭楚玉戏里传情刘藐姑曲终死节》的素材就来源于桐庐。书中写道：衢州有个杨村坞，村里有个女旦叫刘绛仙，她的女儿刘藐姑如花似玉，戏艺出众。落魄士子谭楚玉为追求女旦藐姑，不惜投笔从艺，入班演戏，专事小生。生旦情投意合，私订终身。谁知本地一个年近五旬的富翁看上了藐姑，以重金

2010年版《李渔全集》

收买其母，欲纳女为妾。藐姑坚不肯嫁，某日和玉楚在晏公庙水台上演昆腔《荆钗记》，投江殉情。后被严州府桐庐县的莫渔翁张网救起。从此，玉楚寒窗苦读，得中高魁。偕妻走马上任从严、衢经过，酬谢了救命恩人莫渔翁，鼎新了晏公庙宇，又在原水台上点看《荆钗记》，刘绛仙扮演王十朋。演至"投江"时，绛仙触景生情，悲痛万分；藐姑失声喊母，绛仙吓得魂不附体。后知原委，和睦如初。绛仙过不惯官家生活，复归梨园。谭、刘抛却官场，隐居桐庐县七里溪边。

清顺治十八年（1661），李渔将这回小说改编为戏曲《比目鱼》，这是"惟我填词不卖愁"的李渔所写的唯一悲剧。该戏结尾是：谭玉楚和刘藐姑双双投江自杀，化为一双比目鱼。

李渔在《闲情偶寄》提出了一个舞台上"开窗莫妙于借景"的理论。扬州大学文学院副教授、硕士生导师邵晓舟发表署名文章时说道：李渔的借景法当然也本着同样的宗旨，但他所借的"自然"却别是一番滋味——浮白轩中有一座假山正对窗口，山高不逾丈，宽止及寻，但土石草木、流水小桥一应俱全，甚至还有一尊笠翁垂钓的小塑像，俨然是桐庐山水的缩影。

（事见《连城璧》《闲情偶寄》）

陈圆圆回舟七里泷

据野史记载，明末，中国历史中的著名美女陈圆圆在李自成与吴三桂之间莫衷一是，不知追随哪个更好，以至于吴三桂愤而降清，终至满人入关。她在不经意间加速了明王朝的覆灭，又差一丁点叫李自成的大顺王朝代替了大明。明末清初，著名诗人吴伟业听到这事，写了首长篇叙事诗《圆圆曲》，通过明末清初名妓陈圆圆与吴三桂的聚散离合，委婉地谴责了吴三桂的叛变行为。其中有"恸哭六军俱缟素，冲冠一怒为红颜"句。吴三桂深感大失颜面，花重金请求吴伟业改诗，遭到诗人的拒绝。此说一出，陈圆圆的名声更大了。

七里泷风光

这陈圆圆早年与金衢道某公子相好。一次，某公子带着陈圆圆回老家金华探望父母。他们的船到桐庐七里泷的时候，某公子的父母才知道上门的是吴中名妓陈圆圆。二老绝对放不下这个面子，放快船通知儿子和陈圆圆返回原地。

某公子无奈，只好带着陈圆圆掉转船头回吴中。

（事见《建德县志》）

清

潇湘桐庐郡千家起画楼
相乎采莲去笑上木兰舟

七

王六吉的《金钗记》

王六吉，字地山，分水（今桐庐县）人。清顺治五年（1648）拔贡。在分水县（今属桐庐县），王六吉之文堪称魁首，而其人品更为众赞誉。

清顺治中，王六吉赴京师考职，试毕即回家侍奉慈母。归途中拾得一枚金钗，王六吉深知，如此贵重之物，遗失者必然焦急万分，甚至会有生死事故。于是，伫立原地等待失主。果然不久，有一少女涕哭而来，满地寻找。王六吉上前问明情由，经考实，将金钗归还给了那位女子。

数天后，有个姓潘的人携带一少女到王六吉家，登门伏地拜谢道："若不是你，小女的命已经不在世了。今天，我把小女从大户人家赎出，以报答君子救命之恩。如不嫌弃，请收为内室。不这样的话，就让她在你家打扫卫生，做个佣人也行。"王六吉拒绝这样做，但少女长跪不起。王六吉想了又想，将少女扶起，对她说道："我聘你为侄媳，如果没有其他变故，几天后我即请媒妁送彩礼过府，择日完婚。"少女听罢，言谢不止。

王六吉拾钗还钗之事成为佳话，广为流传。

（事见《严州府志》）

张坦熊妙审弃尸案

张坦熊，字男祥，号郎湖，湖北汉阳人。清康熙五十年（1711）举人，康熙五十九年（1720）选任桐庐知县。张坦熊到桐庐常带衙役到各处体察民情。

一天，路过一座山头，有人来报，山坡丛林间发现一具死尸。张知县带人赶去一看，是一具中年男尸，脸部、颈间伤痕累累，很明显是被打死的。仵作（官府检

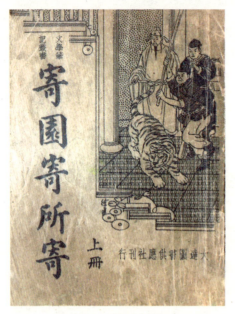

民国版《寄园寄所寄》

验命案死尸的人）查验了半天，除了伤痕，只查出死者的贴身布袄有一小银袋被扯落的线痕。

一县吏看了看四周，皱着眉头，凑近张坦熊耳旁说："大人，这种无头案，发生在荒山野岭，很难破的。你初来乍到，万一破不了案，上司那头不好交待呀。不如以'被猛虎伤害'结案，就地掩埋算了。"

张坦熊正色说道："这怎么行！当官是要为百姓办事的，哪能为了自己而把百姓的生命当儿戏呢。这案，一定要破！"

听说出了命案，陆续有人赶来围观。张坦熊双眼一扫，发现其中有个人，不像别的人那样好奇地争看死尸，却睁大眼睛老在仵作和县衙官差身上打转。他当即暗暗把两个差人叫到一棵大树后，吩咐说："把公差服换了，跟随那个穿蓝衣衫的人。另外再去村里打听一下他的为人。问清楚了，一人来报，另一人仍然跟着，千万不要让他跑了。"

验尸完毕，暂且收棺。张县令和众衙役走了5里多地，才到最近的一个小村庄。张坦熊装作肚子疼痛，要在村里找地方歇息。公差在村里转了一圈，回来禀报："老爷，这村没有大房子能容下我们这么多人，只有一间土地庙，却是门无板窗无户，根本不能住人，再说，听说这地方常有老虎出没，危险呐。"

张坦熊进土地庙看了看，说："还可以住嘛，找几张草席把门窗遮拦一下，怕什么。"

这时，派去跟随的差人来报："老爷，那个穿蓝衣衫的人叫郎凤奇，是邻近分水县人，多年来在这一带卖五谷杂粮。村人说，他和村里一有夫之妇有勾搭。别的什么，他们就不知道了。"

张县令马上派公差把郎凤奇拘来，单刀直入喝问："你为什么杀人？"这郎凤奇倒也镇定，回答说："冤枉呀，老爷。我没有杀人。"再问，他还是这句话。张坦熊也不逼他，只命先行关押。

张坦熊叫过一公差说："你去找一间空房，要前后各半间的。前半间关押郎凤奇，你藏在后半间，听听他讲些什么。"

郎凤奇关进不久，张坦熊又把他勾搭的妇人的丈夫关了进去。这人一进门，又哭又闹，指着郎凤奇骂："你仗着有钱有粮，私通了我老婆，我忍了。如今又下这毒手，连累我被关押，你害死我了。"郎凤奇大大咧咧地说："我做的事，我自己都不怕，你怕什么？他们找不到证据的。等过了这一关，我多给你几斗好米就是了。"

躲在后半间的公差把听来的话，一五一十向张知县禀报，大家都很高兴，命案终于可以破了。张坦熊却说："慢着，杀人的凶器、被抢的小银袋还没找到呢，我们还得费一番心思才是。"

师爷献计说："老爷，要让郎凤奇老老实实交代，难呀。不如对他讲明，只要认了，可救他一命；不招，重棍打死。他一害怕，就会招认了。"

张坦熊摇摇头说："万一他真的招认了呢？这是杀人案，我如何救得了他？"师爷说："咳，不过是骗他供认罢了，哪能真的救他。"张坦熊说："当官的岂可不讲信用。我在桐庐不会是三朝两晚，以后再审案，犯人必定会说，这个县官骗人，宁可打死也不能招供。那么再要破案就难了。"

张坦熊亲自带人到郎凤奇租住的房子搜寻凶器和银袋，公差们找遍了角角落落，都没找到，大家都急了。

张坦熊让人找到房主。这是个年过七旬的老人，他说自己只能提供一点点线索。于是，张知县下令在关押郎凤奇的房里设起公堂。

郎凤奇一上堂，仍是昂头摆脑，一副死猪不怕开水烫的模样。这时，后半间屋的边门开了，藏着的公差出来，把郎凤奇和妇人丈夫的对话学说了一遍，把郎凤奇惊呆了。嘿，想不到"隔墙有耳"呀！妇人的丈夫原本就怕得要命，听公差这么一说，更是胆战心惊，把自己知道的全抖搂了出来。老房主也说，昨天夜里郎凤奇喝了许多酒，提了一根粗木棒外出，回来时木棒却不知去向。

郎凤奇见瞒不住了，只得如实招认：自己与死者和同一妇人私通，两人经常为了她争风吃醋。昨夜酒后性起，一怒之下把他乱棒打死，拖到山上丢弃。他原以为这里山高地远，官府不会过问。没料到碰上了这么个认真办案的县令，事情还是败露了。

按照郎凤奇的供认，公差在山谷找到了沾血的木棒和小银袋。郎凤奇杀人一案证据确凿，审结上报。从接案到破获，前后不过两个时辰工夫，村里的百姓赞叹："新来的县令，有本事咯！"

（事见《桐庐县志》《寄园寄所寄》）

马戛尔尼途经富春江

　　乔治·马戛尔尼是英国近代著名政治家。清乾隆五十八年（1793）八月，英国国王乔治三世以马戛尔尼为特命全权大使，乘坐"狮子"号军舰，由天津大沽登岸，进入北京，与大清王朝进行外交活动。

　　马戛尔尼使团一行在承德避暑山庄万树园觐见了乾隆皇帝，在淡泊敬诚殿参加了乾隆皇帝83岁的万寿庆典，并献上了英国政府的祝寿礼品。这是18世纪中英外交史上的一件大事，也是中国封建统治者有史以来接待最为庞大的一个外交使团，更是当时世界上两个最强大帝国的一次文化碰撞。

　　马戛尔尼率领的这个拥有76人的庞大使团在回国途中，并未由海上原路返回，而是沿着京杭运河南下广州。他们进入到中国内地的东南地区，在杭州逗留了六七天后，于十一月十四日离开，并在太子少保、两广总督长麟的陪同下，沿钱塘江逆流而上。

　　据乔治·斯当东《英使谒见乾隆纪实》记载：这支换乘后的船队，"船只约十二呎宽，七十呎长，船头和船尾俱是尖形。船底是平的，吃水很浅。帆是布做的。"他们经富阳、桐庐、建德、兰溪而入衢州。

　　由于正值秋冬枯水季节，途中历经艰难险阻。船队离开杭州后，即依靠拉纤航行。富春江上水流湍急，两岸高山叠嶂，挽纤十分艰难。"船过严州府以后，江水越来越浅，船只虽然只吃一呎深的水，还得由船夫下水拖着船才能走。"到达衢州境内，则是滩多水更浅，甚至遭遇泥沙淤塞，再加上船体自重、乘客与行李物件，"最后拖着都走不动了，不得不雇佣当地

托马斯·阿鲁姆笔下的富春江

农民把水底大量石子搬走，挖出一条道来，船只才得通过。水底石子大部是碎石英和硅石。"这支船队从杭州到常山，一共走了7天时间的水路，可见行进极其艰难。

马戛尔尼使团一行终于抵达了衢州。审计官巴罗在《中国行纪》中描述："经过7天冗长航行。可说是主要力量用来打捞船只时时搁浅和遭遇激流的河底卵石，我们到达了江的源头，近常山县。但两岸不乏旖旎风光。地面山峦起伏，幻化莫测，但凡农夫使得上劲儿的地方都充分耕作。7天旅程中只出现一个城市，但我们经过许多坐落在山间峡谷中的村落，渔夫的茅屋时时可见。这里不乏树木，其中最普通的是乌桕树，以及樟脑（树）、松、杉和高大的柏树。柑橘、香橼和柠檬树大量散布在江边的小山谷中，茅舍很少。"

事实上，使团从杭州府到常山县的航行中，沿途景色美丽，土地肥沃，物产丰饶，钱塘江两岸的稻田、甘蔗、橙树、柚树、石榴树、栗子树、蔬菜、茶树、樟树和竹子等，向这些英国人展示了中国的财富。尤其是乌桕树曾引起了小斯当东的好奇，而橘子树则更令使团感到惊讶。

在常山境内，马戛尔尼经过一片精心种植了漆树、乌桕和茶树的平原时，偷偷地叫人挖掘了这些茶树苗，盗取了茶种。马戛尔尼在日记里记载："吾随员中有喜研究博物之学者数人，沿路见奇异之虫鱼花草，即采集之。余则见一处种茶树甚多，出资向乡人购其数株，令以泥土培壅。其根作球形，使人舁之以行，意将携往印度孟加拉种之，果能栽种得法，地方官悉心提倡，则不出数十年，印度之茶叶必能闻于世也。"

（事见《马戛尔尼使团使华》《中国行纪》《英使谒见乾隆纪实》）

王家坊"典衣治丧"

王家坊，字左春。清末分水人。道光二十九年(1849)，他由拔贡选任山西知县，之后署理了10个县。

虽然一直在县长位置上不曾得到提拔，然而官不在大，清明者终将载入史册。光绪初，三晋大旱，朝廷发放钱、谷赈灾。那时，王家坊代理潞城知县，他按户赈给，十分公平，并在县内大力推行凿井、种薯等救灾措施。上面极为赏识，下令各州县向王家坊学习，使得无数灾民因此得救。任高平知县期间，因为赋役太重，老百姓生活凄苦，逃捐抗粮事件时常发生。王家坊据实向上陈诉，请求豁免农户钱粮，并重新制定税赋征收办法，减轻负担，让百姓处境有所改善。

詩古文詞皆典茂淵懿稿甫脫手而傳誦已徧士林稱之
王家坊字左春由拔貢選山西知縣歷署十篆興利除弊所
至有聲光緒初三晉大旱 朝廷頒帑發穀各省助賑家坊
權知潞城按戶賑給實惠均沾條陳鑿井種薯諸法上憲飭
各州縣仿行全活無算旋知高平民困於賦役里甲苦累家
坊請豁逃絕之糧重定稅章以甦其困甯武故衞所雍正初
置縣縣無志家坊署縣事旁搜博采創編新志十卷後補授
天鎮縣行月課勸農桑革胥役陋規使費善政尤夥未幾奉
內諱歸行李蕭然典衣治喪是秋邑遭蛟災邑令劉壆延襄
賑事不漏不濫邑人德之旋卒于家著有吾馨齋文集學仕
錄退㞏錄左氏兵畧古今體詩十餘種以無貲故未梓

人物

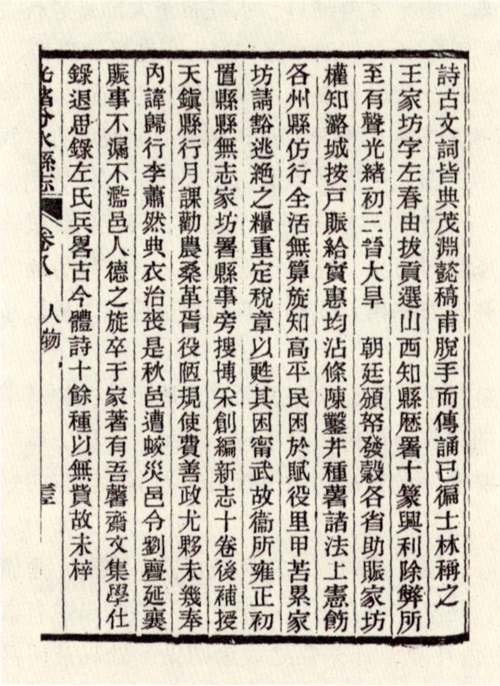

光绪《分水县志》

在天镇知县任内，他革除陋规，淘汰冗员，发展农桑，勤政为民。为民的官往往都是清官，父亲终老，王家坊回分水奔丧，他“行囊萧然，身无余资，只得典衣治丧”。

光绪十九年(1893)秋，分水境内遭受洪灾。王家坊守孝在家，应县令刘疐之请，协助救灾事宜。在发放救灾粮款时，依据受灾实际，做到不漏发、不滥发，邑人称赞。不久，卒于家。王家坊著有《吾馨斋文集》《学仕录》《退思录》《左氏兵略》等10余种，因无资付印，终未刊行。光绪《分水县志》存有王家坊的《登玉华山》《过宝丰里蔺相如墓》《吊严州太守李大瀛》三首诗。其在《吊严州太守李大瀛》诗中道：

东望子陵台，西望皋羽茔。
阵云庆惨淡，石破天为惊。
九京如可作，忠节二难并。
名与钓台寿，心同江水清。

咸丰十一年（1861）七月十九日，太平军由罗桐埠（今新安江）绕道兰溪县，顺兰江而下，攻克严州城。严州知府李大瀛逃到七里泷严子陵钓鱼台，题《绝命诗》于壁：“不学先生节，身败亦名裂。先生之风高且长，安得与之相颉颃！”接着投江自尽。王家坊为李大瀛宁死不屈的精神感动，赞扬他“名与钓台寿，心同江水清”的同时，也表达了自己一生清廉的心迹。

（事见《光绪·分水县志》）

真假《富春山居图》

1745年，一幅《富春山居图》被送入皇宫，乾隆皇帝见到后爱不释手，把它珍藏在身边，经常取出来欣赏，并且在6米长卷的留白处赋诗题词，加盖玉玺。

没想到，就在这幅《富春山居图》进入皇宫的第二年，地方官员又呈上了另外一幅《富春山居图》。当然，这两幅《富春山居图》，一幅是真，一幅是假。可是，两幅画都画得非常好，一时真伪难辨。乾隆皇帝认定先进宫的那一幅也就是他在画上赋诗题词的那一幅是黄公望的真迹，后来者是临摹品。由于后来者画得实在太像了，简直到了"以假乱真"的程度，乾隆皇帝不忍心丢弃，也把它收藏在内府里。在其后的100多年里，一直没有人怀疑乾隆皇帝的鉴定。

直到清朝灭亡后，学者们才提出了疑义，认为被乾隆皇帝鉴定为假画的那幅《富春山居图》，才是真迹的后半段——"无用师"卷。理由是那幅《富春山居图》是半截画，有明显的火烧和修补的痕迹，和历史记载相吻合。

不知什么原因，假画《富春山居图》竟然蒙骗过了宫廷众多鉴别家的眼睛，就连天下第一大收藏家乾隆皇帝也没能辨别出真伪，以假当真，细心珍藏，在6米长卷的空白处，几乎填满了题词和藏印，成为一大奇观；而真迹《富春山居图》却被打入"冷宫"。真迹《富春山居图》虽然蒙受了"不白之冤"，却因错得福，没有被皇帝在上面题词赋诗，加盖玉玺，保留了一个"干净之身"，从而完好地保持了原画的风貌。这可以说是不幸中的万幸了。

1949年，真假《富春山居图》和众多的故宫文物一起，被国民党政府运到了台湾，如今它们都被收藏在台北故宫博物院。有人会问：真迹《富春山居图》的后半部分现在在台湾，那么画的前半部分呢？这也就是被后人称为"剩山图"的画作，经历了曲折的传承经历，1956年被浙江博物馆收藏，成为浙江博物馆的镇馆之宝。

（事见《画中桐庐》）

钱状元曾是梅蓉人

钱维城，字宗磐，江苏武进人，乾隆十年（1745）状元，官至刑部左侍郎。

钱维城是个从小很聪敏又有悟性的人，每日读书千余言，10岁就能诗文，19岁就中举。但是，自从他父亲到桐庐当县官（父亲钱人麟，乾隆六至九年桐庐县令）

《九里洲问梅》

以后，钱维城竟变成了一个吃喝玩乐逍遥自在的纨绔子弟。平时在桐庐县城结交了一批狐朋狗友，不仅好恶作剧，还欺压邻里同伴。尽管当时他的父亲对他管教也算严格，但是恶习难改，成了桐庐县城的恶少。

当地老百姓受不了他的欺凌，纷纷向县衙里告状。钱县令管不好自己的儿子，也确实愧对一方百姓，实在没有办法，只好命人将不争气的儿子装进麻袋丢入桐君山深潭来惩罚。碰巧的是，人家把钱维城扔到桐君潭时，刚好被九里洲戚家村一陈姓的船户看到，就救了起来。船家救起他后，直接将其带回九里洲戚家村，让他做了陈家的收养儿子。

26岁的钱维城进京赶考，没想到这一考竟然考了个进士第一。九里洲出状元的消息一下传开后，没等钱维城到桐庐，就忙坏了陈家人及众乡邻。因为状元回乡可是件不得了的事情，于是把孙家滩埠头上的"望梅亭"马上改成了"接官亭"，而那条从孙家滩外埠头进村的路也重新修阔改为官路。钱维城是陈家考出去的状元，陈家人当然少不了要在自家门口为他立一双状元旗杆了，准备在"望梅亭"礼拜迎接状元。

（事见《九里洲问梅》）

章维寅十岁"佣工养母"

元代郭居敬编录的《二十四孝》，说的是历代二十四个孝子从不同角度、不同环境、不同遭遇行孝的故事，但都没有章维寅"佣工养母"动人。

章维寅，清桐庐钟山乡人。因父亲早亡，家中贫困，母子俩相依为命。章维寅10岁起即受雇为人做工，靠做工的微薄收入勉强度日。如果碰到雇主高兴，施舍点酒食，他自己不舍得吃，必定带回家中让老母亲享用，四十年如一日。

母亲去世，章维寅在墓侧结庐守孝。当时的县令张坦熊听说这一孝行，马上让人送去银子和大米，以示慰问。后来，在张县令的帮助下，成家立业。对章维寅"佣工养母"的动人故事，人们常常称赞。

（事见《严州府志》《民国·桐庐县志》）

徐亮士墓庐十三年

徐亮士，字惠采，号南庐，清桐庐水滨乡人。徐亮士6岁的时候父亲去世，幼小的徐亮士知道恭恭敬敬服侍母亲，一言一行均遵循母亲的教诲。20岁左右就读于府州的学宫。母亲六十大寿时，徐亮士以母亲贞节没有得到表彰为由，奔走于官府。如此往返三次，旌扬母亲贞节一事才得以落实。当时的士大夫对徐亮士的孝行大加赞赏，纷纷写诗赠送他。

等到母亲去世，徐亮士结庐居于墓侧，达13年之久，当年种在墓前的小苗已长成高大的桐树了。

后来，徐亮士自己又老又病，子孙请他回家，徐亮士说："这里就是我的葬身之地。"让人筑坟于母墓侧，"我将在地下跟随母亲"。当即口号两绝云：

其一：

> 一生壮志成春梦，十载孤身伴母坟。
> 六十八龄孀墓毕，而今原下谒慈云。

其二：

> 穷年寂寂卧荒原，满眼蓬蒿老半园。
> 幽境不离尘世幻，九泉何处是桃源。

遂卒。一晚，邻家失火，徐亮士家也遭毁灭，而徐亮士为母旌节之坊独完好无损，大家认为这是有上天呵护啊。

（事见《严州府志》《民国·桐庐县志》）

汪汉的"善报"

汪汉，字浦云，清桐庐人。年轻时为廪生，家境殷实而又乐善好施。小时候曾经拾金不昧还给失主，被众人夸奖。

成年后，凡是赈灾济贫的事，汪汉都勇为人先。后来，城内的产业被势力大的一位权贵夺去大半，他也不去争抢。等到对方再次要强取豪夺侵吞他剩下的家产时，汪汉终于陪着小心说："这点产业是先祖留给子孙的，舍弃了就是不孝。"于是两家去衙门评理，汪汉败诉。

汪汉无奈，只好去京城告状。他带着一名老仆人匆匆从京城赶路回家，到东平州一处偏僻的地方，又不幸遇到了三五个凶恶的强盗拦路打劫。眼看着性命不保时，一位老者穿着华丽的服饰，带着众多随从路过，汪汉主仆拼命呼叫才得以脱身。老者带着汪汉走进一处寺庙，忽然就不见了。汪汉当夜就在寺内休息，睡意朦胧间听到神仙跟他说话："你是个大善人，我今天救了你，是想让你今后更加努力去积德行善啊。"

这件事被争夺他财产的那位权贵听说后，幡然悔过，还给汪汉一大半家产。汪汉的子孙后来科举入仕做了官，从此家族兴旺。

（事见《民国·桐庐县志》）

罗永道宽宏大量

罗永道，清桐庐人。同村有个泼皮无赖叫濮俊，向来恃强凌弱。有一次买肉没有称他的意，就强买强卖，欺负屠夫。永道路过，在一旁劝解，濮俊大怒："你是什么东西？敢袒护杀猪佬跟我做对？！"出手殴打永道，打得他满脸是血。

永道笑脸相迎没还手。等濮俊走后，永道设宴请屠夫喝酒，屠夫惊讶地说："你因我受累还受了伤，我应该请你才对啊，你怎么反请我喝酒呢？"

永道回答道："我的族人你是知道的，彪悍好斗，一点点小事都要争出高低，如果听到我被濮俊欺负，那就得了，所以一定还请你帮我保密啊。"

不久，濮俊因恶习不改，惹祸上身死于非命，大家都叹服永道的宽宏大量。

（事见《民国·桐庐县志》）

吴太虬连毙三虎

吴太虬，号小溪，清桐庐破石庄（今江南镇石泉村）人。顺治十六年（1659）夏的一天，吴太虬挑着一担猎物在窄溪大街上叫卖时，看见街面上贴着张上宪衙门的告示。告示上说，近日昌化地面常有猛虎在村口边道路旁出没来往，已有张三李四等多人被咬死咬伤。如有人能除得虎患，官府必当重奖云云。

吴太虬看了告示后，不顾家人的劝阻，带着一条猎狗来到昌化。一番打探侦察后，便在猛虎经常出没的路旁设下埋伏。不到10天时间，一连杀死了三只猛虎。

虎患被平以后，上宪要赏吴太虬一大笔钱，他坚辞不受；又要封他官位，他也不肯接受。上宪因为吴太虬既不要财钱，也不想做官，于是上报朝廷，由皇帝下令，赐龙旗一面。龙旗上面写道："（吴太虬）游猎四方，每衙门各给肉粟。"意思是，吴太虬可持此龙旗四处打猎，所到之处，地方衙门必须供给吃食。另又赐他官枪一枝。

昌化百姓为感谢吴太虬的恩德，在他杀死老虎的地方立了一座庙，塑上他的像，四时八节按时祭祀。后人称此庙为吴公庙，

（事见《民国·桐庐县志》）

董邦达心中的《青林红叶》

董邦达《青林红叶图》

董邦达，字孚闻、非闻，号东山，清浙江富阳人。雍正十一年进士，官至礼部尚书。董邦达好书、画，山水取法元人，为纪昀的老师。董邦达与曹雪芹在一次聚会上一见如故，并为曹雪芹所著《南鹞北鸢考工志》题签并撰序言，传为佳话。其书画与董源、董其昌并称"三董"。

董邦达27岁进京赶考，但屡考屡败，屡败屡考，成了一名"北漂"。直到10年后，38岁的他终登进士第，成绩是二甲第20名。那年，他画了一幅《青林红叶图》。《青林红叶图》的近景是山石、树木和亭子，中景是沙洲、树林和房子，远景就是几笔远山。留白处是大片的江水，以及四片帆船，是经典的倪云林画风。款识"拟元人设色并题"：

青林红叶照秋潭，挂席微风镜画涵。
一段清光描不得，桐君山北富江南。

人生得意时，董邦达为什么要画青林红叶，并特别点出桐庐呢？据说，早年他家境十分贫困，常常衣不遮体。新合旧庄村某太公看中他学问，请他到该村私塾任教。在桐庐新合乡至今还流传着许多有关董邦达的故事，并留有"鸢飞鱼跃"等几处手迹。从这张《青林红叶图》上不难看出，在他的心里红叶是丰硕的秋天，收获的喜悦。但画中的景色是养育他滋润他的桐庐山水。董邦达在登进士第之际，画这样一张家乡的画，可见其对家乡的思念和感恩。

多年后，乾隆皇帝为董邦达题《墓志铭》时称其"揽富春秀气来自田间，分阆苑仙班籍通天上"。

（事见《富阳文艺》）

"画苑琼瑶"喻兰

喻兰，字韵斋，号少兰，清桐庐至德乡碧岭庄（今瑶琳镇元川村）人。他天资聪颖，擅长绘画。

嘉庆三年（1798），朝廷以"深山藏古寺"命题考选画师。考生中有的直接画山腰间有座古庙，有的把古庙画在丛林深处。庙，有的画得完整，有的只画出庙的一角或庙的一段残墙断壁。喻兰匠心独具，画的是崇山峻岭之中，一股清泉飞流直下，跳珠溅玉。泉边有个老态龙钟的和尚，一瓢一瓢地舀了泉水倒进桶里。就这么一个挑水的和尚，就把"深山藏古寺"这个题目表现得含蓄深邃极了。和尚挑水，当然是用来烧茶煮饭，洗衣浆衫，这就叫人想到附近一定有庙；和尚年迈，还得自己来挑水，可以想象到那庙是座破败的古庙了。庙一定是在深山中，画面上看不见，这就把"藏"字表现出来了。布景设色无不恰合题意，以第二名录取。不久，选入内廷，任画苑供奉职。

同年九月，奉谕制作乾清宫御座东西对屏，并题一联云："万花雨露和春酒，百衲乾坤制寿衣。"皇帝赐给绸缎两匹。十月，画养心殿灯屏，兰以尧舜游首山图进献。又奉命画"豆人寸马叠嶂重峦"图，太上皇乾隆御题"画苑琼瑶"四字于其上。四年四月，画坤宁宫神像，赏给七品顶

喻兰《汉宫春晓》

戴，并赐端砚一方、兰竹笔两支及画具等。在画苑前后绘帝容11次，宠遇优渥。

喻兰擅画人物、仕女，用笔浓重，虽不脱画院派习气，却无纤弱之嫌。画楼台殿阁，往往参照西洋手法，信手画来，无不神韵毕致，惟妙惟肖。

（事见《民国·桐庐县志》）

申屠开基"孝感动天"

在江南镇荻浦村口矗立着一座牌坊，那是乾隆皇帝御赐孝子申屠开基的。

申屠开基从小孝顺，有好吃的、好穿的首先想着父母，平日里做事唯父母命是从，还千方百计让父母开心。天有不测风云，父亲背上长了一种俗称"千头疮"的毒疮，起先是一个小红点，越长越大，不久疮口开始溃烂，不

荻浦村口孝子坊

停地流血流脓，用什么药都无济于事，申屠开基的父亲倍受煎熬。

为了治疗父亲背上的毒疮，申屠开基到处寻医问药。可每个医生都是脚步匆匆而来，一路摇头而去。眼看父亲被病痛折磨得骨瘦如柴，气息奄奄，申屠开基寝食难安。他四处寻医，终于打听到浦江县有一位妙手神医专治此病。申屠开基一刻也不敢停留，连夜就往浦江赶。他摸黑翻过了羊角岭，历经了百里险难，最后把那位名医接到家里。名医进行了一番细致诊断后摇头了："这疮毒已深入骨，腐肉已连筋，烂肉毒血去不掉，就不好用药，用了也没用。"

开基听后，一声不吭地走到床前，掀起了父亲后背的衣裳，用嘴吸那些脓血和烂肉，吸一口，吐一口，床前的便盆里很快就有小半盆污物，吸到最后他还用舌头

把父亲毒疮舔尽。如此连续三天的吮脓血烂肉,经过医生调理,老人的毒疮奇迹般地痊愈了。

过了几年,申屠开基的母亲又患了"贞疾",终日卧床不起。他又像当年照顾父亲一样,目不交睫、衣不解带地在母亲床前守护。妻子看他实在太累了,便对他说:"开基啊,你也不是铁人,我来替你几天吧。"申屠开基却说:"照顾自己的娘,怎么能说累呢?说实话,谁照顾我都不太放心。"申屠开基在床前精心照料4年,母亲的病终于逐渐好起来了。

申屠开基至诚至孝侍奉双亲的故事一下子就传开了,人们对他的孝行赞叹不已。县令将桐君故里出孝子的事上报朝廷,请求孝行旌表。乾隆十三年(1770),皇帝下旨:"桐庐县孝子申屠开基孝义两全,旌表给银建坊。"当年,孝子坊便建成了。牌坊的中间镌刻了"孝感动天"4个大字。

(事见《民国·桐庐县志》)

《官场现形记》中的桐庐

1957年版《官场现形记》

《官场现形记》是清末"谴责小说"(鲁迅语)的代表作。全书60回,约70万字,其中却用了7个回目8万多字来为严州的官场"现形",占全书总量的近八分之一,可谓是生动地展示了清末浙江严州社会的官场百态,是一幅栩栩如生的立体图景。

这7回,写的是浙江统领胡化若奉令带兵前往严州"剿匪"。书中交代,"浙东严州一带,时有土匪作乱,抗官拒捕,打家劫舍,甚不安静",还说"这般土匪正在桐庐一带啸聚"。

于是,奉命征剿的官兵就从杭州候潮门外上船,浩浩荡荡出发了。到严州的水路原本只要两天,可这支官兵足足走了7天。原来是因为迷恋船妓,胡统领将官船当作了行营,一直不肯上岸。上行下效,统兵的将佐和帮办的幕僚在船上狎妓、赌钱、吃席,甚至偷鸡摸狗、争风吃醋,闹得乌烟瘴气。到了严州地面,却没有碰到强盗。这反倒好了，统领胡化若原来很怕土匪割了他的头下酒，可当他听得当地没有土匪，却偏要阔他一阔，让兵卒列队，叫人家看着热闹热闹。有点"山中无老虎，猴子称大王"的意思。

但是，有个叫柏铜士的都司因为报告了实情，扫了胡长官的兴致，被推下去打了200军棍。那么此时反正闲来无事，胡长官干脆横在铺上吸了24筒鸦片烟，这下子瘾过足了。接着，叫了传令兵，传令下去，阔他一阔去。"只见五颜六色的旗帜迎风招展，挖云镶边的号挂，映日争辉"，摆足威风。这倒把良民百姓吓得东走西跳，十室九空。胡统领疑心他们都是土匪，于是传下令去拿火烧了他们的房子。一刻不到，先锋的大队就开始搜掠洗劫，甚至奸淫妇女，无所不至。

这么一班真正的强盗，还要夸大"匪情"，虚报粮饷，冒领功劳。因为与地方官分赃不均，引起了内讧。地方绅士魏翘通过京城表兄内线上告，惊动了"老佛爷"，派了个钦差来。这个钦差也是个贪官，派他下来是因为上司见他苦了好多年，这回派他好叫他捞两个回来。

《官场现形记》揭露了官场的黑暗腐败，从绿营军队到地方政府，从府县基层到京都部堂，上上下下一个样。用慈禧太后的话说，通天底下一十八个省，哪里来个清官？只是御史不说，我也就装糊涂罢了。

（事见《官场现形记》）

桐庐船民习俗——"放草船"

南宋《严州府志》载："桐庐县濒浙江，以舟车所会，素号佳邑。"富春江自古是浙西水路的交通要冲，沿岸商埠如珠，商贾百工云集。

桐庐船民与渔民是这条黄金水路上的特殊群体，他们长期生活在桐江上，以运货载物或捕鱼为生。岸上没有渔村、没有家，生产、饮食起居全部在一个几平方米的木质小船上，名副其实成为"水漂一族"。

船民与渔民终年漂泊在江面上，春有迷雾，夏有淫雹，秋有风潮，冬有寒流，风云多变，在科技不发达的年代凶吉难卜，不得不寄希望于偶像保佑，因此形成了船民独特的民俗风情。

桐庐船民与渔民有与岸上居民不同的婚丧、取名、过年风俗，也有招魂收吓、"捞死不捞活"、放草船、烧香船等习惯。

草船是用稻草扎成的，长约丈余，船上除设有像篷、桅、帆等物外，还用稻草扎成一个小人，并套上小孩穿的衣裳。每年正月，船家会在开始载客运货前组织放草船。先在自家船上扫点垃圾（邋遢）装入草船，然后将其抬上岸，在县城的街上或弄堂转游，再将其抬至船埠头，点上香烛，放入江中，让其顺着富春江的水流漂向远方。桐庐人称"邋遢"除指垃圾和不整洁的意思外，人们往往把生病，尤其疑难病症称为染上"邋遢"。将家中的垃圾扫点装入草船送走后，企盼的是在新的一年不会再遇到"邋遢"的事，以保佑家人身体健康，万事如意。

现在，富春江上的船民、渔民已全部在陆上定居，渔民习俗处于濒危状态。

（事见《桐庐富春江文化集粹》）

"小白菜"梅蓉修行

梅蓉经堂旧址

清同治十二年（1873）十月，余杭县衙所在地的余杭镇发生一起命案，豆腐店伙计葛品连暴病身亡。知县刘锡彤怀疑是本县举人杨乃武诱奸葛品连的妻子毕秀姑（"小白菜"），毒毙葛品连，于是对杨乃武与毕秀姑重刑逼供，并最终断结为"谋夫夺妇"罪，上报杭州府衙和浙江省署。杭州府与浙江省也没有认真核实，就照原拟断结，上报了刑部。后来经过杨乃武的姐姐杨淑英二次上京控告，惊动朝廷中一批主持正义的官员，联名上诉。朝廷下旨，由刑部开棺验尸，才真相大白，冤案昭雪。

一个曲折离奇的故事，一件震惊百年的冤案，因之又牵出了一个家喻户晓的名字——小白菜。

那么，小白菜最后去向何方了呢？小白菜来到了桐庐，而且就住在风景秀丽的九里梅花洲上——梅蓉经堂。

梅蓉位于富春江畔，与桐庐县城相距10余里。经堂位于前江村北田野之中，与郭侯王庙相距百米。经堂是一座清代建筑，始建具体时间已难考证，它是九里洲上信仰佛教的女性教徒修行的地方，现在已经爬满木莲藤，坍塌废弃了。据说，有老太太为修功德，坐化在经堂之中，至死没有离开经堂一步，民间传说叫做坐莲经。小白菜来经堂非是为了打尖小住，当地人传说是为了修阴（即修阴德）。经堂中尚留有两幅石刻楹联，似乎述说着小白菜清苦的修行生涯：

> 竹影横斜笼法案，钟声续断出香泉；
>
> 云去云来谁是主，花开花落自成空。

（事见《九里洲问梅》）

林则徐两游九里洲

林则徐，字元抚，又字少穆、石麟，福建省侯官人。清代政治家、思想家和诗人，曾任湖广总督、陕甘总督和云贵总督，官至一品，民族英雄。两次受命钦差大臣，力主严禁鸦片。

清道光十九年（1839）春，林则徐被任命为钦差大臣、两广总督，从广州禁烟回来。船到建德，严州知府刘锡亭送来酒菜，在林则徐的官船上共进午餐。期间，建德知县冯箴、桐庐知县徐正煌也上船拜见了钦差大臣。中饭后，入七里泷，过钓台，傍晚过桐庐县城。那天风大浪急，林则徐并未上岸，便在官船上歇息。第二天，东北风更大，湿云迷山，时有阵雨。官船抵九里洲，适逢梅花盛开，林则徐上岸，与观音寺僧海峰及野老等漫步九里洲。只见梅洲锦畴，万树英芬，清香袭人，九里一色，于是赞道："梅洲山水明秀，乃文墨荟萃之地。"返回官船时，风雨大作，林则徐一行只好移泊对岸之窄溪。林则徐的第一次桐庐行，尽管天不作

九里洲上梅花开

美，但每到一处前迎后拥，心情一定是愉悦的。

道光二十一年（1841），道光帝以鸦片战争开罪林则徐，撤了林则徐钦差大臣、两广总督之职，等待发落。时浙东军情危急，英军进攻定海、宁波，林则徐上疏"自愿戴罪立功，抵浙东前线效力"。道光帝准请。四月十七日，林则徐以四品卿赴浙江军营（镇海）协办海防事务，自福建经金衢严道循乌石滩，抵桐庐桐江驿，桐庐县令刘铎往见，在刘陪同下，晚抵梅洲赏花。至二鼓才移舟东去。

（事见《丁亥日记》《富阳县志》）

死生包力生

包力生是诸暨县包村普通村民，振臂一呼，召集全村乡民抵御太平天国军的侵扰，名震一时。太平军以逾10万之众攻打小小包村，包力生最终战败，生死未卜，下落不明。

同治中叶，桐庐县内九里洲佛堂——余庆庵来了一个身材高大、气宇不凡的男子，自称包大孝，诸暨包村人，遇战乱无处安身，平日里吃斋信佛，请求在此地避难。得到许可后，与本地善男信女们一起，每天坐在蒲团上合掌诵经，神情虔诚敦厚，与普通村民没有什么两样。不久后，他就带着一名妇人迁往钟山乡的佛堂，还时常出没于城乡各地募斋化缘。死于光绪年末。有人说，他就是当年抵御太平军的包力生。但是他在桐庐生活30余年，一点也没有透露风声，同村老人有时跟他说起包村的故事，他也只是点头附和没有反应。当时的县令叶元芳，有一位好朋友名为李宫，字小山，湖北人，当过台州同知，因憨厚而刚直离职，暂居桐庐。他曾到过诸暨包村，与包力生有一面之缘，愿意当面辨认是否就是同一人。于是叶县令请包大孝来县衙，李宫问他诸多情况，包大孝只是憨笑并不回答。问急了也只是频频摇头，含糊不清地回答道："作孽啊作孽！"李宫判断，他极有可能是包力生，但桐庐的乡民都不相信。

有闻，包力生隐居桐庐深山中未死，其子包增良因此只身走访，至淳安扎溪，相遇于茶馆之中，人呼其人为"包大孝"。包增良呼以父亲，不应，对包增良说道："前来认我的人多了去，我不认识你是谁，你说你是包力生的儿子，你拿证据来见。"包增良随即回家，不数日，取包氏宗谱复去。在九里洲的余庆庵中，见到包力生趺坐诵经，岸然一学佛者。包力生对包增良说道："包村被破日突围之后，就避居山中，后来回去诸暨，听说官府已经请旌于朝，于是回转至此隐居。每每念及当时杀贼情形，不觉为之怆痛。数年前曾于村破之日，回包村焚拜于忠义祠墓前，村人已经没有认识我的了。"并详细询问了村中的情形，乃遣包增良回去，叮嘱道："千万不要告诉别人我在这里。"包增良回到包村，用纸贴去忠义祠中包力生的牌位，村人于是都知道包力生还尚在人世，欲寻访，都被包增良推却阻拦。包力生在桐庐每日走乡里劝人为善，在庵中则惟诵《莲华经》不止。宣统三年，包力生殁，葬于庵前，题曰"包大孝之墓"。

（事见《民国·桐庐县志》《红羊劫·包村记事》）

马岭关激战

桐庐县境有两个马岭：一个位于富春江镇，在桐庐与浦江县界上；另一个位于分水镇太平村，在桐庐与富阳区界上。有关隘的马岭在太平村。

关隘，又称关卡，是古人在交通要道设立的防务设施，往往依山而筑，断塞关隘。马岭隘口至今仍有保存完好的军事防御设施城墙关卡，块石

马岭关隘

叠砌，仿佛一垛城墙。走过拱形的墙门，路旁设有石碑，上面记载了清咸丰十年（1860）太平军进军马岭，在此与守军发生激战，双方死伤无数。

天京事变后，太平军从战略进攻转为战略防御，纪律及战斗力大不如前。

为了生存，太平军只能以抢劫为生，缺什么就抢什么，缺钱抢钱、缺粮抢粮、缺人抢人。兵力不足时，便强行拉壮丁；常年流窜在外，性欲得不到发泄，便抢掠良家妇女。《浙江百年大事记》载："同战前相比，分水人口仅存十分之二。"全县人口从64172人骤减到10092人，实际上是五分之一还不到。许多村落惨遭"屠村"，太平军烧杀抢劫，致使全村百姓生者寥寥。

太平军的暴行，迫使老百姓"自救"。咸丰九年（1859）十月，村民高保大首

先在马岭筑"砦"（防御用的栅栏）。第二年，太平军三千人马准备从分水经马岭转战富阳。清军以"砦"为基础，用大块石构建了厚度超过3米的马岭关。两军在这里有过两次血与火交战，最终不见踪影。

（事见《於潜县志》）

方辛孤胆战粤寇

方辛，名毓瑞，字效壮，号云岩，桐庐定安乡（今江南镇石阜村）人，虽有过目成诵、下笔千言的文才，但在科场上并不顺利。清道光丙午年（1846）方辛乡试中举后，先后4次参加礼部的考试，都没有考中，只好返回桐庐。

方辛从小就酷爱武术，武功高强，特别擅长手搏法，即能空手或仅用木棒和他人的钢刀相搏斗，又擅长剑术。有一次，他上北京参加考试，途经山东时，在途中遇到30多个强盗要抢他的东西。他手舞双剑，一连斩杀5个强盗，其余强盗顿时吓得四散逃命。

咸丰十一年（1861）十一月，方辛第四次参加科考。从北京回桐庐时，粤寇（太平军）已经遍及浙江全境，桐庐也不例外。事有凑巧，正当方辛快要到家的时候，碰到了一股粤寇。这些粤寇看到方辛独自一人，便拿着利刃蜂拥而上，想要活捉他。方辛见来者不善，便一跃而起，从对方手中夺过一把钢刀，一连砍死多名粤寇。粤寇仗着人多势众，一个个举着钢刀向方辛砍来。方辛毫无惧色，继续格斗。乱战中方辛不幸被粤寇砍伤鼻子，但他还是继续和对方拼命厮杀。最后由于体力不支，摔倒在地。

这时，村人闻讯，从四面八方赶了过来，粤寇这才四散而去。家人将方辛抬到大桐洲（今属富阳新桐乡）名医家时，终因伤势过重，不治而亡。临死时，他还口占七律两首。其中有云：

> 征马归来病七秋，区区独抱杞人忧。
>
> 干戈扰乱何时息，郡邑摧残到处愁。
>
> □□□□□□□，□□□□□□□。
>
> 防身一剑如霜月，未肯歔欷学楚囚。

方辛殉难后，他的两个儿子及孙子均荫袭云骑尉。

（事见《民国·桐庐县志》）

陈林臣虎口救兄

陈林臣，分水人。陈家世世代代务农。陈林臣有个哥哥叫陈林奇，他俩虽说是亲兄弟，可性格脾气却不一样。陈林奇的性格比较内向，爱静不爱动；陈林臣性格比较开朗，爱动不爱静。一个除了务农还是务农；一个除了务农之外，还喜欢打打拳，练练武。虽说没有钱去拜名师，但天长日久，竟也学得了一些拳术和套路。

一天，兄弟俩到山上砍柴。正当哥俩闷头砍柴时，不知从哪里跳出一只老虎。它冲到陈林奇面前，一口衔起他就往山上跑。陈林臣一见，一声大喝，随后又是"腾"地一跳，一个箭步跳到老虎面前，举起拳头就向老虎头上砸去。

话说这老虎正在奔跑当中，突然从半空中降下一个人来，又莫明其妙地遭了此人的好几下闷拳，竟然丢下口中所衔之人往山上逃走了。

不幸中的万幸，此时的陈林奇虽说已被老虎咬得血肉模糊，但并没有伤到要害之处。陈林臣赶紧将哥哥背回家中。郡守赵某(其名已佚)得知此事后，颁了一面旌旗给陈林臣，上书："脊令情切。"

（事见《光绪·分水县志》）

袁昶舍命挽危局

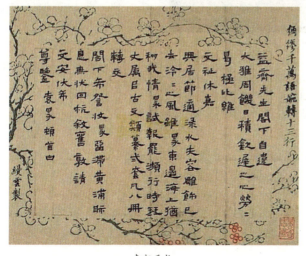

袁昶手札

袁昶，原名振蟾，字爽秋，号重黎，桐庐坊郭（今桐君街道）人。光绪二年（1876）进士，授户部主事；此后担任总理各国事务衙门章京、会典馆纂修官、江西司员外郎、徽宁池太广道、陕西按察使、江宁布政使。二十四年（1898），授三品京堂衔，在总理各国事务衙门行走；次年，授光禄寺卿，转太常寺卿。

光绪二十六年（1900），义和团从山东扩展至山西、直隶，直逼京师。当时身为太常寺卿而仍在总理各国事务衙门兼办外交的袁昶，深感事态严重，以捍卫国家的宗旨，立即向朝廷上了一道《为目前局势危迫亟图补救事》的奏折。之后，袁昶又冒死向朝廷上了《为祸乱亟迅谋维持大局事》的奏折，要求朝廷"严旨切责董福祥，饬令甘军悉行退出紫禁城外"。然而，慈禧对这份奏折仍是不理不睬。

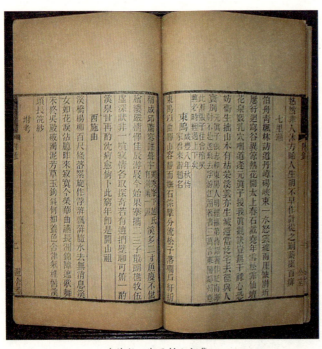

光绪版《渐西村人初集》

六月八日，慈禧太后在仪鸾殿召开御前会议，袁昶慷慨陈词。与袁昶关系较好的吏部侍郎许景澄、兵部尚书徐用仪和内阁学士联元都支持袁昶的意见，光绪帝握住许景澄的手哭泣。六月十七日，八国联军攻占大沽炮台。六月十八日，袁昶上《急救目前危局折》。六月二十一日，清政府以光绪的名义，向英、美、法、德、意、日、俄、西、比、荷、奥11国同时宣战。义和团及朝廷军队围攻各国在北京的使馆。袁昶又上一奏疏，力言奸民不可纵，使臣不宜杀，但没有结果。后袁昶又和许景澄一起写了第三道奏疏《请惩祸首以遏乱源而救危局》，严劾酿乱大臣。但这道奏折尚未来得及奏报，载漪等人已采取了行动，令刑部尚书赵舒翘将袁昶等人下狱。七月二十七日，袁昶被骗出家门后被关押。二十九日，袁昶与许景澄身穿官服在菜市口被处死。

光绪二十六年(1900)十二月，八国联军退出北京。十二月二十五日，光绪发布上谕，宣布为袁昶等人平反，"开复原官"。宣统元年(1909)又追谥"忠节"，五月宣统下诏，在杭州西湖孤山南麓敕建三忠祠，奉祀袁昶、许景澄、徐用仪三人。

（事见《民国·桐庐县志》）

方骥才品学纯正

方骥才，约生活于清同治前后，字蹳云，号壶山。清桐庐定安乡（今江南镇）石阜村人。清同治拔贡。自幼聪颖好学，善诗工文，文采斐然。及长，专心致志学习研究程朱理学，成为县内的名儒。

方骥才十分崇敬程朱理学，受此影响，对规定的道德和行为准则，不仅自己身体力行，还向乡民宣传教育。所以村里百姓有纠纷、争执的事，总请他出面调解。因其为人正直无私念，又行事严肃认真，处理比较公允，在乡村邻里中威信甚高。

桐庐邑令何维仁得知骥才学识渊博，人品高尚，乡民中口碑又好，想要见他，三次邀请不得。特亲自上门访之，又不肯见。门人也认为骥才如此行为有失常理，而何县令不但不怪他，反而更尊重他，要保举其孝廉方正，以便进入仕途，授予官职（孝廉方正，乃清代特诏举行的制科之一。乾隆时，定荐举后送吏部考察，授以知县等官及教职）。可骥才又借口年老婉言谢辞，何县令深知"人各有志，不可强求"，敬其学识品行，特赠"品学纯正"额和"君子儒"额勉励。

方骥才隐逸不仕，终老布衣。逝世后，门人袁梦、袁棻辈私谥"道南先生"。

（事见《民国·桐庐县志》）

儒士茶商张曰珹

张曰珹，字玉轩，清末邑廪生，广有文名，且富胆识，父亲去世后弃文经商。分水地区盛产茶叶，由本地商人运往苏、杭一带销售，因受牙行中间盘剥，常致亏本。张曰珹愤怒不平，倡议在江苏吴江开设同德和茶行，直接设立经销点，从而挽回地方利益，茶商皆大欢喜。为使产品适销对路，他还联络本地茶农，改进制茶工艺，提高茶叶质量，产品经海道运销至辽东，营业十分兴隆。

曰珹不仅擅长经商，文才也颇出众，在《寓沪上感怀》诗中，他曾表达了自己的人生抱负与经商感受：

丈夫志在四方游，大地风光任意收。
观海几穷千里目，品茶频上五层楼。
赏多世味知甘苦，阅尽人情识险幽。
开港通商谁作俑，慨怀时事叹金瓯。

可惜张曰琲英年早凋,一生只过了短暂的二十八度春秋,竟为自己的事业而客死在吴江。

曰琲去世后,其三弟曰珩起而继之。在苏州设立武盛茶叶公司,加强与各方联络,业务日益扩大,经营范围延伸至哈尔滨、海参崴一带,销势年有起色。为拓宽市场,提高产品竞争力,曰珩在杭州曹家巷成立建(德)、淳(安)、分(水)会馆,作为茶商交流信息、联络业务的场所,并亲自制定会章及茶叶贮存、保管方法,使茶商有章可循,受益匪浅。

(事见《民国·分水县志》《桐庐县志》)

六睦四才子

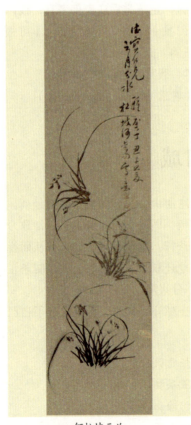

何松坡画兰

光绪二十二年(1896),为迎接朝廷丁酉科考,严州府在梅城组织六睦(当时的桐庐、分水、建德、寿昌、淳安、遂安县)士子考试,以推荐参加乡试的士子生员。

这次考试的结果,以臧承宣(字益芗)之文、陈本忠之字、何松坡之兰(画)、臧槐(字晋三)之诗赢得主考肯定,人称"六睦四才子"。

臧承宣,字益芗,桐庐百江镇联盟村麃坞人。光绪二十三年(1897)举拔贡,宣统二年(1910)任浙江省立第九中学堂堂长。1920~1937年,曾两度执教之江大学,主讲先秦及两汉文学。陈本忠,字静庵,书法家,清末分水百江人。何松坡,名一鸾,清分水(今桐庐县分水镇)人,嗜画兰,随笔挥洒皆有神韵。臧槐,字晋三,百江麃坞(今桐庐百江镇联盟村)人,一生写下了3400多首古今体诗歌。这四大才子均为当时分水县人,于是就有"益香文章本忠字,松坡兰花晋三诗"一说。

(事见《民国·分水县志》)

臧槐山水有"清音"

《绿阴山房诗稿》点校本

臧槐，字晋三，百江麂坞（今桐庐百江镇联盟村）人。

麂坞臧家是个大家庭，虽然家中不算富裕，但族中有着良好的读书氛围。从应童子试到县学读书，臧槐和我国古代所有读书人一样，希望通过考取功名走上仕途。然而，"过眼悲欢怜往事，满腔垒块感名场"（《夜过何氏书塾谒业师蒲蓉镜先生》），科场只拿了个恩贡，无奈悻悻而归；官场倒是有个说法——直隶州州判，不过是个候选。

其间，分水县知县刘贻槭见他才华横溢，不参加科考实在太可惜了，于是写信鼓励他继续前往"秋试"。臧槐回复道："韶华容易又秋风，读到公笺脸欲红。日试万言愁倚马，名邀一榜愧雕虫。"（《明府劝赴秋试赋此以呈》）他选择了"归园田居"，或在梅雪山下、屏山楼里，或在罗溪凤波、诸睦馆中，教书育人，甘为"五斗米"折腰，悠然自得，一直到去世。

他一生写下了3400多首古今体诗歌，自选其中1590余首分为4卷，定名为《绿阴山房诗稿》。民国时期又有《瘦草吟》《留影诗》各一卷。

据《续修分水县志》记载："（臧槐）生平酷爱吟咏，风晨月夕，山巅水涯，凡舟车所到之处，燕鸿聚散之场，无不借诗记事，信口成章，圆转如意，不费推敲，善操之者熟也。"被当时邑令李佩秋明府题赞为"山水清音"。

陈本忠书题"候潮门"

候潮门为杭州十大古城门之一。始建于五代吴越，名竹车门。南宋绍兴二十八年在竹车门旧基重建城门。因城门濒临钱塘江，每日两次可以候潮，故名。

清末，候潮门修缮，向全浙公开征集"候潮门"题写，要求写成门名后不准注

陈本忠书法

落款，只能编号，再由当时的书法名家来选择最佳题字。最终陈本忠所写的"候潮门"被选中，令他名噪一时，此事在当地也被传为佳话。

陈本忠，字静庵，清末分水百江人。他生活淡泊，喜欢游山玩水，曾说："大丈夫志在四方，如不见名山大川扩大见识，死守窗下岂不可惜。"双亲在时，他在近处游历。父母去世后，他便携笔云游苏浙。

陈本忠书法卓然大气，秀骨媚姿，与赵松雪、董香光相近。平时他喜欢临习王羲之的字帖，本村祠堂内的匾额、对联及墙壁上的书法多出自他的手笔。行走千里时，他不带钱粮，以字换钱，所到之处向他求字的人络绎不绝。

（事见《人文百江》）

王燕毅"洁身好义"

王燕毅，桐庐县城坊郭（今桐庐县桐君街道）人。他从小喜爱读书，但生逢乱世没有机会完成学业。因为生计，便选择了经商。王燕毅经商精明能干，诚实守信，大家都很尊重他。

光绪九年（1883），知县沈懋嘉准备新建朝阳书院，因为找不到好的管理人才犯难。县内一些有识之士都推举燕毅，沈知县也觉得他行，便聘请王燕毅全权负责朝阳书院建设工作。

王燕毅受命后，从设计、选材到施工，无论严寒还是酷暑，他都坚守工地，认真督导，兢兢业业，一丝也不敢松懈。经过三年努力，朝阳书院宣告竣工。

王燕毅督管的朝阳书院工程质量好而且省钱，得到大家称道。和他商议管理酬金时，王燕毅推辞说："我也有子孙，我的子孙也要在这里读书。管理朝阳书院工程是为自己，并非为了大家，怎么能要报酬呢。"王燕毅说这话的时候，沈知县已卸任。继任知县杨葆彝为表彰他的贤劳，亲书匾额"洁身好义"。

（事见《民国·桐庐县志》）

富春江上"交白船"

"交白船"也称"江山船"。元末陈友谅本想和朱元璋争夺"江山"的，不想兵败于鄱阳，其部属被贬入舟，"九姓"拥有的"江山"仅为一只船。另外，"九姓"为改变自己"贱民"的地位，必须夺回失去的江山，故称作为自己复辟的根据地、赖以生存的船为"江山船"。

"交白船"是明清时活动于钱塘江、富春江上的一种妓船。九姓子孙以舟船往来于杭州、严州、金华、衢州，捕鱼货运。迫于生计，多有以女为船妓。"交白"就是为了强调交往清白的意思。"交白船"的后舱有年轻"渔妇"，浓妆艳抹招待客人。客人习惯称之为"同年嫂"（在桐庐、严州一带讹传"同年嫂"为"桐严嫂"）。《孽海花》是这样讲述"交白船"的：只在江内来往，从不到别处。如要渡江往江西或到浙江一带，总要坐这种船。这船上有船娘，都是十七八岁的妖娆女子，名为船户的眷属，实是客商的钩饵。《民国·桐庐县志》的描述更为细致：交白船"形类大划而尾特翘，蓬腰设窗幛以筇帘，门涂朱碧，舱设客座，房栊、几席、巾枕之属，布置精洁。每船蓄雏鬟两三，能弹琵琶，歌曲侑觞，作官商茶会清宴之所"。

清光绪十年（1884），内阁学士、福建学政宝廷，由水路返京时，即纳一江山船妓为妾，后上疏自劾去官，其事一时盛传。著名诗人黄遵宪有七言歌行《九姓渔船曲》，嘲讽宝廷在"交白船"上发生的这段风流韵事：

> 使君五马从天来，八闽张罗网贤才。
> 何图满载珊瑚后，还有西施网载回？
> 西施一舸轻波软，原是官船当娃馆。
> 玉女青胪隔牖窥，径就郎怀歌婉转。

（事见《官场现形记》《两浙史事丛稿》《孽海花》《民国·桐庐县志》）

姚桂祥科场戏科举

清光绪二十三年（1897），适逢全省选拔贡丁酉科考。场中考题为："子谓卫公子荆善居室始有曰苟合矣少有曰苟完矣富有曰苟美矣"。这是《论语》中的一句话。译成白话为：孔子说，"卫公子荆可称得善于处理家业了。"当他财物开始有的时候，便讲："将就凑合了。"到他稍多时，便讲："将就完备了。"到他更多时，便讲："将就算得是美了。"

贪求财富，永久不能满足，这是一般人的通病；卫公子荆处处知足，这是他的美德，所以孔子称赞他。但怎样才能写好这篇文章，伤透了参考士子的脑筋。桐庐水滨乡（今江南镇）有个叫姚桂祥的明经，对科举的八股十分厌恶。考场之上当即写了首《竹枝词》：

> 题牌未到已心慌，况出长题两大章。
> 欲向陈编寻客套，可怜夹带已搜光。

本来走进考场就心慌意乱，拿到考题后，发现题目比想象的还要难。准备到书箱里找点客套的文章一抄了之，无奈早已被监考收走了。口吻调侃之至。末了更惨，才写了文章的开头（八股文的破承），要交卷了：

> 一行文字未抄全，盖戳人员到面前。
> 千万哀求空几格，偏偏印在破承边。

（事见《民国·桐庐县志》）

濮振声"仇教案"

濮振声，字名芳，号锦潮，原高翔乡石青村人，同治岁贡生。以训导的头衔候选在家。他平时做事都是从大处着想，不拘小节，性情刚直，乐施好善。

濮振声常与江西、安徽各地的革命党人暗通声气，并成为会党中丙派（即白布会）会首。开始练武、学医，成了一个高手。义和团运动爆发后，濮振声以保护乡邻为由，利用清政府给他办团练的机会，创办了"宁清团"，组织武装力量。当时桐庐、分水两地的客家纷纷加入他的组织，推他当首领，他成为了客民董事。

光绪二十五年，桐庐水滨乡有潘、吴两姓为墓地归属纠纷诉讼到知县那里，知县沈宗瀚判定吴姓胜诉，但潘姓请天主教徒张洪奎出面，抗拒知县判决，引发了有名的天主教案。天主教方面提出六项要求，知县沈宗瀚迫于外国势力和上司压力，同意完全照办。这件事激怒了广大民众，桐庐教堂被乡民一把火烧了个精光。浙江巡抚晓得后，斥责桐庐县对教堂保护不力，撤了知县，并责令赔偿资金重建教堂。一时间，老百姓都很不服气，而一些势利小人和地痞流氓看到教会势力大，都纷纷加入了天主教，并依仗教会势力为非作歹。

濮振声故居

受到欺负的老百姓就又到濮振声这里来告状。他一面安抚，一面以"宁清会"名义要求惩处闹事的教徒。浙江巡抚派副将吴忠选前来处理，但吴偏袒天主教，并要镇压宁清会。濮振声勃然震怒，群众也好比是浇了油的干柴，只等濮振声领头。濮振声一面派人与六县白布会会首联络，同时派人与安徽、浙江金华衢州会首约定起义，决定与洋人不共戴天。

光绪二十八年十一月，濮振声带领白布会众，以灭天主教为名，在殿山庙誓师起义，响应者不下万人。当时他计划起兵桐庐，然后沿江而上，出严州与江西、安徽、金华、衢州革命党人会师，以谋大局。

浙江巡抚得到报告，立即派观察黄书霖、省防军管带马长春、统领费金祖星夜带军赶到桐庐。濮振声挺进桐庐，在横村埠与官兵相遇，苦战数日，始终不能突破清军阻兵。濮振声见情况危急，马上改变计划，带军撤退，准备经过分水，出於潜、昌化进入安徽。起义军到达分水百岁坊时，清军已经追到，起义军虽然人多，但一来没有经过操练，二来缺少武器，难以形成突击力量。濮振声立即决定利用有利地形抵抗，同时派人抓紧打探各地响应的情况。经过几天奋战，死伤1000多人。濮振声发现各地联络困难，金华、衢州、江西、安徽又没有见会党响应，并且於潜、昌化的道路已经被清军封锁了，这时的濮振声因操劳过度，心力憔悴，也病倒了。为了保全义军，以免无辜流血，他做出安排：让能遣散的义军立即遣散，难以遣散的让濮厚贤率领向合村方向突围，自己则毅然自缚挺身到清军中，称一切都是自己所为，与他人无干。清军慑于他的声望，怕进一步引起激变，连夜将濮振声押到杭州，囚禁在仁和县署。

浙江巡抚聂辑规知道濮振声一向来很得民心，并且各地会党已经形成势力，如果杀了濮振声，恐怕会进一步激起民愤，不如暂缓来平复民心。于是把这次起义说成是濮振声儿子濮厚贤胁迫父亲所为，上报朝廷，将突围到合村后被捕的濮厚贤杀害了事。

第二年冬天，光复会领导人陶成章、魏兰从日本回来到狱中见濮振声，商量反清活动。光绪三十三年（1907）七月，濮振声在监狱中病逝。辛亥革命成功后，称濮振声为辛亥革命先驱。

（事见1991年版《桐庐县志》）

陶成章在桐革命活动

陶成章像

陶成章，字焕卿，浙江绍兴人。民主革命家，光复会创始人之一。他年轻时就以反清复汉为己任，为提前结束清王朝统治，先后两次赴京刺杀慈禧太后未果，后只身东渡日本学习陆军。

1904年初，陶成章与魏兰一道从日本回国，联络会党，准备起事。陶成章觉得，桐庐白布会与洪门各会党相比更有"军制"。2月13日，陶成章和魏兰持《杭州白话报》主编孙翼中的介绍信前往仁和监狱，与白布会首领濮振声相见。2月19日，陶成章又与魏兰再次到仁和监狱与濮振声相见，畅谈反清计划。濮振声见陶成章和魏兰革命意志坚定，秘密写了数封介绍信，送上10多张名片。陶成章化名陶起东，与魏兰一起由杭州出发，按照濮振声的引荐，前往浙西山区联络会党。

陶成章与魏兰抵桐庐焦山埠（今瑶琳镇），探访附近一带的秘密会党。因白布会首领濮振声被囚狱中，会党的一切事务由其军师刘军师主持，陶成章和魏兰得到刘军师的帮助，得以与白布会各派取得联系。魏兰从水路返回云和后，陶成章则遍访桐庐、分水各村落，拜会白布会会员，秘密宣传革命。

事后，陶成章由分水县城出发，经设峰岭、歌舞岭翻山进入建德，辗转寿昌、汤溪、龙游、遂昌、松阳到达云和。陶成章和魏兰在云和创办了先志学堂，对外以公开招生为名，暗中联络会党成员，招收会众入学。

光绪三十年（1904）冬，陶成章与龚宝铨等在上海组织光复会，推蔡元培为会长。光绪三十二年（1906），陶成章在日本加入同盟会，并联络白布会等浙皖会党起义。宣统三年（1911）七月，光复会会员、分水高墙头（今桐庐县瑶琳镇高翔村）人汪达庭受陶成章指派，到於潜、临安、分水一带以白布会余党为基础，组织农民义军，攻克分水县，释放民犯，开仓济民。

中华民国创立后，陶成章力辞接任浙督，积极准备北伐。设北伐筹饷局、光复军司令部，任总司令。1912年1月14日凌晨，陶成章被受陈其美指使的蒋介石、王竹卿暗杀于上海广慈医院，年仅34岁。

（事见1991年版《桐庐县志》

富春江上唯一之名园

1930年代的一天，周天放、叶浅予从桐庐县的北门出去大约10里路，又走了没多远，忽然看见有高峻壮丽的台榭和茂盛的树林。那树木茂盛、幽深秀丽、蜿蜒在山脚和水岸间的就是罗灿麟的别业"肖园"。肖园也称罗氏别墅、罗家花园，位于现在的旧县街道办事处所在地以及周边一带，占地10余亩，园中有堂一、阁二、轩四、楼六、亭二。有可宜楼、避暑楼、藏书阁、观荷楼等名建筑30余处。楼边有荷花塘，塘边有涵碧楼，30余米的长廊两旁都是大小花园。

进入肖园的"宝华厅"后，出"随花门"参过"龙泉涧"右转而上，到了"飞霞阁"。再往上走，是"贯虹舫"。往左登上"可宜楼"，转过"攀桂处"，进入"葫芦门"，接着进入"避暑居"。从旁边行走，斜着上去，拾级而升，就有"更上一层楼"在那里。这座占地约10余亩的私家花园建成于光绪初年，园子主人罗灿麟对建筑颇有研究，它依势起楼，随岩构亭，遇下凿池，临水度榭，曲径通幽。园中有30多处楼、堂、阁、轩、亭等建筑，让所有参观者目不暇接。"更上一层楼"坐落在山顶，站在楼上，眺望远方，山川、城邑、风帆、沙鸟历历在目，让人有超然于尘世之外的感觉。罗灿麟既能从政，也颇精于建筑艺术。他家有一座"罗氏肖园"，被《富春江游览志》称为富春江唯一之名园。富阳、桐庐两县新筑之公园皆不逮其万分之一。灿麟好客，尤喜与学人雅士交游，故至富春江探幽览胜者必过之。灿麟好诗，客有投赠，辄什袭藏之。曾从其中选佳构刻《肖园诗集》两册于世。灿麟亦好艺菊，搜罗名种，勤裁广植，爱护维谨。有客来赏佳句，往往以名花相报。周景鄞有诗云：

桐山送别雉山迎，两掘铜符岁月更。

归去来兮何所事，菊花满径待渊明。

乾坤六子定非常，半护相新半未尝。

夕照将近馋话别，一枝赠我佛头黄。

周天放、叶浅予两先生合著的《富春江游览志》，称肖园为"富春江上唯一之名园"。

（事见《富春江游览志》）

肖园的消寒雅集

《桐江肖园诗集》点校本

清光绪十五年（1889）夏日的一个傍晚，应肖园主人罗灿麟的邀请，桐庐教育局长高鹏年与邢镜祥、张哲炳、袁锡恩、陈培之等一帮县内文化名流齐聚肖园的"宝华厅"。

晚上，主人设宴招待大家。文人相聚除了喝酒聊天之外，自然少不了谈诗，没有诗佐酒自然就不"雅"了。罗灿麟提议成立个"消寒诗社"，定期聚会，作诗吟咏。就像《红楼梦》中的"海棠诗社"，酒足饭饱后"风雅"一下。

诗社为什么叫"消寒诗社"呢？这与"夏九九"有关。我国农历中有"冬九九"和"夏九九"。"冬九九"大家知道，它以冬至为起点，每九天为一个九，九九八十一天。三九、四九是全年最寒冷的季节。"夏九九"是以夏至为起点，也是九九八十一天。同样，三九、四九是全年最炎热的季节。清代杜文澜编撰的《古谣谚》里有"夏九九歌"："一九至二九，扇了不离手；三九二十七，吃茶如蜜汁；四九三十六，争向街头宿；五九四十五，树顶秋叶舞；六九五十四，乘凉不入寺；七九六十三，夜眠寻被单；八九七十二，被单添夹被；九九八十一，家家打炭墼。"以诗消暑，以诗迎接"冬九九""寒冷"的到来，如此一说，"消寒诗社"便有了诗意。

在众人的谦让中，身为教育局长的高鹏年乘着酒兴吟道：

> 旧邑溪山入画图，置身浑似在蓬壶。
>
> 达夫十载前来此，依旧今吾即故吾。

诗人既赞美旧县风景如画，又感叹自己在桐庐为官10年没有得到提拔，还是在像蓬莱仙境一样的肖园吟诗作赋好啊！

诗社有个约定，席间依次吟咏，接不上的话，得罚酒三杯。邢镜祥不是不会喝酒，但作为有"身份"的贡生，他接着高局长的话题唱道：

> 居然眼前即蓬莱，顿使心花怒放开。
>
> 酒国逍遥春不老，几生修得能重来。

从《桐江肖园诗集》可以看出，文人相聚，流觞曲水，"虽无丝竹管弦之盛，一觞一咏，亦足以畅叙幽情"。

（事见《桐江肖园诗集》）

五月文化盛宴——芦茨戏

旧时，桐庐每年农历五月都要以舟楫迎请"芦茨菩萨"到县城"看"戏，俗称做"芦茨戏"。

"芦茨戏"始于何时，无从考证。相传芦茨埠有一祠庙，供奉的是"芦茨菩萨"或"芦茨老相公"。芦茨菩萨即隋朝大司徒陈杲仁。他于隋大业中曾统兵讨伐东阳叛匪，后隐居桐庐，并有功于当地百姓，故筑庙祀之。据说菩萨十分"灵验"，大凡本地人氏均对其极崇奉之，无不以虔诚笃信之心渴望菩萨的福佑，祈求和祝愿丰收吉祥。桐庐县城的商贾、摊贩以及居民，每年五月都要凑一定的份子钱，由地保（清代和民国初年在地方上为官府办差的人）轮流主持，雇船派人前往芦茨埠接"芦茨菩萨"到县城。

这一天，凡接"芦茨菩萨"的船只，桅樯顶上悬挂有"陈"字的黄色大幡。船中置有香炉、烛台，两侧插彩旗、悬灯笼。船队燃点鞭炮，鸣锣击鼓，浩浩荡荡地从桐庐启程，其景十分壮观。

第二天，众人敲锣打鼓、放炮鸣号，簇拥着将"芦茨菩萨"的大轿抬迎上船，返回县城。一路上浩浩荡荡，热闹非凡。

迎神的船在县城的水弄口泊岸后，众人将轿内的"芦茨菩萨"先抬入东门土地庙。至此，县城一年一度的芦茨社戏算是开始了。

县城中的绅士商贾，均要轮流请戏班为菩萨做戏文，有的则独资包台。城关撑船、放排的人们也凑份子到外地请戏班。说是做戏给菩萨看，倒不如说是桐庐人一年中难得的一次艺术享受。整个社戏庙会持续近一月。

（事见《细叙沧桑记流年》《桐庐富春江文化集粹》）

西武山原来叫"新妇山"

乾隆《桐庐县志》载："西武山，一名新妇山，前临桐溪。相传昔有妇人，以其夫从征不返，投水而殁，葬于此山，故名。"民间故事中说，分水江边的财主家有位美丽丫环，她爱上了一位英俊的长工，两人心许终身。但财主家的少爷也贪恋丫环姿色，当得知丫环与长工相爱，为了达到霸占目的，便设计陷害长工。长工被征到边疆从军。丫环坚贞不屈，至死不从，天天来到江边哭泣，期盼心上人早日归来。一个桃花盛开的时节，财主家的少爷追到桐溪沙滩上骚扰，丫环为保贞洁，投江自尽。一个叫花痴的词人据此创作了《点绛唇·新妇山》：

几坞桃花，繁华塞住桐溪渡。望夫新妇，那便是娇如许。

审视啼痕，知道径凉露。伤心处，一江红雨，摇落自无主。

到了清代，西武山有个叫袁源的为追思媳妇夭折，在大坞山麓建了一座石亭，并把此词镌刻于亭壁。天长日久，新妇山雅化为西武山。西武山位于分水江出江处，东山西岸渔舟往来，常闻歌声。"桐溪渔唱"为县境名胜之一。

（事见《乾隆·桐庐县志》）

看不到桐君山要哭

不知何时起，桐庐开始流传一句俗语——看不到桐君山要哭。桐庐人为什么看不到桐君山要哭？笔者以为原因不外乎有三：

一是环境优越，故土难离的生存状态。

"钱塘江尽到桐庐，水碧山青画不如"，钱塘江—富春江—新安江蜿蜒如带，如诗如画，流淌千年。在这条母亲河上，从4000年前方家洲打制玉、石器，到"中国最美县"，沧海桑田，这里始终奇山异水，天下独绝。山的伟岸、水的灵韵、林的秀色，构成了山水洞天色彩斑斓的景致与诗画般的意境。山清水秀的自然环境，物产丰富、风情独特的潇洒与富足，铸就了桐庐人浓烈、执著的家园意识，故土难离的恋乡情感模式。

二是风俗淳朴，情怀使然的价值观念。

乾隆《桐庐县志》载，桐庐民风淳朴，"士服诗书，农安陇亩，工多外来，商惟坐售"。淳朴的情怀，富足的价值观，养成桐庐人耕读之余，很少有从事工商业人。手艺工匠来自他乡，如东阳木匠、永康铁匠等。即便经商，也只是在家门口开个店，从不做贩运贸易。《乾隆志》总结为："货物之出不尚奇赢"，"风教固殊"。

三是县域标志，眷恋图腾的文化风尚。

桐君山位于浙江省桐庐县分水江与桐江交汇处，山高60米，兀立江边，有"小金山"、"浮玉山"之称。桐君山一峰突兀，下瞰两江。循磴道而上，林木苍翠，鸣禽上下，如置身于画图中。抵山顶，极目远眺，云烟飘缈，水波浩瀚，山川胜景，尽收眼底。清末梁启超称之为"峨眉一角"，而康有为则誉之为"峨眉诸峰不及此奇"。相传黄帝时有老者结庐炼丹于此，悬壶济世，分文不收。乡人感念，问其姓名，老人不答，只是指了指身旁的桐树。乡人遂称之为"桐君老人"。后世尊其为"中药鼻祖"，山为药祖圣地，县曰桐庐。

桐庐县城与桐君山仅桐溪一水之隔，是县域"标志"。在陆路交通不发达的年代，客货船只从县城东门码头起航，渐行渐远，离开桐君山就意味着远离故乡。游子归来，站在船头，只要看见桐君塔，自然而然兴奋起来："到家了！"本土诗人杨东增的《桐君山，桐庐的图腾》道出了这一缘由："桐君山为桐庐县起名给出了元素／像父亲，父爱如山／富春江和分水江细细的哺育着我们／像母亲，母爱绵长／看不见桐君山会哭／因为桐庐人崇拜图腾的光芒／看不见桐君山会哭／因为桐庐人对每一寸土地爱得绵长。"

王路山《桐君山》

端午流行吃"五黄"

我国地域广大，民间的传统节日端午，又称端阳节、龙舟节、重午节、龙节、正阳节、天中节等，且各地有着不尽相同的习俗。

乾隆《桐庐县志》载：桐庐"无龙舟竞渡之举，而角黍相饷，插蒲悬艾之风于今不改焉"。桐庐没有龙舟赛，这一天，为了辟邪，家家门插艾草、挂菖蒲、做香袋、裹粽子、洒石灰、种凤仙花。女婿须向岳家送礼，而岳母回以外孙（女）肚兜、虎头鞋、扇子等。这些传统习俗中，端午节中午吃"五黄"在当地尤为流行。

桐庐人称五月为"五黄月"，端午节的中午最适宜吃"五黄"餐。"五黄"包括黄瓜、黄鳝、黄鱼、蛋黄、雄黄酒等。因有五种带"黄"音的食物上市而得名。因为中医理论认为，五月是毒月，五日是毒日，午时为毒时。午毒居三毒之首，是一年中阳气最盛的时候，吃"五黄"可抑制霉运、杀虫解毒、降火祛湿，提升免疫力。

（事见《民国·桐庐县志》）

"同年朝"演"同年戏"

狄浦古戏台

《桐庐县志》载："农村旧节，源于社日。""江南时节"起自唐朝，发展于宋元，盛于明清，一直延续至今。勤劳朴实的桐庐人特别崇敬历史上的清官、良将，为了感谢曾为老百姓造福的清官、良将，祈求他们能继续保护百姓

的平安和幸福，同时也为了祈求上天风调雨顺，赐予百姓有一个好收成，各村纷纷

建造庙宇，并规定一个日子给予隆重的纪念。这个日子就成了后来的"时节"。

江南时节有一个重头戏，就是做寿。一般50岁开始做寿，且"六十小寿、七十中寿、八十大寿"。每逢寿庆，亲朋贺寿幛、寿礼、寿金。届时客厅布置寿堂，张灯结彩。晨起，小辈为寿者烧利市，点红烛、供寿果，焚香向南极仙翁跪拜，燎化元宝。宾客到家，出门迎接。或有送来寿幛、立轴，中堂张挂，贺礼陈列中堂。宾客到齐，寿者身穿长袍礼服，由小辈扶持，端坐中堂，接受小辈跪拜或行鞠躬礼，程序长幼有序。寿者向晚辈分发红包，鸣炮，同食寿面。富裕之家，请有乐队，于迎宾、祝寿时均奏乐，以烘托气氛。中餐开宴。或有请演员来家唱"堂会"，以娱宾客；也有雇戏班演戏，排八仙，与民同乐。

在江南一带，村中有较多20岁、30岁的同龄人，采用"AA制"，共同出资，集体同庆，叫"同年朝"。或演"同年戏"，或种"同年林"，以资纪念。

（事见《潇洒桐庐》）

满湖桐庐郡
清泽百丈中
钓菊虚有道
所得是真道

章烈白峰岭大战孙传芳部

白峰岭古道

　　章烈，字一定，新登麻车里(今富阳洞桥镇枫瑞村)人。高小毕业后就读杭州安定中学，旋考取保定军校第三期，毕业后南下广州，充大元帅府侍从武官，改任黄埔军校第一、二期步科考官，曾率学生军讨伐陈炯明，初具战绩。

　　1926年7月，国民革命军誓师北伐，章烈任国民革命军第二师第四团团长，从广州出发，随东路先遣军挺进浙江。在龙游，章烈所部大破孙传芳军。次年正月，章烈进军桐庐。直鲁军阀张宗昌援助孙传芳的军队号称十万蜂拥而至，章烈率部以桐庐新登交界的白峰岭为阵地与之展开殊死搏杀。桐庐、新登民众闻风策应，以土铳、檀树炮助战，奋战三昼夜，结果大破敌军主力。章烈乘胜追击，直下杭州，为北伐大军光复南京奠定了基础。

　　(事见《民国·桐庐县志》)

康有为题"嘉欣园"

康有为原名祖诒，字广厦，号长素，广东省南海县丹灶苏村人，人称康南海。清光绪十四年（1888年），康有为再一次到北京参加顺天乡试，借机第一次上书光绪帝请求变法，受阻未上达。光绪十七年（1891）后在广州设立万木草堂，收徒讲学。光绪二十一年（1895）得知《马关条约》签订，联合1300多名举人上万言书，即"公车上书"。

1895年4月22日，康有为"公车上书"失败后，为宣传维新变法的思想，在北京成立了强学会。之后，南下南京，游说署理两江总督的张之洞。同年11月，上海强学会成立。一些不愿做亡国奴的爱国志士纷纷捐款，支持变法。当时，正在上海做药材生意的年仅24岁的桐庐俞赵人俞英耀（字子联），被爱国求变的热情打动。他一激动，把带在身边用以做生意的3000银元全部捐给了强学会。张之洞很是感动，为表示他的真诚感谢，他把俞子联介绍给了康有为。从此，俞子联便与康有为结成了朋友。康有为因此先后三次造访俞赵，在富春江畔留下佳话。

康有为题嘉欣园匾额

1915年春，康有为受俞子联邀请，第一次到俞赵村。期间，他们游严子陵钓台。

1917年8月的一天，康有为突然又来到俞赵。这次康有为来的非常突然，俞家几乎什么都没有准备，而且他一住就两个多月。其间，有些日子，他还住到俞家在芦茨茅坪的亲戚家去了。这次他不游山，不玩水，整天呆在子联的书房里，连下楼都很少。虽然这里依然有人来找他，可这些人进出都显得非常神秘。其实，康有为这次又成了朝廷通缉犯，他在这近两年的时间里，协助张勋策划并参与了"张勋复辟"。毋庸置疑，康有为这次来桐庐俞赵，是为了避祸。

康有为在俞家住了两个多月后，俞子联亲自护送他到杭州，并借给康有为若干大洋。

康有为第三次也是最后一次来俞赵的时间是1920年。这一次康有为到俞赵同样是收到了俞英耀的邀请，为其策划嘉欣园的动工建造。康有为与俞英耀为了新修建的嘉欣园还专门前往杭州胡雪岩故居，考察其建筑模式，专为嘉欣园设计一幅规划图，图的上方为秀峰山，右边为凤凰山，山麓为农庄，左边是康有为亲笔撰写的《嘉欣园记》。康有为根据《楚辞九歌》"君欣欣兮乐康"句，题厅匾"嘉乐堂"（现保存在桐庐博物馆），园名为"嘉欣园"。

（事见1991版《桐庐县志》《潇洒桐庐》）

罗灿麟自掏腰包当县长

罗灿麟，字定甫，桐庐旧县（今旧县街道）人。岁贡生，宣统二年（1910）当选浙江谘议局议员。第二年秋，浙江光复，被荐举为桐庐县民事长，旋称县知事。时大局初定，仍乱机四伏，罗灿麟对众人开诚布公，安抚辑和有方，桐庐县境终于得以安宁。

民国元年（1912）五月，罗被调任淳安县知事。淳安民俗强悍，潜藏的寇盗蠢蠢欲动。而栖宿于山岩溪谷之山民，多以秘密栽植罂粟以为利。当时浙江省军政府正严令各县进行清乡活动，为便宜行事，授给各县知事以军衔。灿麟恐军队骚扰乡村百姓，乃布告日期，亲自率领人马，下乡进行实地调查。当时规定，在任在差之官员发给车马费，供出差时雇夫役和车马之用。罗灿麟分文不取，所雇夫役和车马薪水费用全由自己支付。在清查中严格规定，除罂粟必须锄去外，其他农作物不得有秋毫犯。一日，闻知一警长办案向百姓索财物，立即予以痛惩，由此民心安定，罂粟得禁。

淳安百姓皆颂灿麟是奉公守法的善良官吏。第二年退休回家。

（事见《民国·桐庐县志》《富春江游览志》）

蒋鸣仑保卫桑梓

蒋鸣仑，字仲达，浙江桐庐至德乡（今瑶琳镇）蒋家村人。清宣统二年（1910），毕业于浙江师范学校。次年，掌教分水玉华小学。民国后，他是桐庐、分水、新登三县中第一批剪辫子以示与清王朝决裂的人。

辛亥革命后，蒋鸣仑经历了军阀混战、袁世凯窃国等变故，深感"文儒无济"，文弱不能救国，遂于民国十一年（1922）投笔从戎，入河北保定军官学校习武4年。毕业后被派往浙江陆军第一师见习。因其才识过人，不久被任命为营长。民国十五年，升东路北伐军先遣军第二团团副，继任二十六军师部参谋处长。

1927年1月底，东路北伐军与军阀孙传芳部展开汤龙战役，孙传芳部大败，四处逃窜。一部逃到桐庐南乡（富春江以南），因2月初军阀士兵曾在南乡掳掠并杀死了一个无辜百姓，于是石皁、珠山、彰坞、石泉、会山等村庄的群众自动组织起来，齐心协力，用土枪、土炮、麦叶枪、木棍与之战斗。村民们一直将北洋军阀残军追杀至富阳地界。北伐军乘胜前进，于2月8日复进桐庐城。孙传芳调兵遣将，兵分两路向北伐军反攻，企图夺回桐庐。北伐军则决心将敌人歼灭在富春江和分水江畔的旧县埠、横村埠、浪石埠一线，与孙传芳部队隔江对峙，摆开了决战的架势，战线长达20多公里。

2月13日，孙传芳部队在桐君山上架起大炮、机枪，向北伐军阵地狂轰猛扫，双方先在桐庐县城展开了激战。桐庐的老百姓吃过军阀的苦头，对其恨之入骨。北伐军一到，群众知道军阀的末日就要到了，非常高兴。许多人为北伐军带路、送信、提供情报，在打仗时还送水送饭，运送伤员。听说部队要搭浮桥过河打军阀，横村宅里的群众毫不犹豫地拆下门板，并冒着生命危险送到前线，帮助部队架设浮桥。

蒋鸣仑时任东路北伐军先遣军第二团团副，他亲率一个营与盘踞在桐君山一带孙军激战。在友军的配合下，以少胜多，毙伤大批军阀兵，缴获一个团（有说一个师）的枪械。蒋鸣仑在战斗中立了大功，民国桐庐县政府制赠给他"保卫桑梓"大匾额。2月18日，蒋又率部参加江浙联军攻克杭州战斗，复立战功。接着随东路军攻打南京，他首先率部攻入雨花台，为南京光复再立新功，荣获南京政府"五级文虎"勋章。继而率部参加光复济南战斗，亦颇有战绩。

民国十九年（1930），蒋鸣仑任南京中央政治学校军事训练部大队长，在任5年。民国二十三年晋升少将衔。

民国二十四年（1935），蒋鸣仑因病逝于南京中央医院。

（事见《追美瑶琳》）

桐君山题名摩崖横空出世

唐代大历桐庐县令独孤勉等题名题记

桐君山除了不同时代著名书法家的题额外，还有远自唐代、近至民国的10多处摩崖石刻，有的就在路旁脚边，有的则在悬崖陡壁上，大小不等、行篆不一，错落参差，仪态万方。在这些摩崖石刻中，东侧临水的唐宋崖刻最为珍贵。该摩崖位于桐君山东麓滨水处，距离水面约8～10米高度。摩崖分为两部分，上部为唐篆题名，下部为唐宋人题跋。

这处唐宋摩崖石刻所在，巉岩高耸，藤蔓覆盖，无山路可至，非舟楫不能到，故千余年来，鲜有人问津，地方文献也无任何记载。清咸丰壬子秋九月（1852），袁世经（字藐圃，号雪蕉，桐庐人）独自一人撑船到桐君山崖下，依靠藤蔓攀登上去，隐约看到崖壁上有字迹，遂剔除苔藓，发现了唐代篆书摩崖。一时欣喜若狂，却苦于无法立木搭架，攀崖不得。之后，又独自冒险登梯拓印，终于取得了拓片。

20世纪30年代，陈锡钧（字伯衡，杭州人，一生致力于金石文献的收藏与考证，收藏宏富，考证精深，有"碑帖大王"之美称）偶然在袁昶的《桐溪耆隐集》中看到了有关袁世经取得唐宋摩崖拓片的记载，便从杭州只身赶来。几经周折，他找到了桐君山唐篆，但他也碰到了袁世经同样的问题——无法攀崖拓印。一时苦求不得，竟成了一桩心病。后来，在当时桐庐县长尹志仁的帮助下，组织了一队熟悉地形的当地人攀爬拓印。其时陈锡钧已年过半百，他担心乡民胡拍乱拓，不顾尹志仁再三劝阻，执意亲自冒险攀崖拓印。

当陈锡钧千辛万苦取得拓片下来时，不慎滑落，差点掉入江中。县长慌忙叫人相救。陈锡钧生怕拓片浸湿，竟高举着大呼先救拓片，大有南宋赵子固落水救定武兰亭，高喊"兰亭在此，余不足惜也"的遗风。盛赞唐宋题名一纸同拓"最为罕见"、"真可宝贵"。

余绍宋（字越园，浙江龙游人。日本法政大学毕业，曾任司法部参事，次长、代理总长等职，为近代著名史学家、鉴赏家、书画家和法学家）与陈锡钧相友善，陈锡钧曾赠他唐篆拓片一份。为此，余先生曾撰《桐君山题名摩崖跋》专文考证记录，发表在《东南日报》特种副刊《金石书画》上，称唐篆"尤为珍贵"。

（事见《桐君山题名摩崖跋》《严州金石》）

方埠不演《三看御妹》

越剧《三看御妹》剧照

越剧传统保留剧目《三看御妹》，又名《双连笔》，它讲述了这样一个故事：明巾帼女豪刘金定边关退敌，平定番邦。回朝后万岁龙心大悦，加封其为御妹，御赐"双连笔"。封家书生封家进上京赶考，恰遇御妹班师，天街拥堵中，未能见得巾帼美容，心中怏怏。次日，御妹烧香还愿，封家进竟冒天下之大不韪，躲在神案下偷瞧御妹。被御妹发现，两人四目惊艳，双双回家之后，竟都生起病来。御妹病体恹恹，太医诊脉，称回天乏术。其父张榜求贤，封家进自称三代世医，计入万花楼，私会御妹。金定以御赐双连笔相赠，誓偕白首。事为刘金定之父刘天化察觉，以调戏皇亲罪将加进押赴刑场处斩。后在刘金定周旋下，皇上下旨赦免封加进，并赐刘金定、封家进成婚。

那么，《三看御妹》与方埠有什么关联呢？今方埠村委南有片高地，名曰封家（今名假山），广约10余亩，为封姓世居之地。当年烟灶相望，号称千家村。洪杨之乱，封家绝后。据传，封家便是《三看御妹》中主人公原型封家进的故乡。

20世纪初，嵊县小剧团来方埠演出《三看御妹》，发现此剧讲的是方埠故事，且封家已无后人。为了尘封这段往事，方埠一带约定俗成，不演《三看御妹》。

（事见《桐庐微村志》）

红军苦战金紫山

1933年7月，中央苏区第五次反"围剿"遭到失败，中央红军主力被迫从苏区的西南方向突围，进行战略转移，开始了两万五千里长征。

在这次战略转移之前的三个多月，中央红军派军团长寻淮洲、政委乐少华率领的红七军团，以宣传和推动抗日民族运动为口号，从中央苏区出发，向南方挺进。这就是人们常常提到的红军北上抗日先遣队。

中央派出北上抗日先遣队，直接目的是威胁国民党统治的腹心地区，吸引和调动一部分"围剿"中央苏区的敌人，配合中央红军主力即将实行的战略转移。然而，七军团是中央苏区红军主力中较新的一个军团，当接受抗日先遣队任务时，全军团只有4000人。为了执行新任务，突击补充了2000多名新战士，合计6000多人，其中战斗人员4000多人，分编为三个师。武器也不足，全军团仅有长短枪一千二三百支，许多战士背的是梭镖。

6000多人的北上抗日先遣队经福建长汀、大田等地直逼福州近郊。由于敌我双方实力相差悬殊，在敌优势兵力堵截中损失严重。该部不得不相继转战于闽东、闽北、浙江和皖赣边。

1934年11月初，抗日先遣队转入闽浙赣革命根据地与红十军会合，奉命编为第十军团。红七军团编为十九师，继续担任抗日先遣队的任务。军团转战于皖浙赣边地区，29日上午，北上抗日先遣队抵达

金紫山下红军墓

合村豪山小学操场。由于分水县城快到了，抗日先遣队便派侦察连和五十五团先行出发，经百岁坊、富家、砖山、南堡，沿天目溪西岸直奔分水。下午2时左右，俘虏了守在五里亭附近的七八个国民党警察和一个巡长。当部队行进至离分水不到3里的山脚时，与刚渡过天目溪的国民党独立旅王耀武部前卫第二团的侦察队及第一营遭遇，双方发生激战。

这一带地势险恶，一边是高山陡坡，一边是天目溪，部队难以展开行动，两军狭路相逢，又受敌增援部队强大火力的压制，由于天色已晚、敌情不明、久战于我不利，于是除了留下部分兵力占领南堡以西的矮山头作掩护外，其余原路往回撤。

在先头部队与敌遭遇激战时，红军大部队已到达百岁坊一带，得到情报就地驻扎，司令部设在何一文家。

30日下午，雨幕笼罩了大地和山峦，王耀武仗着自己3个团六七千人的兵力，亲率特务连到南堡督战。盘踞在金紫山的敌前卫第二营第五连凭借人多势众、装备优良，向坚守的红军小部队发动猛烈进攻，战斗异常激烈。在敌众我寡的情况下，红军指战员接连打退敌人多次进攻，双方肉搏数次。最后，敌人占领了金紫山山腰的观音庙，红军被迫撤上山顶。

为改变被动局面，红军分3路全线出击。傍晚，红军开始反击。担负正面进攻的红军冒着枪林弹雨，向占领金紫山山腰观音庙的敌人发起猛烈进攻。坚守在山巅的红军也猛虎般冲向敌人。在红军的上下夹攻下，经过数小时激战，观音庙之敌被红军消灭。战斗持续到深夜，红军开始转移，只留下小股部队以断断续续的枪声牵制和迷惑敌人。这场战斗，红军以少胜多，歼敌130余人。

12月1日上午，天气晴朗，两架敌机飞临百岁坊、合村上空，配合王耀武部向红军进攻。这时，红军已经合村进入与昌化交界的天子岙、桥坑和青坑口一带。高山峻岭，敌机难以寻觅，只炸毁了一座空指挥棚。

1935年1月，在遂安（今淳安）茶山，先遣队军团领导召开紧急会议，决定全军回赣东北苏区暂行休整，再实施中央军区关于向浙西南行动的电令。翌日，先遣队离开茶山，南下赣东北。国民党反动派为消灭先遣队，动用十几万军队围追堵截，形成了一道道纵横交错的封锁线。从1月10日起，部队在7天内受到4次阻击。在怀玉山战斗中，除粟裕、刘英率领的先遣队800余人及少数部队突出重围外，弹尽粮绝，损失殆尽；方志敏、刘畴西、王如痴等主要领导人被俘，"中国工农红军北上抗日先遣队"失败。

（事见1991年版《桐庐县志》）

毛泽东三书《焚书坑》

竹帛烟销帝业虚，关河空锁祖龙居。
坑灰未冷山东乱，刘项原来不读书。

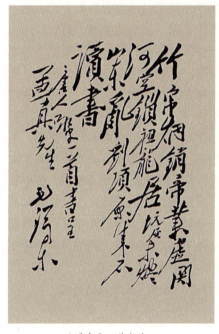

毛泽东书《焚书坑》

这首《焚书坑》出自桐庐晚唐诗人章碣之手，是一首极富调侃意味的诗作。大意是说，函谷关与黄河尽管险固，也保卫不住秦始皇的帝业，和竹帛一起灰飞烟灭了。秦始皇本以为焚了书就可以天下太平，结果适得其反，秦王朝很快陷入风雨飘摇、朝不保夕的境地。末了，败在"不读书"的刘邦和项羽之手。"焚书坑"据传是当年焚书的一个洞穴，旧址在今陕西省临潼县东南的骊山上。诗人到过那里，目之所触，感慨系之，便写了这首诗。

1945年7月初，抗日战争已进入尾声，重庆国民参政会黄炎培、章伯钧、傅斯年等6位参政员组团访问延安。这次延安之行，人们熟知的是黄炎培与毛泽东关于民主政治的"窑洞对"，却鲜知傅斯年与毛泽东关于陈胜、吴广、项羽、刘邦的"对话录"。事情的起因是毛泽东谈及傅斯年在"五四运动"中做出的历史性贡献。时为北京大学学生领袖的傅斯年是"五四运动"的一员健将，毛泽东的这番话固有东道主的礼数成分，也还是基于史实。傅斯年作为自由主义知识分子的代表人物，报以"我们不过是陈胜、吴广，你们才是项羽、刘邦"。也是出于礼数，傅斯年向毛泽东求字。7月5日，毛泽东抄录了章碣的《焚书坑》，并致信傅斯年："遵嘱写了数字，不像样子，聊作纪念。今日闻陈胜、吴广之说，未免过谦，故述唐人诗以广之。"

作为政治家、诗人的毛泽东，在风雷激荡的20世纪50年代和60年代，又多次手书《焚书坑》和他的另一诗作《春别》赠送友人，可见主席对于章碣诗作的重视。

（事见《唐诗桐庐》）

毛泽东评点《通鉴纪事本末》

民国版《通鉴纪事本末》

袁枢常喜欢朗诵司马光的《资治通鉴》，苦于其浩博，在严州府任教授期间，以历史事件为纲，重要史事分别列目，独立成篇，各篇又按年、月、日顺序编写了《通鉴纪事本末》，创立了纪事本末体，实现了历史编纂学上的一次巨大突破。参知政事龚茂良得到此书，上奏皇上，孝宗读后很是赞叹，把它赐给东宫，又分别赐给长江流域的各位将帅，并令他们熟读，说："治国之道全在这里了。"

毛泽东生前对《通鉴纪事本末》很重视，不但精读细研此书，还在2800多筒子页中留下了大量批语与圈点。毛泽东诞辰107周年前夕，经中央档案馆组织专家整理，由中国档案出版社和浙江华宝斋古籍书社联合出版了《毛泽东评点〈通鉴纪事本末〉》线装影印本典籍，其中点评占全书的65%左右，使此书成为他一生所读古籍留下批语和圈点最多的一部。

（事见《桐江坊郭袁氏宗谱》，2000年12月《人民日报海外版》）

毛泽东：雪花飞向钓鱼台

1957年9月，毛主席来杭州，提出要到钱塘江游泳。这是毛主席第一次提出到钱塘江游泳。时任浙江省公安厅厅长的王芳立即踏看现场，做了充分准备。同时，建议毛主席去海宁看潮，也得到他同意。9月11日，毛泽东及其随从人员轻装便服，到最佳的观潮地盐官镇。这里人山人海，他们只得改到镇郊七里庙附近观潮。毛泽东面对钱塘江凝视、思考，吟成了这首《七绝·观潮》。

千里波涛滚滚来，雪花飞向钓鱼台。

人山纷赞阵容阔，铁马从容杀敌回。

诗人紧扣题目"观潮"中"观"字，具体描绘钱塘江潮涌的速度和气势。"钓鱼台"即钓台，在钱塘江中段的富春江边，浪涛飞向钓鱼台，写尽涌潮的磅礴，不可阻挡。钱塘潮阵容壮阔，来回奔腾，犹如"金戈铁马，气吞万里"。如此气壮山河的气魄的确也只有毛主席这样的大诗人才能胜任，一气呵成。

当天下午，毛主席就到钱塘江游泳。车到大桥警卫部队驻地，乘上船，开到江中心，毛主席即下水游泳。大家陪着毛主席一起游，逆水而上，游过钱江大桥桥孔时，浪高水急，水又凉，警卫们都有点担心。这时，毛主席一面游，一面笑着说，浪急一点，水凉一点，没关系嘛，这样才能锻炼人的意志呢！这次游了将近两个小时，到闻家堰才回到船上。

（事见《王芳回忆录》）

毛泽东：观鱼胜过富春江

1949年3月28日夜晚，国民党左派人士柳亚子作诗《感事呈毛主席一首》，称感于国民党的混乱现状，要回家乡分湖隐居。同年4月，毛泽东写《七律·和柳亚子先生》一诗回赠，用严子陵隐居垂钓富春江畔这件事，劝柳亚子先生留在北京继续参加建国工作。

> 饮茶粤海未能忘，索句渝州叶正黄。
> 三十一年还旧国，落花时节读华章。
> 牢骚太盛防肠断，风物长宜放眼量。
> 莫道昆明池水浅，观鱼胜过富春江。

诗的前四句追叙毛泽东与柳亚子在革命斗争的烽火中，朋友聚散之不定，相逢之不易，表达了对柳亚子等倾向革命的爱国知识分子的深切关怀。31年后重到北京的时候，朋友又相见了，而且得到了对方的诗篇。

后四句对柳亚子的牢骚提出开导，规劝他不要有消极隐居遁世的想法，殷切期望他不要回家，留在北京。该诗语言温婉秀润，情意绵长，看似清淡，味之弥甘，很有启悟和感化力量。

周恩来：桐庐为战时前进县

抗战时期的周恩来

1939年3月20日傍晚，陈家大院来了两位商人模样的人，为首的身着长衫，彬彬有礼。分水县党政军一干人员忙出门相迎。

身着长衫的中年人叫周恩来，当时的身份是中华民国国民政府军事委员会政治部中将副部长。

"西安事变"促使国共两党在重庆谈判。重庆谈判双方达成协议，一致共同抗日。周恩来在国共两党合作期间，被委任为政治部副部长。他和当时国民党浙江省省主席黄绍竑在李济深家里与冯玉祥、叶剑英、李宗仁、白崇禧等品茶，商谈团结抗日救国大计。黄绍竑介绍浙江的情况，周恩来考虑到浙江地处东南抗日前线，地位十分重要，便提出要到浙江去看看，黄绍竑当即表态欢迎。

周恩来一行从重庆出发，先到浙江永康。因黄绍竑去了天目山，周恩来只好化装成商人，带领警卫员追向天目山。周恩来辗转淳安，2月20日，从小京口进入分水县境，下午到达分水县武盛镇。为了避免日机空袭，县长钟诗杰将周恩来安排住在一水相隔的陈家边陈柏顺乡长的家里。

党国要员抵达分水，钟诗杰等自然不敢怠慢，周恩来与大家见过后，握住陈柏顺的手，和蔼地说："打扰您了！"钟诗杰吩咐陈乡长："这位是中央首长，一定要保护好他的安全。"陈柏顺回应道："请放心！希望他在寒舍休息两天，虽没有山珍海味招待贵宾，至于粗茶淡饭还是不成问题的。从分水到於潜，现在不通航了，这一段路程没有任何交通工具，若要步行实在是太辛苦了。在这里休息期间，我会安排好这段路程的，借用濮家的马来驮他去。我儿子陈平在上学，我会让他代我送送这段行程，另外再请县自卫队李国明带人来保护，护送他去天目山，这样比较稳妥。"钟诗杰想了想："同意，就这样办。"

当晚，钟诗杰安排分水名厨林老五来陈家掌勺，宴请了周恩来。晚饭后，周恩来与陈伯顺、钟诗杰等人进行了交谈，向他们宣传了抗日的形势和意义，要他们多做有利于团结抗战的工作。周恩来就像和老朋友拉家常似的娓娓道来，陈伯顺和钟诗杰等感到很亲切。周恩来还向他们了解了当地的风土民情。后来，应陈伯顺之邀，周恩来为陈伯顺题写了一副对联，上联是"同心协力伸正义"，下联是"精诚团结扫横蛮"。

周恩来小住陈家边时发生一段小插曲：第二天一早，保安团有一连兵来到陈家边，连长带领一帮兵进入陈家，其余的兵把陈宅团团围住。连长让陈乡长交出周恩来。陈柏顺接待了一夜，并不知道身着长衫的商人就是大名鼎鼎的周部长。他见来者不善，一口否认道："周恩来不曾来过，我从何处来给你交人？"连长不相信："我们要进行搜查！"陈柏顺也理直气壮地与其辩驳。这个连长考虑再三只好撤离陈家。

其实，兵是黄绍竑打电话派来的，目的是寻找周恩来。周副部长属于中央领导，如果有闪失黄绍竑在国共两方面都无法交代，所以派兵寻找周恩来。谁知连长的粗鲁言行，又不说明来意，从而引起陈乡长的怀疑和误解。

陈乡长为了防止节外生枝，探明附近没有兵，才安排周恩来他们从陈家围墙的后门走出。临行前，周恩来向陈伯顺一家告别，还让人付给厨师林老五20元钱，林老五不收。周恩来亲切地说："这钱是有规定好开支的，拿着吧。"林老五捧着这20元钱，心头热乎乎的。他为县政府烧过无数次招待客人的饭菜，可那些客人不用说付钱，都没正眼看过他一眼，他觉得这位长官真好。

"淞沪会战"国军失利，省会杭州很快沦陷，浙西行署迁移至天目山庙里办公。随后，浙江大学和杭州中学都搬迁到天目山。在天目山，周恩来向浙西临时中学师生、浙江行署干部训练学员和政工队员发表了《抗战的现状与展望》的激情演讲。

3月25日，周恩来从天目山原路返回分水，再宿陈家。第二天凌晨乘小木帆船沿分水江顺流而下。9时左右抵桐庐，在县府礼堂为县政工队、妇工队、机关团体约200余人做《桐庐为战时前进县》演讲。周恩来高度赞扬桐庐人民虽处抗日前线而秩序安定如故，民众抗战情绪紧张，有训练、有组织，确系战时前进之县。当日下午，周恩来乘舟至窄溪镇，与国民党区署职员谈话时，再次指出，中国不会亡，抗战一定能胜利，但任务是艰巨的，长期的，全国同胞必须团结一致，万众一心，军民协力，共赴国难，争取最后胜利。

1939年4月1日的《桐庐报》刊登了题为《周恩来氏演说，桐庐为战时前进县》的报道。

（事见1991年版《桐庐县志》，民国《桐庐报》）

郁达夫夜登桐君山

郁达夫原名郁文，字达夫，浙江富阳人。他是新文学团体创造社的发起人之一，一位为抗日救国而殉难的爱国主义作家。其文学代表作有《怀鲁迅》《沉沦》《故都的秋》《春风沉醉的晚上》《过去》《迟桂花》等。

1931年3月，郁达夫为避政界纷扰与官府的追捕，回到故乡。期间游览桐庐。当天晚上，淡云微月，老天正在作雨，郁达夫决定夜登桐君山。

郁达夫从旅馆散步出来，先在离轮埠不远的渡口停立了几分钟，发现因为夜渡无人，渡船停在东岸的桐君山下。他便向一位来渡口洗夜饭米的年轻少妇询问。她告诉说："你只须高喊两三声，船自会来的。"

郁达夫谢过她的好意，然后以两手围成了播音的喇叭："喂，喂，渡船请摇过来！"纵声一喊，果然在半江的黑影当中船身摇动了。

郁达夫坐在黑沉沉的舱里，问："船家，你这样渡我过去，该给你几个船钱？"

"随你先生把几个就是。"船家说话冗慢幽长，似乎已经带着些睡意了。郁达夫就向袋里摸出了两角钱来："这两角钱，就算是我的渡船钱，请你候我一会，上去烧一次夜香，我是依旧要渡过江来的。"

到了桐君山下，在山影和树影交掩着的崎岖道上，郁达夫上岸走不上几步就被一块乱石绊倒，滑跌了一次。船家似乎也动了恻隐之心了。一句话也不发，跑将上

黄伯君《雨后桐君山》

来，突然交给了郁达夫一盒火柴。

桐君山盘曲而上，渐走渐高，郁达夫一枝火柴走三五步，慢慢登上山顶。他一个人在这桐君观前的石凳上，看看山，看看水，看看城中的灯火和天上的星云，更做做浩无边际的无聊的幻梦，竟忘记了时刻，忘记了自身。直等到隔江的击柝声传来，郁达夫向西一看，忽而觉得城中的灯影微茫地灭了，才跑也似地走下山来，渡江奔回了客舍。

（事见《钓台的春昼》）

郁达夫的钓台春昼

郁达夫《钓台春昼》

郁达夫登临桐君山的第二天一早，雇好一只双桨的渔舟，买就了些酒菜鱼米，就在旅馆前面的码头上了船，轻轻向江心摇去。过了桐庐，江心狭窄，浅滩果然多起来了。两岸全是青青的山，中间是一条清清的水，有时候过一个沙洲。洲上的桃花菜花，还有许多不晓得名字的白色的花，正在喧闹着春暮，吸引着蜂蝶。

郁达夫在船头上一口一口地喝着严东关的药酒，指东话西地问着船家，这是什么山，那是什么港，惊叹了半天，称颂了半天，人也觉得倦了。忽然，船家却大声地叫了起来，说："先生，芦茨过了，钓台就在前面，你醒醒罢，好上山去烧饭吃去。"

郁达夫擦擦眼睛，整了一整衣服，抬起头来一看，四面的水光山色又忽而变了样子了。清清的一条浅水，比前面又窄了几分，四围的山包得格外的紧了，仿佛是前无去路的样子。并且山容峻削，看去觉得格外的瘦格外的高。郁达夫只看得见两大个石垒，一间歪斜的亭子，许多纵横芜杂的草木。山腰里的那座祠堂，也只露着些废垣残瓦，屋上面连炊烟都没有一丝半缕，像是好久好久没有人住的样子。并且天气又来得阴森，早晨曾经露一露脸过的太阳，这时候早已深藏在云堆里了，余下来的只是时有时无从侧面吹的阴路飔的半前儿山风。

船靠了山脚，郁达夫嘱托管严先生祠的人准备煮饭烧菜，便和船家登上钓台。

郁达夫在他《钓台的春昼》中写道：站在东台，"向西望去，则幽谷里的清景，却绝对的不像是在人间了。我虽则没有到过瑞士，但到了西台，朝西一看，立时就想起了曾在照片上看见过的威廉退儿的祠堂。这四山的幽静，这江水的青蓝，简直同在画片上的珂罗版色彩，一色也没有两样，所不同的就是在这儿的变化更多一点，周围的环境更芜杂不整齐一点而已，但这却是好处，这正是足以代表东方民族性的颓废荒凉的美。"

郁达夫从钓台下来，回到严先生的祠堂西院里饱啖了一顿酒肉，已经有点微醉了。他瞻仰严先生神像，又观摩了"多是些俗而不雅的过路高官的手笔"。这时，门外面歇着的船家也走进了院门，高声的对郁达夫说："先生，我们回去罢，已经是吃点心的时候了，你不听见那只鸡在后山啼么？我们回去罢！"

（事见《钓台的春昼》）

汪精卫与"麦馃亭"

桐君山半山腰原来有个小凉亭，叫做"麦馃亭"。"麦馃"是桐庐方言，就是"巴掌"。那么，为啥把"麦馃亭"和凉亭搅在一起呢？这当然是有来由的。

1937年夏至刚过，中央政府行政院院长汪精卫和他老婆陈璧君，在浙江省政府主席朱家骅的陪同下来游严子陵钓台。这几个大人物一到，可把县长尹志仁急得晕头转向。他马上把县城最有名的厨师——"美味和"餐馆老板曾法根叫来，要他烧一桌最好的菜，让几个大人物吃得满意。

曾法根叫了几个帮手，一夜没睡，第二天又忙了一上午，烧出了24道菜，单等大人物们来享受了。

时过中午，汪精卫一行从钓台来到县城。县长尹志仁忙了好一阵，宣布开饭。哪晓得汪精卫见了这一桌菜，却皱皱眉头说："今天肠胃不太舒服，不想喝酒吃菜，只想吃点面条。"陈璧君也说："对，还是吃面条好。"这一来，酒菜作废，尹志仁马屁拍不进，自认晦气，就吩咐曾法根立即烧三碗最好的鳝丝面。这下苦了曾法根，急忙组织了一批人，摇面的摇面，买黄鳝的买黄鳝。黄鳝买来后，又是剔骨，又是切丝，又是烧。这里正在忙得像救火，可汪精卫坐了一下却登上汽车走了。尹志仁有气没处出，打了曾法根两个"麦馃"，还把他弄到政府里关了一天一夜。

曾法根平白无故地吃"麦馃"的事一下在县城传开了，很快就传到了一个姓唐的律师耳朵里。这位唐律师对尹县长一直不满，今天当然要打打抱不平了。因此，主动来找曾法根，鼓励他向上控告。曾法根虽然一肚子委屈，但他知道，自古以来民不可与官斗，自己一个小小老百姓，去告一个县官老爷，岂不是鸡蛋碰石头。唐律师说："你开餐馆，接触的是三教九流，你这口气要争不回来，嘿嘿，以后麦粿着实有得吃！你这饭店不倒灶才有鬼！你不用怕，我上面有熟人，可以帮你忙；这场官司，要是打不赢，我唐字倒写！"听唐律师这么一说，曾法根同意告。

事情也该是尹志仁晦气，当时官场内部狗咬狗，这一状竟告准了。杭州地方法院判决尹志仁赔偿曾法根300元钱，还要他在"美味和"餐馆门口放炮仗100响，以示道歉。

这一来，曾法根觉得扬眉吐气，就拿这赔偿来的300元钱，在风景处桐君山造了一座凉亭。大家都称它为"麦粿亭"。

（事见1991年版《桐庐县志》）

马一浮庐墓阳山畈

马一浮，字一佛，后字一浮，浙江会稽（今浙江绍兴）人，中国现代思想家、诗人和书法家；是引进马克思《资本论》的中华第一人，与梁漱溟、熊十力合称为"现代三圣"（或"新儒家三圣"），现代新儒家的早期代表人物之一。

马一浮16岁时县试夺魁，被清末民初实业家和政治活动家汤寿潜看中，做了汤家女婿。随后，马一浮搬到了绍兴府城，受岳父的接济，结婚、读书。可好景不长，1901年马一浮的父亲、二姐、妻子相继去世，马一浮受到沉重打击，蓄发不娶，潜心学问。1911年武昌举义，杭州新军推举汤寿潜为都督，党政军一把抓。1912年1月中华民国临时政府成立，汤寿潜自请担任募捐公

马一浮像

债委员会主任，到南洋各地募集捐款，缓解政府的财政困难。晚年，汤寿潜回归故里，致力于家乡水利事业。1917年6月，病故于萧山临浦。1920年12月，汤寿潜葬于桐庐阳山畈。

1937年卢沟桥事变后，日军大举侵华。眼看战火即将烧到杭州，马一浮想，上哪避难呢？他想到了桐庐，一个远离炮火的风雅之地。这年冬天，仓皇中带着一大群眷族，同样逃难的丰子恺与马一浮在桐庐的阳山畈相遇。后来，丰子恺写下了《桐庐负暄》一文。那是几个风和日暖的日子，远处是波澜起伏的群山，篱门口的竹林旁，铜炭炉上搁着茶壶，壶里的普洱茶正在翻滚，马一浮捧着水烟筒，和大家围炉而坐，谈礼乐，谈旧闻，全然不忌前方炮火威慑。丰子恺感慨自己的忧愁与恐惧，被马一浮"慈祥、安定而严肃的精神所克服了"。

马一浮直到第二年应浙江大学校长竺可桢之聘，到江西泰和浙大以大师名义做"特约讲座"时才离开阳山畈。期间著有诗集《避寇集》。

（事见1991版《桐庐县志》《桐庐负暄》）

丰子恺"桐庐负暄"

丰子恺漫画

1937年冬，丰子恺接到马一浮来信，说正在桐庐县城的迎薰坊13号避难，问他石门湾近况如何。丰子恺看了信，马上带着一家从"缘缘堂"仓皇出逃。11月21日，他们先赶到杭州，一路上不断有隆隆的炮声和敌军空袭的警报。丰子恺一家坐船到桐庐，已是晚上10点半。他们在船里远远望见一座高楼，玻璃窗内灯烛辉煌，大家很高兴，预想这一定是我们的休息慰安之所了。停泊后，丰子恺同堂弟、表亲上去找旅馆。一连问了好几家，都没有空房。占住着的全是兵士，连走廊里都有人躺着。丰子恺没有办法，只好去迎薰坊13号。马一浮听说丰子恺全家都来了，连忙让他们到自己临时租屋里住下。

在马一浮租住的家住了三天，丰子恺觉得总不是长久之计，通过朋友介绍便在离桐庐20里外的河头上（今横村镇湖头上）找到了一处住所。这里有一大片竹林，远处是群山，环境倒也清幽。没过多少日子，马一浮也搬到了汤庄（今横村镇），距丰子恺居住的河头上仅有一里许。与马先生住得又近了，丰子恺心中暗暗欢喜，每隔一天便去访问一次。"山中朋友稀少，我的获教就比平时更多。这时候正是隆冬，而风和日暖。我上午去访问，马先生就要我和星贤同去负暄。僮仆搬了几只椅子，捧了一把茶壶，去安放在篱门口的竹林旁边。这把茶壶我见惯了：圆而矮的紫砂茶壶搁在方形的铜炭炉上，壶里的普洱茶常常在滚。茶壶旁有一筒香烟，是请客的；马先生自己捧着水烟筒和我们谈天，有时放下水烟筒，也拿支香烟来吸。无论谈什么，世间的或出世的，马一浮都有高远的见解。"（《桐庐负暄》）

不久，传有大军来桐庐，欲利用山地作战场，以期歼灭日寇。文人毕竟是文人，听到战火又近，12月21日，丰子恺在桐庐"负暄"近一个月后，带着一大家子先期乘船离开桐庐，前往兰溪继续西行。

（事见1991版《桐庐县志》《桐庐负暄》）

马一浮品评"打油诗"

1937年冬，马一浮、丰子恺避难桐庐。一次，丰子恺约马一浮等人到住处附近（今凤联一带）游山，回来的路上他们在一座亭子里小憩，忽然看见墙壁上有人用木炭题的诗：

> 山上有好水，平地有好花。
> 好花年年有，铜栈何足夸。

马一浮看了后，说这可能是出自一位农夫或工人之手，但作者胸襟不同一般，值得赞扬。他说诗里的"铜栈"应是"铜钱"之误，最后一句应是"铜钱何足夸"。

学生王星贤建议把最后一句改成"到处可为家"，马一浮说这样改也很好。

丰子恺《桐庐负暄》中写道："当此之时，风鹤虫沙，已满山中；我等为寻桃源而来，得在长亭中品评欣赏农夫野老的诗歌，正是一段佳话，不可以不记。而这作者在长亭中弄斧，恰被鲁班路过看见，加以斧正，又是一段奇迹，更不可以不记。"

（事见《桐庐负暄》）

叶长庚投奔红军

叶长庚雕像

叶长庚，百江镇冯家村人，年少时家境贫困，8岁就替人放牛，12岁打零工。1926年6月，叶长庚作为脚夫去了广东韶关。当时，广东的国民革命红红火火，他就在那里参加了国民革命军，编入二军五师十三团机枪连，不久随军北伐。因作战勇敢，在攻克南昌、南京两大战役后，升为机枪连代理排长。

部队驻守景德镇时，叶长庚与军内外共产党员频繁接触，还向方志敏部队送武器。蒋介石叛变革命后，叶长庚在共产党人的影响下，1929年12月上旬，叶长庚所在的两个营被派往离吉安不远的孤江边上攻打红军。当时，叶长庚是机枪连一排代理排长，受命带领两个班共22个人提前出发，担任前卫搜索任务。接受了这一任务，叶长庚心中暗自高兴，决定借这次难得的机会，带一些人和枪投奔红军。

叶长庚他们一路急行军，一口气走了40多里路，来到孤江岸边的磺家渡。这是一个荒凉偏僻的小渡口，也是来往山里的必经之地。叶长庚让士兵们隐蔽在江边的一片松树林里，一个人来到江边，站在一块石头上，注意观察对岸的动静。

叶长庚正在观望时，忽然眼前豁然一亮，只见对岸半山腰青翠茂密的竹林中，一面红旗在猎猎飘动。

"啊，红军！"叶长庚心情激动，惊喜地叫出声来。果然，过了不大一会，一队穿灰军装的红军沿着小路往这边走来。近了，近了，红军队伍雄姿勃勃，充满生气。叶长庚情不自禁地挥着双手，亮开嗓门大声喊叫："喂——同志！"呼声在空旷的群山间发出回音，那边却没人答话，队伍仍然在行进。

过了一会，红军队伍又近了些，叶长庚站得更高一点，用双手括成喇叭筒状，对着嘴边，又大声喊道："喂——你们是什——么—军？"

这次红军队伍听到了，有人站在队伍旁边，大声回话道："我们是红军！你是干什么的呀？"叶长庚大声答道："我们是国民党军队的士兵，要投奔红军。"

"我们是彭德怀的红军，你们快过来吧！"有两名红军从山上跑步来到对岸渡口边。

原定三个班聚齐后一起渡江，可等了约一小时，还不见后面的人赶到。突然，在叶长庚他们来的方向约一里路远的地方，响起了一阵炒豆般的枪声。叶长庚预感到情况有变，不能久等，必须赶快渡过江去，以免发生意外。于是，叶长庚让士兵集合上船，抢渡孤江。就这样，叶长庚带着22个人，两挺重机关枪，8支步枪，投奔了红军。

当时红军代表按所规定的章程，每挺重机枪要奖赏给大洋250块、步枪50块，每人奖50块大洋。叶长庚忙说："我们从国民党军队来投奔红军，是为了寻找光明道路，不是为了钱来的。"彭德怀军长知道了此事后，特地安排时间接见了他。

叶长庚在近60年的革命生涯中，为中国人民的解放事业南征北战，出生入死，负伤10多处，战功卓著。1955年9月被授予少将军衔，成为新中国桐庐县第一位将军。1956年叶长庚又荣获一级八一勋章、一级自由独立勋章、一级解放勋章

（事见《从脚夫到将军》）

潘玉良《桐庐待发》

潘玉良，字世秀，江苏镇江人，中国著名女画家、雕塑家。1918年，她以素描第一名、色彩高分的成绩考进上海图画美术院（后改为上海美术专科学校），师从朱屺瞻、王济远学画。1921年毕业后，又考取安徽省公费津贴留法的资格，成为里昂中法大学的第一批学生，但她到法国1个月后，就投考国立美术专门学校，与徐悲鸿同学。1926年她的作品在罗马国际艺术展览会上荣获金质奖，打破了该院历史上没有中国人获奖的纪录。

1929年，潘玉良归国后，先被上海美专校长刘海粟聘为西洋画室主任，次年又被南京中央大学美术系徐悲鸿聘为油画教授，在国内举办过4次个人画展。1937年旅居巴黎，曾任巴黎中国艺术会会长，多次参加法、英、德、日及瑞士等国画展。曾为张大千雕塑头像，又做王济远像等。潘女士为东方考入意大利罗马皇家画院第一人。

1935年，潘玉良在中央大学美术系任教，与画友及学生一起游遍祖国名山大川，"旅游所至、尽入画库"。1937年5月15日，《中央日报》在当日的报纸上发画展消息称："名画家潘玉良女士，对于西画造诣极深，最近曾赴浙西一带写生，在富春江上流连多日，作品甚为丰富，顷已返京（指南京），拟于下月九日起，假华

潘玉良《桐庐待发》

侨招待所举办个人新旧作品展览会。"此前的5月13日、14日，报纸两次刊登了潘玉良参加个人展览的油画《桐庐待发》，并发表陈独秀在监狱中对潘玉良女士画展题字及大加赞赏的新闻报道。

1977年，潘玉良在法国去世。去世之前，她把一生创作的包括《桐庐待发》在内的作品都交由知己王守义保管，并嘱咐他一定要把遗作运回祖国。而王守义临终前则把这批遗作和遗物交给中国驻法国大使馆。因为文化背景不同，不能直接运回国内，只能寄放在大使馆废弃的车库里面，直至1984年才从法国运回国内。

《桐庐待发》写生实景地是桐庐旧时的东门码头。一幅小画，能跟随主人远赴欧洲辗转40余载，可见画家之喜欢。

（事见《画中桐庐》）

张大千忘不了七里泷

张大千，字季爱，号大千，四川内江人，是20世纪中国画坛最具传奇色彩的国画大师。张大千到桐庐的次数在近现代画家中属于较多的之一。同样，以桐庐为题材的诗画也是最丰的画家之一。张大千先后画过《严陵濑图》《桐江帆影》《晚过桐庐不泊船》《桐江鹭鸶》《桐江晓日》《严子陵钓台》《富春江一曲》《富春江泛舟》等力作。

《严陵濑图》是张大千喜作的题材，一生之中描写过多次。1982年，远在台湾的张大千怀念严子陵钓台，作《桐江七里泷》一图，并在上题诗："晓日瞳瞳雾尽开，轻舟初入峡中来。渔娘打桨呼鲈美，知道前山近钓台。"诗末注曰："四十年前与仲兄同游黄山初入七里泷之作，辛酉重九忆写之，时年八十三。"

张大千这件作品描写七里泷风光山水，阔笔纵横，极泼墨泼彩之能事，水汽氤氲，意境幽深，与早年同题之作大异其趣。通篇从勾勒到泼洒，墨之浓淡变化极为丰富，色则多用花青、略用赭石，不似他作之斑斓奇幻。纵情挥洒中不忘精细刻画，模糊中犹能见笔，寥寥数笔勾勒，山体层次乃出，得深远之致，房舍舟楫也用重墨，水色迷蒙中以墨色呼应，散缓中见秩序，大胆落墨小心收拾。

1984年，严子陵钓台景区根据《桐江七里泷》图的题诗，将其立碑于严子陵钓台景区石牌坊右侧。

（事见《画中桐庐》）

李可染：《家家都在画屏中》

李可染，江苏徐州人，当代著名画家。曾任中国美术家协会副主席、中国画研究院院长。

1954年春末，李可染与自己的两位好友、同为中央美院教授的张仃和罗铭（刚从海外归来不久）结伴来江南写生。从无锡到杭州，再从杭州经富春江到黄山。李可染回到了北京后，在北海公园悦心殿举办了"李可染、张仃、罗铭水墨写生画展"。白石老人为此写了展标。这次画展共展出80余件作品，李可染就有40件，其中他在杭州富春江上画的《家家都在画屏中》最为人称道。在当时国画界一片寂静的情况下，他们把画室搬到了大自然中，画作充满了浓郁的生活气息，可以说是一次有益的尝试，也给其他国画家提供了一条可以借鉴的道路。正因为这样，所以许多人都把这次画展誉为"中国画发

李可染《家家都在画屏中》

展的里程碑"。

张仃先生在《李可染艺术的师承与创新》一文中对这幅画的创作过程是这样回忆的："可染年近五十，每天攀山越岭。这里的树木茂密，极难表现，我们经常一起背诵齐老的题画树诗：'十年种树成林易，画树成林一世难。直至发枯瞳欲空，赏心谁看雨余山？'我们都尽量避免套用传统山石皴法和树木点法，事实上也很难套用。这里树舍既有茂林修竹，又有大江船舶，民居栉比鳞次，生活中的山水，是极为丰富的。可染苦思冥想数日，一日爬上半山，忠实刻画，笔墨虽不成熟，但终于画成《家家都在画屏中》。"

《家家都在画屏中》画的是桐庐的芦茨村，墨色浓淡的高山层层叠叠，黛色的林木点染其间，山脚下卧着一个渔村，粉墙灰瓦。水边，赭黄的木桥横跨溪水两岸，芦苇摇曳，渔船归来……那画里，氤氲着一层清浅的湿意，是江南的飘着墨香的湿。

李可染数次游历富春江，创作了大量反映富春山水的画作，对桐庐更是情有独钟，他在《严子陵钓台图》上题款道："严子陵钓台为富春江山水最佳胜处。"此外他还有《桐庐旧县村外山景》《桐庐山景》《桐庐纪游》《严子陵钓台图》《富春江芦茨溪》等传世。其中以中国画形式描绘位于桐庐县城的千年古刹《圆通寺》实为罕见，他在画上题曰"圆通寺在桐庐县南里许，为富春江名胜之一"。

（事见《画中桐庐》）

陆俨少祖籍可为桐庐

陆俨少"我自爱桐乡"闲章

陆俨少，学名同祖，字俨少，上海嘉定人，当代著名画家。历任第六届、七届全国人大代表，中国美术家协会理事等职。著有《山水画刍议》《陆俨少画集》等多种。

"文化大革命"后期，陆俨少参加皖南写生。到了杭州，他和学生姚耕云一起先到七里泷，参观发电站，登严子陵钓台，又至芦茨参观。回到桐庐后，登临桐君山。然后上溯至建德，换船去淳安。

之后，陆俨少先生多次往返桐庐，留下了诸

如《桐庐小景》《富春秋色》《桐江寄意图》《富春江图》《富春江上》《桐君山色》《桐君山远眺》《钓台日出》等佳作。

陆俨少1974年创作镜心《桐庐小景》，在2005年秋季拍卖会上，以99万高价落槌成交，引起桐庐人的关注。《桐庐小景》画的是桐庐县城全景：分水江自北向南，与自西向东的富春江汇合，桐庐城背山环水，民居鳞次栉比，沿江栀檐林立，放马洲静卧城南。画面题有长款："予先世本浙江桐庐人，高大父力田贫不自存，行贾江南，遂著籍嘉定。丁丑违难，予自桐庐登舟，溯江而西，山川云树，恍如旧识，心中固已藏之。自解放来，往来浙东西，不一至江上，于桐庐也益爱之。"

从《桐庐小景》款记中仿佛得知陆俨少的先祖原来是桐庐人，其祖先因为家贫而迁徙至江苏嘉定南翔镇做生意，从此定居于此。其实陆俨少远祖不是桐庐人，他在《陆俨少自叙》中写道："实则我家远祖在安公，当南宋时，在岳飞幕下，飞被害，归隐南翔。南翔当地有谚曰：'先有陆家厅，后有南翔镇。'故予世为嘉定人。而在此时（画《桐庐小景》时），不敢明言之，因假托先世桐庐人，高大父行贾江南，著籍嘉定云云，以证实王安石'桐乡岂爱我，我自爱桐乡'之句。"尽管陆俨少澄清了其世祖出处，但他与桐庐的不解之缘却永存于桐庐绝美的山水之中。

（事见《陆俨少自述》）

莪山畲族民歌

清光绪元年（1875），钟炎纷从处州（今丽水）携妻子到尧山坞安家。光绪三年（1877），又有李阿寅携妻从青田八都五源富沃长山庄（今属文成县）迁入尧山坞。他们住在山腰岗岙，开垦荒山坡地，种杂粮糊口。随着畲族人口的不断增加，工匠的迁入，生产规模逐渐扩大，至清朝末期，在尧山坞、铁砧石、潘龙一带形成以畲族为主的聚居村落。

畲族有自己的语言，但没有文字。莪山畲族民歌是具有深厚底蕴的畲族民间文化，包含许多动人的故事和美丽的传说。畲家男女老少，人人善唱，以歌咏物，以歌叙事传史，以歌传智，以歌为媒；喜庆节日以歌相贺，生活劳动以歌传言，丧葬祭祀以歌当哭。畲族民歌不仅是畲民表情达意的重要方式，更是畲民生活的重要组成部分，丰富着畲民的日常生活。

畲族民歌朴素单纯，具有高亢、健朗、自由、舒展等山野风格。其曲调虽由于语言音调略有差异，因而各具特色，但在结构、调式、旋律等方面都有共同点，形

畲乡情歌

成了鲜明的民族风格。畲歌是以轻声细语为特色，它追求的不是奔放的美，而是纤细之美。歌词比较齐整，多为七言一句或五言一句，四句为一首。一首民歌，少则一二条，多则七八条。有的民歌开头一句只有3个字或5个字。二、三、四句仍为七字句。一般在一、二、四句押韵。旋律多为单句变化体，一般由两大句组成，第二句常是第一句的变化重复，调式独具一格，多为五声性调式，宫、商、角、徵、羽五种调式都有，其中商调式分布最广，角调次之，最富特色，徵、羽、宫调式较少。在多数调式中，宫音起骨干作用。曲调中除个别装饰音外，很少出现变化音。调式交替罕见。曲式结构比较严谨，句逗分明。音程进行上常出现六度、五度等大跳，乐句落音，单数乐句常是调式音的上五度音、下二度音及主音，双数乐句多落主音。音域不宽，一般只有六七度，很少超过八度，最宽不超过十度。在节拍形式上，以散板居多。词曲配合大都一字一音，句尾多停顿，旋律无大幅度的低回。

畲乡代表性歌曲有《高皇歌》《四季山歌》《畲家敬酒歌》《畲乡唱晚》《二十四孝》《探病》《采药治病》《思亲之一》《思亲之二》《采茶歌》《劝孝歌》《想娘歌》《行郎歌》《哭灵歌》《劝嫁歌》《道场经文歌》《情歌》《信歌》《想郎管家》《恋妹歌》等。

（事见《潇洒桐庐》）

叶浅予的故乡情

叶浅予，桐庐桐君街道人，从事绘画教学和以舞蹈、戏剧人物为主的国画创作，是中国漫画和生活速写的奠基人。曾任中国美协副主席、中国文联委员、中国画研究院副院长、中央美院教授、全国政协委员。

1979年起，历时5年创作《富春山居新图》，从杭州六和塔、富阳、桐庐，一直到建德梅城，全图长32尺，场景宏大，结构严谨，色彩绚丽，气氛清新，充满了强烈的时代气息。1980年，将补发的"文化大革命"中被扣的3万元工资捐赠中央美院中国画系作奖学金。1988年，将个人珍藏多年的元明清及现代名人书画73幅、自己的画作128幅及787册珍贵藏书，捐赠给家乡桐庐。1990年起，先生不顾83岁高龄，三次发起组织叶浅予师生艺术行路团，南揽富春，北走齐鲁，西赴湘鄂，带领学生深入生活，观察社会，谈艺创作，言传身教，身体力行地实践艺术来自生活的道路。晚年撰写数十万字的回忆录，秉笔直书，心胸坦荡。

叶浅予先生在艺术上自强不息，在生活上知足常乐。他不仅艺术修养高妙、绘画技艺高超，其人品和人格更令人敬佩，对家乡的深厚感情更鼓舞教育了桐庐人民。为纪念和缅怀先生，桐庐人民将先生的骨灰安葬在桐君山麓，生前的富春画苑作为先生故居予以保护，并两建规模宏大的"叶浅予艺术馆"。

（事见2012版《桐庐县志1986—2005》）

叶浅予和《王先生》

叶浅予《王先生》

1920年代末，在上海众多媒体中，有一个美国出版的长篇漫画，说的是矮胖老头怕老婆的故事，非常"叫板"。编辑部商定在刚创刊的《上海漫画》上也推出一个类似长篇，指定叶浅予负责这件事。叶浅予初到大都市，由于居住在底层百姓聚集的地方，日常生活中经常接触各种各样的小老百姓，世态万象、人情冷暖在他们身上体现得尤为突出。久而久之，这些生色活香的人物形象触发了叶浅予的创作灵感，并为此积累了丰富的素材。

1927年，叶浅予开始创作。这个栏目最初的名字叫《上海人》，但考虑有"以偏概全"之嫌，后定名为《王先生》。王先生长得一副乡下土财主的模样，有位矮胖的太太，有个爱打扮的女儿，还有个朋友小陈——一位富家子弟和他的老婆。故事围绕这5个人之间的关系和性格层层展开，既曲折又有笑料。

1928年3月，第一期《上海漫画》上市，销路可观。有了好的开头，叶浅予也来了情绪，劲头更足了。他把21岁的自己当作笔下的"王先生"，个性、思想都和"王先生"融在一起，每周就像要演一场滑稽戏一样，做好充分准备后，准时在画刊上让"王先生"跟大家见面。"王先生"一期接一期问世后，读者像读连载小说似的，看了这一期盼着下一期，兴趣之浓厚，期盼之迫切，为一般书报杂志所没有。

为了让情节不断出新，叶浅予挖空心思、绞尽脑汁，有时甚至画了好多幅，细细品味后觉得不满意，干脆推倒重来，直到满意为止。有一期画的是"警察捉赌"："王先生"在家里聚赌打麻将，警察来了，把"王先生"和小陈抓了去，谁料警察也来了赌瘾，就让"王先生"和小陈陪他们赌，结果警察也成了赌徒。还有一期画的是，"王先生"做投机生意失败，想跳黄浦江寻短见，结果没跳进水里，却跳到一个小舢板上，撞得头破血流。船主跑来说，你把我的锅碗瓢盆碰坏了，赔！不赔不能走！"王先生"没办法，只好赔了钱……

"王先生"与"小陈"一会儿受人欺压，一会儿又欺负别人；一会儿值得同情，一会儿又令人生厌，让读者感觉"王先生"既可爱，又可笑，又可恨，是现实生活中具有普遍意义的典型化人物。《王先生》还如实地反映了下层社会的贫苦生活，表现出作者强烈的同情心，同时揭露社会各个阶层的黑暗面，具有很高的积极意义。

《王先生》首先在《上海漫画》刊出，以后又有《时代漫画》《上海画报》《良友画报》《天津庸报》《小晨报》《时代画报》等报刊转载。出版商抓住商机，印成"小人书"或单行本，获利丰厚。1934年，天一影片公司又决定拍摄电影《王先生》，请来剧作家于定勋，根据叶浅予的同名漫画改编，让演技派演员汤杰饰演"王先生"，曹锡松饰演"小陈"。影片公映之后，场场爆满，甚至达到了"一票难求"之程度。后来又拍摄了《王先生的秘密》《王先生过年》《王先生到农村去》《王先生奇侠传》《王先生生财有道》等多部"王先生"牌电影，使得"王先生"通过电影手段更加深入人心。

（事见《细叙沧桑记流年》）

张大千让叶浅予看"好戏"

叶浅予《细叙沧桑话流年》

20世纪30年代初期，叶浅予在《上海漫画》和《时代漫画》一面任编辑，一面创作《王先生》长篇连环漫画。当年，张大千虽然与叶浅予并未见过面，但是对叶浅予的《王先生》赞不绝口。

1937年，当时张大千正住在北平颐和园。叶浅予到北平找朋友，就到颐和园拜访大千。在颐和园，大千留浅予吃了一顿美味佳肴，席间告诉他一个消息，明天城里有场好戏，请他一同前往观看。

第二天上午，张大千与叶浅予一起坐着小汽车，从颐和园来到城里，在一座深宅大院门前停住。浅予问大千这是谁家的大院，大千悄悄地对他说："这是北平市府主席王克敏的家。他今天要请北平的书画收藏家开开眼，观赏他近日收到的一幅石溪名迹。"进了大院，主人王克敏操着浙江口音的官话，对在座的书画界名流说："今天请大家来，一是聚谈聚谈，二是请各位观摩品赏一下敝人近日收到的一幅石溪山水。"说完，他用手指了指北墙居中的一幅中堂。

他的这番开场白引起了大家的兴趣，纷纷离座走近这幅中堂。这幅中堂高三尺、宽一尺，画面上层岭叠峰，云深林稠，郁郁苍苍，果然是石溪的画风。正当浅予也凑近前去细听大家赞叹这幅山水笔墨如何精妙、构图如何独到时，张大千却悄悄地拉了一下浅予的衣袖，示意离开。

路上，大千用手捋了捋大胡子问浅予："浅予老兄，你知道这幅画是谁画的？"浅予莫名其妙地答："这不是石溪的画吗？"大千笑着说："是石溪，但不是石溪画的，而是我画的石溪。"叶浅予这才恍然大悟，原来张大千昨晚说的有好戏是这么回事。

张大千购赠《文翰图》

从王府出来，张大千又拉叶浅予到东单一家古玩铺去看画。一路走一路对浅予说："这家铺子有一幅广东小名家苏仁山的《文翰图》，很像漫画，你是画漫画的，不妨去看看。"就这样他俩来到了这家古玩铺，

古玩铺掌柜与张大千很熟。见了面总是八爷长八爷短地叫个不停。今天见张大千带着一位朋友上门，脸上马上堆出笑容，迎上前来说："八爷，您来了，请里面坐。"将他俩引进客堂间坐下，吩咐伙计献茶、敬烟。

张大千端起玲珑盖碗喝了一口茗茶，然后对掌柜的说道："韩老板，前几天我在你店里看的那幅苏仁山的画还在不在？"

韩掌柜点头说："在，还在！"

"那请取来，让我这位朋友看一看。"张大千吩咐道。

韩掌柜亲自上店堂里将画取来，挂起来请叶浅予看。叶浅予站起身来，抬头一看，只见画面上画着题有人名的历代文翰，奇怪的是不同朝代、不同身份、不同性别的历史人物竟然合绘为一图。其中有西汉的才女班昭、东汉的才女蔡琰，还有《后汉书》的作者范晔、《三国志》的作者陈寿、唐朝以直谏而闻名的大臣魏征，这些人物围着一个中心人物唐太宗李世民，似乎在议论什么大事，神态各异，造型夸张。叶浅予看后，连声赞叹。

张大千对韩掌柜说："你知道我这位朋友是谁吗？"韩掌柜摇摇头。张大千笑了一笑："他就是上海大名鼎鼎的漫画家叶浅予啰，他画的《王先生》你总看过呢，今天我请他来看这幅画，就是要买下来送给他，这叫宝剑赠英雄。"张大千说完，捋须哈哈一笑，然后从桌上取过一支毛笔，请伙计将画取下来，铺在桌上，然后在画的左上方空白处题道："苏仁山，粤人，其画流传甚少。写山水湿笔淋漓，于马夏外，别具一种风度。间用浓墨枯笔，则又似版画。此写文翰像，表现各人情态极富漫画意味。予于国画罗两峰《鬼趣图》及曾衍东所写社会畸形状态，以为皆漫画也。今又发现仁山此画于故都，浅予道兄北游，因拉其往观，一见惊叹。仁山画向不为人注意，百年企得一知己，可谓死无憾矣，购而赠之，并记颠末于上。丁丑夏四月，大千张爱。"

这幅画叶浅予一直珍藏着。

张大千向叶浅予学画

叶浅予《凉山舞步》

1945年初夏，叶浅予偕同戴爱莲访问印度归来，又商定要去康定藏区采风，收集藏族舞蹈素材，于是双双从重庆来到成都，来到张大千家中住下，一来向张大千学习中国画笔墨技法，二来在成都等待摄影家庄学本，并约张大千同往康定采风，张大千欣然应允。

叶浅予在张大千家一住就是整整三个月。在这三个月中，叶浅予几乎天天看张大千作画。张大千作画有个习惯，旁边要有人陪他说话，叶浅予就在旁边一边看他作画，一边听他谈画。

其实当年张大千对叶浅予画的印度舞蹈人物十分感兴趣，也曾将叶浅予的两幅印度妇女的舞姿作为蓝本，用自己笔法仿制了两幅，其中有一幅是《献花舞》，张大千称之为《天魔舞》，并在画上题道："印度国际大学纪念泰戈尔，诸女生为献花之舞，姿态婉约，艳而不佻，迨所谓天魔舞也耶？其手足心皆敷殷红，则缘如来八十种随好，手足皆赤铜色也。观莫高窟北魏人画佛，犹时有此赤像者。偶见吾友叶浅予作此，漫效之，并记。"

有人说，张大千曾经临摹过叶浅予的画作，而叶浅予认为："张大千仿制动机可能有两层意思，一是觉得印度舞姿很美，可以为他的仕女画作借鉴；二是看到我在学习他的笔墨，就我的造型特点，给我示范。"明明是张大千向他学习、漫效印度人物舞姿，他却说成是借鉴、示范。这个谜底，直到张大千逝世后，才得以真相大白。

1981年夏天，张大千的挚友沈苇窗从香港来北京，代大千向浅予问候，并捎来一幅彩墨荷花，画上题了一首常题的旧诗作，诗后题款道："浅予老长兄，视弟眼昏手掣，老态可怜否……"叶浅予收下老友张大千的这幅馈赠。为了感谢沈苇窗从万里之外捎来的这份珍贵礼物，叶浅予为沈苇窗画了一幅当年张大千仿制过的印度舞蹈人物。沈苇窗大喜，又将叶浅予的这幅印度人物带到台北，请张大千题跋，大千将老友的新作打开一看，如见故友，随即在一张宣纸上写下了一长段跋语："日寇入侵我国，浅予携眷避地天竺颇久。我受降之次，浅予归国，馆余成都寓居近半年。每写天竺寂乡舞女奇姿逸态，如将飞去，余年慕无似，数数临摹偶有一二似处，浅予不为诃责，转为延誉，余感愧无似。顷者，苇窗携其近作见示。惊异而谓苇窗曰：'浅予捐弃妍丽，入于神化。以余衰眊，未由步趋，使浅予知之，必也咨嗟失望。'奈何！奈何！"

叶浅予倒写回忆录

　　1987年3月31日，叶浅予晨练后在画案边坐定，费了20分钟写完前一天的日记，然后盘算，今天该干什么活？忽然想到今天是自己80岁生日，研究院将在午间叙餐为他祝寿。叶浅予觉得该做一首诗，用以纪念得来不易的80寿诞。于是略一思索，写下了他自寿诗。诗曰：

> 一年一年复一年，似水流年又十年。
> 古稀尝叹路崎岖，而今笔老身犹健。
> 借瓮蜗居足三载，甘雨小院遭拆迁。
> 画思渐稀文思寄，细叙沧桑记流年。

　　诗稿既定，叶浅予忽又想到自寿诗的最后两句——"画思渐稀文思寄，细叙沧桑记流年"，决定暂封画笔，改握文笔，写下自己一生经历。

　　但是，从哪里写起呢？而且叶浅予自认为剩下时日无多，能否写得完呢？当时，叶浅予手中存有"文革"中日记和其他更宝贵材料，他觉得就从"文化大革命"写起，再倒着往前写，写到哪里算哪里。

　　那以后，他真的写起来了。并把这段经历题为《十年荒唐梦》。《十年荒唐梦》之后，陆续倒着写了《婚姻辩证法》（即一生中的五位女性）、《师道与世道》《抗日行踪录》《上海创业史》。叶浅予的倒写回忆录终于在他的有生之年完成了。

　　1992年6月，《叶浅予自传——细叙沧桑记流年》正式出版。

（事见《细叙沧桑记流年》）

泰山压顶不弯腰

人民日报《泰山压顶不弯腰》

1969年的7月5日，由于天目山区一连下了10多天的倾盆大雨，天目溪、后溪山洪暴发。混浊的山洪卷着枯枝败叶、腐草朽木，汇聚成汹涌洪涛，扑向分水江。分水江两岸风雨飘摇，洪水像出海蛟龙，南堡那道护佑了几代人的堤坝哪里经得住这百年一遇的洪水。无情的洪水漫过正在抽穗的稻田，也漫过村落。

凌晨，大队支书李金荣带着一帮人转移了队里最大的集体资产——抽水机，回到一个地势较高的房子，里面挤满了人，房子已被冲得摇摇晃晃。当他和几个年轻人拆开屋顶，把屋里人一个个往屋顶上送时，他的全家都还在屋子里，7岁的儿子抱着他的大腿，求爸爸先把他送上去。只一瞬间，屋子倒了，所有的人都随波而去。当李金荣从10多公里外的下游爬上岸再回到村里时，才知道全家7口人，除了他派去把集体耕牛牵上山的一个女儿外，就剩下他一个了。

大队党支部副书记王金焕，为抢救集体财产，组织群众疏散，三过家门而不入。当发现一幢高房子里还有几十个人来不及转移时，他蹚水冲了进去，拆掉椽子，掀了瓦片，把群众送上屋顶。房屋被冲垮了，人们纷纷落水，王金焕把抓到手的木头，一根根推给别人。当他被洪水冲到5公里外的白沙村时，眼见王秀秀正抱着江边的树挣扎，他拼尽全力呼唤："秀秀，爬高一点"……

这场后来被命名为"7·5"洪灾的洪水，7天累计降雨量达333.9毫米，其中7月5日当天达182.4毫米，洪峰流量达每秒12000方，洪水瞬间吞噬了南堡村，219名村民被夺去生命，1500亩良田被冲毁，400亩良田变成沙石滩，全村只剩下半个灶头、半间屋架、一棵苦楝树……

洪水过后，南堡1000多亩稻田大多被沙石覆盖，其中400多亩良田更是回复到原始的石滩。全村人克服"吃无粮、住无房、穿无裳、劳动无工具"的重重困难，开始艰难的生产自救。面对灾难，南堡人发扬"泰山压顶不弯腰，双手开创新南堡"

豪迈的大无畏精神，重建家园，提出"英雄不吃靠天粮，战胜天老爷，气死海龙王"，"粮食生产一年自给，两年有余，三年建设新南堡"的口号。第二年，南堡人民就向国家上缴了几十万公斤粮食。

痛定思痛，为了不让悲剧重演，全村人利用冬天的农闲时间，在分水江上游筑起一座4米高、700米长的大坝。为了表示对大自然的征服，给坝起了一个极具时代符号的名字——"胜天坝"。

一段抗洪故事，让南堡成为全中国"人定胜天"的样板。1970年6月3日，《人民日报》头版头条刊登的一篇以《泰山压顶不弯腰》为题的长篇通讯。1971年5月13日，印尼的查移和夫人等9位亚非新闻工作协会、亚非作家协会的朋友来南堡采访。7月13日，时任国务院业务组组长的华国锋赴南堡考察，对南堡精神给予高度肯定。杭州和分水分别建起了"泰山压顶不弯腰"展览馆。

（事见1991版《桐庐县志》）

胡家芝纸剪百年

百岁老人胡家芝剪纸

说起桐庐剪纸，有一个百岁老人在必谈之列，她就是被称为"剪母泰斗"的剪纸艺术家胡家芝。

胡家芝，出生于桐庐县城的一个书香门第。胡家芝在七八岁时就喜欢上了剪纸。那时候，桐庐流行芦茨戏，戏里鲜活的人物吸引了幼小的胡家芝，回家后她就拿起剪刀在纸上剪了起来。胡家芝16岁毕业于桐庐第一女子学校，在那里，她不仅学业优异，而且得到了一位杭州手工教师的指点。从此，她的剪纸作品除了具有民间传统，更具有文化内涵。20岁时出嫁到离家30里的珠山村。在珠山生活的36年里，胡家芝剪出了无数精美的"喜花"、"灯花"和"礼花"，成为远近闻名的剪纸能手，乡亲们亲切地称她"福星"。丈夫病逝后，她于1952年随大儿子袁振藻迁居南京。

胡家芝的作品第一次受到有关方面的重视和认可是在1955年。当时苏联教育代表团来南京参观考察，胡家芝的剪纸作品《中苏友好和平万岁》被作为礼物赠送。20世纪80年代，老人的剪纸艺术达到了新的高度，创作出《万象更新》《美满人间》《鸳鸯戏荷》等一批精品。这些精品体现出老人剪纸的独特风格：篇幅宏大、内容多样、内涵丰富。老人常常运用多种吉祥语言，通过谐音、寓意、象征等表现手法，创作出既主题突出又内涵丰富的作品。这一时期，反映老人艺术成就的图书《胡家芝喜花剪纸集》出版，电视片《胡家芝剪纸艺术》也成功拍摄。

深厚的家学修养，新式的学校教育，加上长期的农村生活经历，使老人的剪纸作品既蕴涵着丰富的文化气息、审美意象，又继承了江南"喜花"吉祥如意、祈福迎祥的悠久传统，形成了玲珑剔透、俊秀优美的剪纸风格。南京大学民俗艺术研究室主任陈竞教授评价说："胡家芝老人的剪纸艺术，融合了中国的文人艺术和民俗艺术，真正做到了雅俗共赏。"

（事见《潇洒桐庐》）

姚思铨：革命文艺家

在桐庐，有一位用文艺形式进行革命宣传的战士，他就是被冯雪峰称为"献身于抗战和革命的新文艺工作者"的姚思铨。

姚思铨，笔名万湜思，桐庐白鹤乡板桥(今江南镇板桥村)人。他从小好学，人称神童。1931年考入杭州师范学校。"九一八事变"后，投入救亡运动，联络同学，组织"白煤学社"，定期出墙报，报道学生的爱国斗争，宣传争民主、反专制的进步思想。还秘密建立读书会，向同学介绍进步书刊。杭州戒严司令部发觉后，派军警搜查，迫害爱国学生。1932年12月姚思铨被捕，半年后经保释出狱。自此，在共产党的支持和帮助下，他积极投身于抗日民族解放斗争。

姚思铨在学生时期，酷爱文学美术，课余还自学英语和世界语。1937年1月，他曾选译苏联玛耶可夫斯基的诗20篇，题名《呐喊》，是最早向国人介绍玛耶可夫斯基作品的人。这一年冬天，杭州沦陷，姚思铨转到金华。第二年创编《大风》周刊，以后又接编《新力》期刊、《浙江日报》副刊《江风》。刊物经常登载左翼作家的作品，发表抨击和揭露黑暗现实的文章，报道抗日根据地及进步文化界的动态，向读者传递光明信息。姚思铨重视木刻艺术的宣传教育作用，经常为刊物制作版画，影响很大。1938年，讴歌中国人民抗日事业的版画集《中国的战斗》问世。

姚思铨木刻作品

次年，与野夫、金逢孙等在金华成立"浙江省战时木刻研究社"，他任副社长，并担任木刻函授班金华地区指导教师，以推动木刻艺术的发展。

1939年12月，《刀与笔》综合文艺月刊创立，姚思铨任主编。刊物经常刊登共产党人和进步作家的文章、漫画及木刻，远销内地各省。面对国民党当局的干预、钳制，他针锋相对，据理驳斥。1942年，思铨积劳成疾，肺病日益加重，在缙云岳父家养病，生活十分困难。他不顾战乱颠簸和疾病折磨，重新改译了玛耶可夫斯基的诗作（1950年由上海三联书店出版），并把著译诗作编集为《黑屋及其它》，翻译论文集《知识分子论集》、小说集《袁法富之死》、散文集《窗及其它》，并选编了一册木刻集。1943年12月28日，姚思铨在贫病交迫中溘然长逝。当时报刊评论他"支撑着病体，绞出脑血，一点一滴落在中国干枯的文艺花坛上"。

（事见1991版《桐庐县志》）

邵明贤的"潜伏"

邵明贤，字辅华，又字闵言，分水百新乡（今百江镇联盟村）人。早年在家乡教书，后毕业于浙江省警官学校。历任国民党分水县党部执行委员兼组织部长，瑞安、嵊县公安局长。后调任江苏省江宁县县长、贵州省紫云县县长。抗日战争爆发后，邵明贤常常以身居内地未能驰驱疆场手刃日寇为憾。

邵明贤任江宁县警察局长时，江宁县是首都南京的"模范县"，时任县长是后来汪伪政权的首要分子梅思平。因为这种关系，梅思平投伪之初，特地写信邀请正在贵阳办理警察训练的邵明贤前往"襄助"，参加"和运"。民国二十八年（1939）

冬，邵明贤奉重庆之命潜入南京汪伪政府，从事刺探情报活动。邵明贤先是在汪伪浙江省党部任书记长；1940年调任汪伪"首都警察厅"督察长；10月，调任伪中央组织部第四处处长。邵明贤在南京明瓦廊住宅内设置电台，将敌伪隐情密报重庆。后被汪伪南京区侦知，于同年11月9日被捕。关押期间，间作感事诗二首，其一曰："世道崎岖暗暗伤，和平奔逐亦茫茫。长风万里空无迹，莫待时人笑老郎。"抒发其壮志报国情愫。

邵明贤像

在审讯中，邵明贤直供不讳。经汪精卫批准，由李士群下令，马天啸负责，1940年12月17日，邵明贤在南京雨花台从容就义。次日，汪伪"南京新报"就此作了报道并发表社论，称其"受渝方蓝衣社派遣，阴图危害'民国'"。

1943年，国民政府追认邵明贤为抗日烈士。2015年，马英九还曾签署出具《中华民国抗战胜利纪念章证明书》（抗胜字第1040403610号）：邵明贤先生曾参与对日抗战，牺牲奉献，功在国家，特颁发抗战胜利纪念章一座，以昭尊崇。

（事见1991版《桐庐县志》）

"混沌灯"事件始末

柯毓琛，字秀珊，桐庐县城人，光绪末年留学日本并加入同盟会。中华民国成立后，他先后在山阴、会稽、嘉兴、嘉善、宁波、镇海、杭州等地任警察局（厅）科长、局长。1923年，他担任桐庐县参议会参事。1931年至1934年5月，担任桐庐县南镇镇长。

柯毓琛秉性刚直不阿、蔑视权贵、同情平民，常得罪劣绅、权贵，所以被他们滥称绰号"秀珊忤子"。1931年"九一八事变"后，桐庐县在太平庙召集民众大会，动员全民抗日救国。柯毓琛上台演讲，痛斥国民政府的"不抵抗主义"。然后，他从袖筒里取出一把扇子，正反两面各写有"抗日"、"看食"二字，指责政府所谓的"抗日"，实质是"看食"，即眼睁睁看着日本帝国主义蚕食中国。柯毓琛的讲话引来台下一片如雷掌声。同年底，他又召集城里的搬运工人、学生和其他进步人士，沿街宣讲抵制日货，并到轮船码头大商店清查日货，把日货封存没收，深得民众拥护。

1934年5月26日，县政府在太平庙召集"新生活运动"宣传大会，并定于当晚举行提灯游行。柯毓琛在会上说："当前正值农忙，天又大旱，民众焦急，还要举行这种虚伪的大会，捧场的提灯游行，实在是劳民伤财，毫无意义！"然后他又在会上痛斥政府官员花天酒地、无官不贪，哪里有"礼义廉耻"呢。最后，柯毓琛说："如今青天白日已变成阴天黑夜，现在政府是糊里糊涂混沌沌，所以今晚提灯会我要用牛皮纸糊一盏'混沌灯'，代表全镇民众以示抗议。"

当天晚上，柯毓琛果然糊了一盏不透光的、大如稻桶一样的圆灯走在提灯会前列，灯上写有"混沌灯"三个字（谐音混沌沌，意为神志不清、胡作妄为）及"南镇镇公所"字样，事后又挂在其临街的大门上。

柯毓琛的举动引起了国民党县党部书记郑绂的恐慌。郑绂拍急电给在江西南昌"剿共"的蒋介石行营，蒋介石于是下令通缉。柯毓琛暗中得到县长冯世模的通知后，连夜从小岭路翻山逃到旧县，经杭州逃到上海法租界。

后来，柯毓琛通过表弟蒋鸣仑（时任南京中央政治大学副校长）再三请求蒋介石宽恕，并由各乡乡长及绅士联名证明"柯因精神病而肇事端"，蒋介石才答应暂不追究，但指明以后如稍有越轨言行，仍将逮捕，柯毓琛才从上海返回桐庐。

（事见1991版《桐庐县志》）

袁微子力保"作弊"生

袁微子，浙江桐庐县人。1936年毕业于安徽大学教育系。曾任人民教育出版社编审、学术委员会委员、课程教材研究所研究员、全国教材审查委员会委员、全国小学语文教学研究会名誉理事长。

1941年春，抗战进入相持阶段。桐庐、分水、富阳、新登在吴山小学（现桐庐县横村第二中心学校内）举办"四县联中"（桐庐中学前身）。由于战乱，学生仅120多名。虽然校舍极其简陋，但师资雄厚，语文老师是袁微子。袁微子初为人师，身穿长袍，戴一副眼镜，不苟言笑，但课堂上激情洋溢，不用讲稿，口若悬河，深得学生喜欢。

学生中有一个叫王三一的，学习非常优秀，每次考试总列第一。但少年王三一有些调皮，有时不守校规。当时，同桌学习成绩较差。一次期末会考，同桌就和他串通，考试快结束时，乘老师不备，将试卷递给王三一。王三一便代同桌做完考卷。不料，王三一这次作弊被监考的老师发现了。考场作弊，按校规学校要给予王三一开除学籍的处分。

袁微子闻知向学校据理力争，说："王三一同学有错误，而且是严重的，但不能对他作开除学籍处分。开除学籍就意味着这个孩子永远失去学习的机会，我们不能把孩子往绝处推。王三一的初衷是想帮助人，非本性顽劣。他已承认了错误，我看他的检查也是深刻的，出于内心的，应该给他一个改过的机会。对王三一的帮教，我愿意负起责任。"最后，学校给予王三一以记大过两次、留校察看处分。

放假了，王三一在寝室里低着头不想回家。袁微子先生亲自到他寝室里安慰他，和气地说："人不可能不犯错误，要紧的是直面人生，深刻认识错误，知过而后勇，这才是真汉子。你成绩很好，相信你一定会重新振作，使自己成才，为国家奋起做出贡献。"袁先生一直送王三一走了5里多路，一路耐心安慰，谆谆教诲。

王三一如释负重，安心回家，并向父母做了深刻检查。后来，王三一考入唐山工学院(今西南交通大学)土木系，师从著名水利学家黄万里、范治纶等，成为水工结构设计专家、中国工程院院士，这是后话。

（事见《童年故乡——王三一遗作》）

郭沫若戏题桐君山

1961年10月30日中午，秋高气爽。桐庐县里的几位领导站在富春江和分水江汇合处的轮船码头，等候郭沫若的到来。约20分钟左右，隐隐约约地看见一小游艇徐徐地从桐君山边驶来，大家高兴地叫道："郭沫若来了！"郭沫若走出船舱，挥手致意。

下船后，县领导请郭沫若坐车到县委，他满面笑容

桐君塔

地说："我虽年已六十多岁，但身体很好，还是步行吧。"路过大街，边走边看，

看到了南货店、贸易货栈、百货店、两旁小菜摊贩，郭沫若连声赞扬说："城镇不大，货色繁多，买卖兴隆，很好很好。"不知不觉走完了一公里半的路程，来到县委。吃过中饭休息了一个多钟头后，县领导便向郭沫若介绍了富春江两岸的风景和名胜古迹。他听后说："很好，分两天去游览。"

10月31日，郭沫若乘车到七里泷参观了富春江电站围堰大坝头上、严子陵钓台。第二天，又乘坐小渡船游览了桐君山。郭沫若一口气登上了桐君山。他看了建于茂林修竹间的古庙、白塔，见睢阳庙改建的农业展览馆，还存有一个劈山像，有人当菩萨插香。郭沫若触景生情，哼出了一首诗。

庙貌空存瞰两江，桐君山上已无王。
愚人不解劈山像，当作菩萨乱插香。

稍息片刻，郭沫若又远眺近览，看到富春江两岸枫树、柏树，一片深红，雪白的柏子点缀其间，江中船只往来如梭，他说："桐庐真是个好地方，富春江秀丽的山光水色，特别是可爱的秋景，实在看不完，苦了一双眼睛。望了东，又望西，真应接不暇。"

(事见1991版《桐庐县志》)

夏定域过桐得"宝"

夏定域，原名廷械，字朴山，富阳市里山乡人。1932年，他任教于杭州之江大学。次年起在浙江省立图书馆任编纂。抗战爆发，文澜阁珍藏《四库全书》和浙馆特藏书籍亟须转移。夏定域受命护运，先将库书运至富阳渔山，再转建德、龙泉，最后安抵贵阳。抗日战争胜利后，护运《四库全书》回杭，继续任教浙大。

新中国成立后，夏定域在浙江图书馆工作，先后任研究员、推广部主任、阅览部主任、古籍部主任等职。1962年，被选为浙江省历史学会理事。

1971年4月，他和同事吴启寿等从兰溪回杭州，途中在桐庐作短暂停留。在这间隙里，他在县革委会楼上尘封已久的"四旧书"堆里，发现首页盖有"古稀天子之宝"、尾页盖有"乾隆御览之宝"朱文大印的《四库会书》原抄本，清初魏之琇撰《续名医类案》8册古籍，同时还发现明万历四年（1576）纂修的《新城县志》4卷等弥足珍贵的善本。

(事见《文澜》)

范敬宜猪圈得名碑

2007版《敬宜笔记》

范敬宜，江苏省苏州市人，精诗词善书画，为当代著名新闻工作者。

1983年夏天，时任《辽宁日报》副总编辑的范敬宜到杭州参加《文汇报》召开的特约记者会议。会后，报社组织与会人员游览富春江。作为范仲淹28世孙，范敬宜对富春江慕名已久，到了桐庐便迫不及待地去凭吊严子陵钓台。那时，"文化大革命"中遭到严重破坏的严子陵祠堂正在重修，著名书法家沙孟海先生重新题写的匾额已经高悬门楣。游览中，范敬宜见许多古迹正逐步恢复，唯独未见范仲淹撰写碑文的著名宋碑《严先生祠堂记》。他询问陪同的当地干部，他们说已在"文化大革命"中被当作"四旧"砸碎，现在不知去向。范敬宜惋叹不已。

在上山的途中，范敬宜突然发现，路旁农家的猪圈里横卧着一块拦腰断裂的石碑，上面布满污泥猪粪。出于职业好奇，范敬宜弯腰仔细一看，他大吃一惊，不禁大叫起来："这不就是《严先生祠堂记》么！"真叫踏破铁鞋无觅处，得来全不费工夫。同行的县、乡干部都过来围观，喜出望外。遗憾的是，由于长期被雨水和猪粪腐蚀，碑文已经模糊不清。县委宣传部的同志说：这是一个重要发现，我们一定要尽快把它修复，让它重见天日，回到严先生祠堂里去。

站在东台之上，范敬宜临风遥想，千年的历史风云一齐涌上心头，情不自禁地向同行的同志们背诵范仲淹歌颂严子陵高风亮节的名句："先生之心，出乎日月之上；光武之量，包乎天地之外。微先生不能成光武之大，微光武岂能遂先生之高……云山苍苍，江水泱泱，先生之风，山高水长。"

在《古文观止》里，范仲淹的文章仅被收录了两篇，一篇是脍炙人口的《岳阳楼记》，另一篇就是这《严先生祠堂记》，可见它在我国文学史上的地位。

这年，桐庐旅游部门在范仲淹建严先生祠堂后第17次重建时，将宋碑《严先生祠堂记》复原，镶嵌于祠堂墙壁上，以供游人欣赏。

（事见《敬宜笔记》）

唐宝锦意外捡《诗稿》

仅存的《绿阴山房诗稿》

1967年春节期间，分水的唐宝锦老师外出探亲访友，路过桐庐造纸厂，就进去看望在这里上班的学生。他与学生没说上几句话，目光就被空地上两大堆旧书籍牢牢吸引住了。学生告诉他，这些旧书籍都是作为"封资修"从各地搜缴上来的，集中送到这里进行打浆处理。作为中学语文老师的唐宝锦，下意识地走到书堆边，随手在脚边捡起一本题为《绿阴山房诗稿》的线装书翻看起来，只见里面都是诗歌，歌咏的大多是分水的人文景物，作者署名是"臧槐"。

当时，唐老师并不知道臧槐是何许人，但凭直觉知道这是一部非常珍贵的书籍。想到一旦放入池中打浆，这些心血凝成的诗文将永远消失，他不由"啧啧"出声："可惜呀！可惜！"学生看出了老师的心思，他悄悄附在老师耳边说："您要是真觉得这是好书，就带走吧，没人知道。"

听学生这样说，他不由一阵欢喜：要是能让这部书稿"幸免于难"当然太好了。事到如今，他顾不得许多了，决心冒险"救"这部《诗稿》。根据《序》中介绍，在旧书堆中翻了好几个小时，终于把《诗稿》的另外三本找到了。在学生的"掩护"下，唐老师把这套诗书带回到了家中。为了保护这套旧诗书，他用旧报纸和樟脑丸将书细细包好，藏在了米缸里，多年后他又将书"转移"到了箱底下……

2005年，在编写《人文百江·古诗遗存》时，笔者从唐老师那里借来《诗稿》复印了几套。2018年，笔者点校出版了《诗稿》，让其人其诗得以重生。

（事见《绿阴山房诗稿点校本》）

桐君阁"寻祖"

重庆桐君阁股份有限公司上市前叫桐君阁药厂,创建于清光绪三十四年(1908),迄今已有100余年的历史。享有"老牌桐君阁,精制中成药"、"北有同仁堂,南有桐君阁"之美誉。1996年被国家内贸部授予"中华老字号"荣誉称号,"桐君阁"系国内著名商标。

创办之初,根据李时珍《本草纲目》的记载,以药祖桐君命名。然而,桐君胜迹在哪里,企业创始人寻觅了很久也没着落,便一直以为洞庭湖君山是桐君栖隐处。1983年,药厂一个上海籍的员工回家省亲,期间来桐庐游览瑶琳仙境,发现当地的桐君山是桐君老人结庐采药的地方。回到厂里,他马上向领导作了汇报。

企业领导对这一重大发现十分重视,立即派人来到桐庐,寻访药祖圣地,并与杭州胡庆余堂、杭州第二中药厂、杭州民生药厂四大药厂联合设立"四方药局",旨在弘扬国药文化,一时传为佳话。

(事见1991年版《桐庐县志》)

吴文昶用故事告别人生

吴文昶,桐庐横村镇人。他一生创作了大批脍炙人口的优秀故事作品,辅导了无数学生,培养了一批故事创作的人才,被誉为"江南故事大王"。

2002年年初,吴文昶因病医治无效,带着一肚子故事"走"了。那一天上午,县殡仪馆的悼念大厅中一片庄严肃穆,吴文昶的家人、来自全国故事界的代表及桐庐县各界人士共300余人,怀着沉痛的心情在这里送别吴文昶先生。镶着黑边的镜框内,先生音容依旧;殡仪馆大厅摆满了花圈和挽联。当主持人宣布"向吴文昶先生遗体告别"时,独特的一幕发生在大厅里。没有回旋哀乐,喇叭里却传来桐庐人十分熟悉的声音:"今天,我要给大家讲一个故事,事的题目呢,叫《阿三吃鸡》……"

这不是吴文昶在讲故事吗?那浓浓的横村口音,那诙谐幽默的故事语言,要是平日里准会把人们逗得前仰后合,可此时人们却用阵阵哭声回应他。哭声越来越响,把吴昶老师讲故事的声音都"盖"下去了。

用"故事告别人生",是吴文昶先生自己设计、由他的弟子和学生们共同帮助

吴文昶讲故事

他画上的一个"人生句号"。吴文昶老师生前曾说起：我要是去世了，一是不要坟头——把骨灰埋了，在上头种一棵树就行；二是不要哭声——我打算好了，录制一个最好笑的故事放着，到时候在我的追悼会上播放一下，也算是给桐庐人最后讲个故事……他还说："我一辈子喜欢开玩笑，让大家'哭斥污啦'多不好。在追悼会上播个笑话故事，到时候让大家想笑又不敢笑，想哭又哭不出，这可太有意思了。"

病发突然，吴文昶未来得及录制下那个告别人生故事。为了实现先生的遗愿，他的弟子和学生想方设法，在他过去讲故事的录音资料里，选取了《阿三吃鸡》的故事。这是个乡土味极浓、笑料迭起的故事，吴老师过去讲述它时，每次都获得爆笑满场的效果，可唯独在追悼会上的最后"讲述"却只有哭声，没有"笑（效）果"。

（事见《我和"江南故事大王"吴文昶》）

后 记

桐庐历史悠久，人文积淀深。得天独厚的自然环境，哺育了一代又一代勤劳智慧的桐庐人，造就了诸如陈恽、施肩吾、徐凝、方干、王缙、俞谏、姚夔、袁昶、叶浅予等名士硕儒；桐庐山水、人文也吸引了谢灵运、白居易、范仲淹、苏轼、陆游、刘基、徐霞客等文人骚客驻足富春江畔，留下了数以万计的诗词歌赋、丹青笔墨，也留下了许许多多脍炙人口的轶事遗闻。这些轶闻，散见于正史方志、民间谱牒、笔记野史。为了发掘、抢救、整理这一历史文化宝库，县政协九届四次全会决定编纂出版《桐庐轶闻录》。

2020年新年伊始，新冠肺炎疫情突如其来。但对我来说，"宅家"获得了充裕的时间，可以静下心来编纂《桐庐轶闻录》。在县城部分区域实施出行管控的近一个月时间里，我基本完成了"轶闻"的遴选和故事的再创作。

《桐庐轶闻录》共收录了281则"轶闻"。全书按朝代划分章目，详古略今。每则故事均注明原作出处。原作大多为文言文，且短小精炼，有的甚至只有几句话。为了让故事看得明白，编写时改为"白话"，增添了适当的时代背景，尽可能文章通俗易懂。

《桐庐轶闻录》的付梓，离不开县政协领导的关心支持；离不开郑萍萍、周保尔、李龙、吴宏伟、蓝银坤、孟红娟、姚朝其、王顺庆等同事、文友为本书成稿出谋划策、审阅勘校。本书部分有关桐庐的照片，采用了县内诸多摄影家作品。在此，一并深表谢忱！

由于水平有限，加上本书的内容庞杂，时间跨度长，书中会有某些差错和疏漏，敬请读者谅解、指正。

编者

图书在版编目（ＣＩＰ）数据

桐庐轶闻录 / 王樟松编著. -- 北京：经济日报出
版社，2020.12
ISBN 978-7-5196-0766-1

Ⅰ．①桐… Ⅱ．①王… Ⅲ．①地方史－桐庐县 Ⅳ．
①K295.54

中国版本图书馆CIP数据核字(2020)第258415号

桐庐轶闻录

编　　著		王樟松
责任编辑		王　含
责任校对		蒋　佳
出版发行		经济日报出版社
地　　址		北京市西城区白纸坊东街2号（邮政编码:100054）
电　　话		010-63567684 （总编室）
		010-63584556 63567691 （财经编辑部）
		010-63567687 （企业与企业家史编辑部）
		010-63567683 （经济与管理学术编辑部）
		010-63538621 63567692 （发行部）
网　　址		www.edpbook.com.cn
E - mail		edpbook@126.com
经　　销		全国新华书店
印　　刷		成都兴怡包装装潢有限公司
开　　本		710mm×1000mm　1/16
印　　张		18.50
字　　数		260千字
版　　次		2021年3月第一版
印　　次		2021年3月第一次印刷
书　　号		ISBN 978-7-5196-0766-1
定　　价		80.00元